U0593080

教育部哲学社会科学研究后期资助项目

改革开放以来
中国干部教育创新发展研究

秦明月 著

兰州大学出版社
LANZHOU UNIVERSITY PRESS

图书在版编目（CIP）数据

改革开放以来中国干部教育创新发展研究 / 秦明月
著. -- 兰州 ： 兰州大学出版社, 2025. 5. -- ISBN 978-
7-311-06891-2

Ⅰ. D630.3

中国国家版本馆 CIP 数据核字第 20255CY972 号

责任编辑　宋　婷　马雯婷
封面设计　陈　欣

书　　名　改革开放以来中国干部教育创新发展研究
　　　　　GAIGE KAIFANG YILAI ZHONGGUO GANBU JIAOYU
　　　　　CHUANGXIN FAZHAN YANJIU
作　　者　秦明月　著
出版发行　兰州大学出版社　（地址:兰州市天水南路222号　730000）
电　　话　0931-8912613(总编办公室)　0931-8617156(营销中心)
网　　址　http://press.lzu.edu.cn
电子信箱　press@lzu.edu.cn
印　　刷　甘肃浩天印刷有限公司
开　　本　710 mm×1020 mm　1/16
成品尺寸　170 mm×240 mm
印　　张　14(插页2)
字　　数　232千
版　　次　2025年5月第1版
印　　次　2025年5月第1次印刷
书　　号　ISBN 978-7-311-06891-2
定　　价　68.00元

序　言

　　当前，世界百年未有之大变局加速演进，新一轮科技革命和产业变革深入发展，国家之间的竞争愈加激烈。国家之间的竞争从根本上说是人才竞争，特别是各类领导人才的竞争，因此，各国越来越重视领导教育，通过各种途径培养领导人才。中国共产党一直很重视干部教育，把干部教育当作建设高素质干部队伍的先导性、基础性、战略性工程，在各个历史时期通过干部教育培养了一批又一批引领时代潮流、推动社会发展的德才兼备的干部。抓好干部教育是党的优良传统，也是党从胜利走向胜利的宝贵经验。如今，我国正处于实现中华民族伟大复兴的关键时期，面对波谲云诡的国内外形势，要以中国式现代化全面推进强国建设、民族复兴伟业，干部教育的地位和价值更加凸显。

　　20世纪80年代，西方的领导教育学逐渐发展成独立的学科体系，不断推动领导教育，特别是公务员培训的发展。我国的干部教育是世界领导教育的一部分，有领导教育的共性，但也因社会制度、历史、传统文化等的不同，具备政治性强、注重党性教育等突出的个性特点。改革开放以来，我国从计划经济体制转变为社会主义市场经济体制，政治、文化、社会等领域也发生了深刻变化。在党中央的大力推动下，立足于我国干部教育的实际，并汲取西方公务员培训的有益经验，干部教育与时俱进、改革创新、全面发展、成就斐然，在党的干部教育史上占有重要地位，呈现出一些不同于以往的特点，也积累了很多值得总结和深入研究的宝贵经验。随着领导教育学和干部教育学的发展，学界越来越关注干部教育，研究成果也日益增多，但是以改革开放以来干部教育理论和实践为对象进行系统研究的成果不多，专著更是寥寥无几，这与改革开放以来干部教育的地位和影响并不相称。

我是明月在南开大学攻读博士学位时的研究生导师，曾被中共中央组织部借调到中国井冈山干部学院从事"新民主主义革命时期党的干部教育"专题的教学和研究工作。在与我交往、讨论的过程中，明月产生了对改革开放以来干部教育新进展的研究兴趣，常常与我一起探讨她想到的问题和研究思路。她还查阅了大量文献资料，并调查了干部教育培训的实际情况，顺利完成相关博士论文。她的博士毕业论文有幸获批教育部哲学社会科学研究后期资助项目，并在兰州大学出版社出版，我甚感欣慰。她后期对博士论文进行了细致修改，续写了党的十八大以来干部教育理论和实践的守正创新、发展成就，并对干部教育规律和当下如何破解干部教育实效性不足的问题进行了深入探讨。其中，可以看到党的干部教育理论和实践发展的历史脉络，特别是改革开放以来干部教育创新发展的全貌，史料翔实、逻辑严密，有一些新的观点值得肯定。当然，由于干部教育工作的复杂性、多样性，书中的某些观点有待进一步推敲。最后，希望这本书的出版能够给从事干部教育研究和实践的工作者带来些许启发和帮助。

赵铁锁

2024 年 1 月 10 日于南开大学

前　言

　　中国共产党成立至今已有100多年的历史。百年来，党团结带领全国人民自力更生、艰苦奋斗、锐意进取、守正创新，夺取新民主主义革命的伟大胜利，完成社会主义革命并推进了社会主义建设，进行改革开放和社会主义现代化建设，开创了中国特色社会主义新时代，取得"四个伟大成就"，实现"四次伟大飞跃"。其中，离不开一批又一批勇立时代潮头、争担历史重任的干部的贡献。

　　干部教育是建设高素质干部队伍的先导性、基础性、战略性工程。党始终从事业发展全局的战略高度来抓干部教育工作，推动干部教育理论和实践的发展，不断开创干部教育新局面。改革开放以来，顺应时代潮流，根据推进中国特色社会主义伟大事业和党的建设新的伟大工程的实际需要，邓小平、江泽民、胡锦涛、习近平等党和国家领导人，继承马克思主义干部教育理论，汲取党的干部教育以及西方领导教育的有益经验，制定了一系列正确的方针政策。多措并举，扎实推进干部教育的科学化、制度化、规范化建设，形成了有中国特色的干部教育理论体系、政策法规体系和培训体系，并不断完善，在党的干部教育史上书写了浓墨重彩的华章。随着经济全球化、社会信息化、文化多样化的深入发展，与以往相比，改革开放以来的干部教育呈现出理念人本化、工作规范化、管理科学化、内容多样化、方法现代化、培训国际化等时代特色；与西方的领导教育相比，我国的干部教育又具有政治性强、党组织作用突

1

出、注重马克思主义理论教育和党性教育等中国特色，进行深入研究有助于推进我国干部教育乃至世界领导教育理论和实践的进一步发展。

干部教育是一个复杂的系统工程，它的发展是多种因素综合作用的结果。要全面认识、把握改革开放以来干部教育的创新发展，须从历史维度、理论维度、价值维度、实践维度和未来维度进行深入探赜。

从历史维度来看，干部教育的发展是承前启后、一以贯之的。改革开放前干部教育的发展为改革开放后干部教育开创新局面准备了物质条件，积累了宝贵经验。改革开放以来，干部教育与时俱进、改革创新，取得显著成就，又为今后干部教育实现高质量发展提供了更坚实的物质基础、更完善的制度保证和更丰富的实践经验。

从理论维度来看，本书提出马克思、恩格斯开启了马克思主义干部教育理论的先河；列宁、斯大林推进了马克思主义干部教育理论的形成；毛泽东把马克思主义干部教育理论与党的干部教育实际相结合，与中华优秀传统文化相结合，推动了马克思主义干部教育理论中国化时代化，为改革开放后干部教育理论的发展奠定了基础。改革开放新时期，邓小平、江泽民、胡锦涛等党和国家领导人继续推进马克思主义干部教育理论中国化时代化，从干部教育的重要地位、历史任务、基本原则、主要内容、基本途径等方面，提出一系列新理念新思想新战略，丰富和发展了马克思主义干部教育理论，形成了有中国特色的干部教育理论体系。进入新时代，以习近平同志为核心的党中央从全面从严治党和建成社会主义现代化强国的高度进一步深化了对干部教育规律的认识，加强顶层设计，坚持"两个结合"，坚持实践导向、问题导向、效果导向，创造性地发展了马克思主义干部教育理论，科学解答了新时代如何高质量发展干部教育的重要课题。

从价值维度来看，改革开放以来，世情、国情、党情都发生了深刻变化。创新发展干部教育是适应世界形势发展的必然选择，是推进中国式现代化的战略举措，也是推进党的建设、干部队伍建设的内在要求。进入新时代，时代之变、世界之变、历史之变前所未有，干部教育的战略地位和价值愈加凸显。

从实践维度来看，党和政府制定并发布了一系列重要文件，逐步建立有中国特色的干部教育政策法规体系。在中央和地方各级党委的共同努力下，干部教育取得长足发展，逐步构建起分工明确、优势互补的干部教育培训机构体系，丰富、完善了干部理论教育、思想政治教育、文化和业务教育内容体系，并不断创新培训方式方法，促进了干部素质和能力的全面发展。特别是进入新时代，以习近平同志为核心的党中央高度重视干部教育工作，以坚定理想信念宗旨为根本，坚持从严治校、从严治教、从严治学，加强党的创新理论武装，强化党性教育，推进干部网络培训体系建设，推动干部教育取得历史性成就，进入高质量发展的新阶段。在回顾和总结党的干部教育历史基础上，本书提出干部教育具有与社会发展相互制约，与干部发展相互制约，以及内部要素之间相互制约的规律。

从未来维度来看，实效性不足是当前干部教育中存在的主要问题。要以增强实效性为着眼点推动干部教育高质量发展，本书提出应根据历史经验，遵循干部教育规律，树立终身教育理念，发展干部教育理论；突出干部主体地位，促进干部全面发展；优化整合培训资源，建设网络培训体系；完善领导管理体制，健全激励约束机制；持续净化政治生态，营造良好社会环境。

本书的初稿是我的博士毕业论文。在南开大学攻读硕士和博士学位期间，受导师赵铁锁教授的影响，我对干部教育产生了研究兴趣，并在赵老师的悉心指导下完成了该论文。赵老师学识渊博、治学严谨、为人师表、和蔼可亲，无微不至地关心我的学习、工作和生活，给予我很多支持和帮助，在此表示诚挚感谢！同时，我也真诚地感谢刘景泉、张静、纪亚光、张建等老师的关怀和教导，感谢同学们给予的关爱和帮助，让我在南开大学度过了难忘的美好时光。中共山东省委党校的吴荣生教授和中共天津市委党校的谢忠平教授为本书的写作提供了大量资料，并提出很多中肯的意见和建议。我的博士毕业论文有幸获批教育部哲学社会科学研究后期资助项目，并得到兰州大学马克思主义学院领导和同事们关心和支持，在兰州大学出版社得以顺利出版，在此一并表示真诚谢意！

本书根据十八大以来党的干部教育指示精神进行了细致的修改，补充了很多新内容，但由于个人的知识和能力有限，本书还有诸多不足，恳请广大读者和同行批评指正。

秦明月

2024 年 8 月 6 日

目 录

导　论

一、选题意义

毛泽东强调："政治路线确定之后，干部就是决定的因素。"[1]习近平总书记也明确指出，实现党中央确定的各项目标任务，"关键在党，关键在人。关键在党，就要确保党在发展中国特色社会主义历史进程中始终成为坚强领导核心。关键在人，就要建设一支宏大的高素质干部队伍"[2]。党的干部队伍是党的核心资源，是党治国理政、完成艰巨繁重历史任务的骨干力量。一个政党，乃至一个国家有没有德才兼备的干部队伍，在很大程度上决定着这个政党、这个国家的兴衰存亡。干部教育是建设高素质干部队伍的先导性、基础性、战略性工程。通过干部教育培养高素质的干部队伍是党的优良传统，也是党完成每个历史时期主要任务的战略举措。

改革开放以来，邓小平、江泽民、胡锦涛、习近平等党和国家领导人根据经济社会发展的需要，站在党和国家事业发展全局的战略高度，大力推进干部教育工作的开展，形成了一整套干部教育工作的指导思想、方针政策和规章制度，取得了显著成就，使干部教育走上科学化、制度化、正规化、国际化的轨道。梳理

[1]《毛泽东选集》第二卷，人民出版社，1991，第526页。
[2]《习近平谈治国理政》，外文出版社，2014，第411页。

1

改革开放以来干部教育的发展脉络，总结其主要特点和基本经验，从中把握干部教育的发展规律，并借鉴历史对今天干部教育的创新发展提出切实可行的建议，这具有十分重要的理论意义和现实意义。

（一）理论意义

实践的发展离不开科学理论的指导。从马克思主义干部教育理论发展的历史来看，马克思、恩格斯提出了一些建设无产阶级政党的重要观点，开启了马克思主义干部教育理论的先河，但对干部教育没有从理论上做进一步探索；列宁、斯大林根据俄国共产党建设的实践提出了无产阶级政党干部教育的一些基本理论，使马克思主义干部教育理论初步形成，但不够系统、完善；毛泽东一直十分重视干部教育，从各个方面比较系统地发展了马克思主义干部教育理论，推动了马克思主义干部教育理论中国化时代化。

改革开放以来，我国实现了从高度集中的计划经济体制到充满活力的社会主义市场经济体制、从封闭半封闭到全方位开放的历史性转变。中国共产党也从一个受到外部封锁和实行计划经济条件下领导国家建设的执政党，转变为对外开放和实行社会主义市场经济条件下领导国家建设的执政党。时代的发展，党和国家的历史性转变，对干部教育提出了新的更高要求。邓小平、江泽民、胡锦涛、习近平等党和国家领导人根据时代发展和实践需要，持续推进马克思主义干部教育理论中国化时代化，使干部教育呈现出诸多不同以往的新特点。随着干部教育的发展，我国公开发表了不少与改革开放以来干部教育相关的著作和论文，但专门研究改革开放以来干部教育的文章不多，专著更是寥寥无几，而且研究大多集中于对干部教育过程和内容的梳理，缺少对干部教育的理论基础、历史环境、时代特色和发展规律的研究与分析。本书力图从历史发展的深度和全球视野的广度，对改革开放以来干部教育的发展基础、历史方位、时代特色、丰富经验、发展规律以及存在的问题和对策进行深入研究，全面立体地展现改革开放以来干部教育的发展全貌。这有利于拓展干部教育研究的广度和深度，丰富干部教育理论研究，为马克思主义干部教育理论的发展添砖加瓦。干部教育研究属于党史党建学科，是党史党建研究中的重要领域之一，但相对于其他研究还比较薄弱。所以，加强对干部教育的研究有利于深化党史党建研究，推动党史党建学科的发展。

随着知识经济时代的到来，世界各国都越来越重视对各类领导人才的培养，领导教育在研究和实践领域的重要地位日益凸显。西方国家对领导教育的理论研究不断深入，领导教育实践也取得很大进展。进入 21 世纪，领导教育在我国也发展起来。我国的干部教育是全球领导教育的一部分，既有领导教育的共性，又因历史文化、社会制度、民族心理等的不同具有一些个性特点。加强对我国干部教育理论、实践和发展规律的研究，有助于深入了解领导教育的诸多共性和我国不同于其他国家领导教育的个性特征，更好地认识和把握领导教育的发展规律，拓宽领导教育研究视野，充实研究内容，推动领导教育理论研究的发展。2013 年 9 月 28 日，中共中央印发《2013—2017 年全国干部教育培训规划》，明确提出要加强干部教育培训理论研究，推动干部教育学学科建设。2021 年，在中共中央组织部和教育部的推动下，中国人民大学、浙江大学、四川大学等高校设立了"干部教育学"二级学科。如今，干部教育学学科处于初建阶段，需要加强干部教育史、干部教育规律等方面的研究。因此，无论是从国内学科发展角度，还是从国际领导教育理论发展角度，干部教育对改革开放以来干部教育的研究都具有十分重要的理论价值。

（二）实践意义

历史研究的价值在于服务现实。当前，世界百年未有之大变局加速演进，世界经济重心"自西向东"位移，以中国为代表的发展中国家的崛起使国际格局发生深刻变化，全球思想文化交流、交融、交锋愈加频繁，新一轮科技革命和产业变革带来的国家之间的竞争日趋激烈。当今和未来世界的竞争，从根本上说是人才竞争，特别是各类领导人才的竞争。我国进入中国特色社会主义新时代，正处于实现中华民族伟大复兴的关键时期，对高素质领导人才的需求相较于以往更为迫切。因此，习近平总书记在党的二十大报告中指出："全面建设社会主义现代化国家，必须有一支政治过硬、适应新时代要求、具备领导现代化建设能力的干部队伍。"[1]

虽然经过党的十八大以来的全面从严治党，党内很多突出问题得以解决，但是在波谲云诡的国内外形势下，党面临的执政考验、改革开放考验、市场经

---

[1] 党的二十大报告辅导读本编写组编著《党的二十大报告辅导读本》，人民出版社，2022，第 59 页。

济考验、外部环境考验相较于以往更加严峻、复杂。党内形式主义、官僚主义等现象依然突出，思想不纯、政治不纯、组织不纯、作风不纯等问题仍未根绝，党面临的精神懈怠危险、能力不足危险、脱离群众危险、消极腐败危险将会长期存在。要解决如何始终不忘初心、牢记使命，如何始终具备强大的执政能力和领导水平，如何始终保持干事创业精神状态等大党独有难题，离不开干部教育。所以，干部教育任务艰巨，又面临诸多挑战。

研究改革开放以来的干部教育是当前干部教育适应新时代要求、实现高质量发展的需要。改革开放以来，在党中央的正确领导下，干部教育事业进入大发展时期，取得显著成就，有很多值得学习总结的宝贵经验。当前，我国的干部教育进入高质量发展阶段，但仍存在一些制约发展的突出问题，这就需要我们系统总结干部教育史上的经验教训，并学习和借鉴西方领导教育有益的理论、方法，深入探究干部教育的特点和发展规律，从而突破干部教育发展的瓶颈，推动干部教育不断开创新局面。因此，《2018—2022年全国干部教育培训规划》明确提出，要加强干部教育培训重大理论和现实问题研究，深入把握干部成长规律和干部教育培训规律。

党和国家的各级各类干部是社会各界的精英，是国家发展建设的重要支撑。从党的百年历史来看，干部教育的发展状况直接影响干部队伍的建设，影响党和国家的发展建设。因此，在各个历史时期，党通过发展干部教育培养了大批适应新形势、新任务、新要求的德才兼备的干部，团结带领全国各族人民迎来了从站起来、富起来到强起来的伟大飞跃。正如习近平总书记所说："我们党历来重视抓全党特别是领导干部的学习，这是推动党和人民事业发展的一条成功经验。在每一个重大转折时期，面对新形势新任务，我们党总是号召全党同志加强学习；而每次这样的学习热潮，都能推动党和人民事业实现大发展大进步。"[①]如今，在强国建设、民族复兴的关键时期，进行伟大斗争、建设伟大工程、推进伟大事业、实现伟大梦想，皆需要加强干部教育研究，进一步推动干部教育事业的发展。

从世界范围来看，改革开放以来，我国的干部教育事业与其他社会主义国家相比发展迅速、成绩显著。进行深入研究，不仅对我国的干部教育实践有重

---

① 《习近平谈治国理政》，外文出版社，2014，第401页。

要的指导意义，而且对其他社会主义国家也有十分重要的借鉴意义。我国的干部教育与西方国家相比也具有明显的个性特点，比如重视干部的理论教育、党性教育，对西方国家的领导教育也有一定的参考价值。

二、研究现状

改革开放以来，随着干部教育的蓬勃发展，学术界也越来越重视对干部教育的研究并取得了丰硕的研究成果。其中，代表性的学术专著有柏林、许崇正的《干部教育学概论》，该书回顾了干部教育的形成和发展历史，分析了干部教育、教学、管理的规律，对我国干部教育的目的、特点、作用、教学过程、教学内容、教学方法、师资队伍建设等进行了比较系统的研究；吴林根、石作斌的《中国共产党干部教育研究》，对毛泽东、邓小平、江泽民的干部教育思想和实践进行了探讨，总结了干部教育历史中的经验教训，论述了干部教育的作用和意义，并对新世纪的干部教育做了理性展望；魏茂明、王守光主编的《新时期干部教育概论》，阐述了邓小平、江泽民、胡锦涛的干部教育思想，比较全面地研究了新时期干部教育的任务、指针、目标、原则、规律、主要内容、运行机制、保障措施，以及如何进一步加强和改进干部教育等问题；李小三、吴黎宏的《干部教育研究》，以《干部教育培训工作条例（试行）》为准则，回顾了干部教育的发展历程，阐述了毛泽东、邓小平、江泽民、胡锦涛的干部教育思想，对干部教育培训的内容、方式、体制、机制等方面的创新提出了一些新思路，并对西方国家的公务员培训经验进行了总结；侯慧君主编的《干部教育》，分上、下篇，上篇阐述了建党以来各个历史时期干部教育实践的发展，下篇对党的干部教育理论、组织管理体制、内容体系进行了论述，并总结了干部教育的主要经验；李小三主编的《中国共产党干部教育简史》、吴林根的《中国共产党干部教育九十年》和高世琦的《中国共产党干部教育世纪历程》，都对建党以来各个历史时期干部教育的历史背景、方针政策、具体实践及成就进行了全面、详细的论述。此外，张腾霄主编的《中国共产党干部教育研究资料丛书》、中共中央组织部编的《干部教育工作重要文献选编》等干部教育方面的文献资料也得以出版。以上这些著作和资料对学者全面了解党的干部教育和开展研究工作具有重要的参考价值。

　　除了从整体的视角对党的干部教育进行系统研究的学术专著、文献资料，国内还出版了一些研究党的干部教育某个方面的专著。例如，研究党的干部教育思想的著作：双传学的《毛泽东干部教育思想研究（新民主主义革命时期）》、巩联军的《当代干部教育思想新发展》等；研究干部教育内容、教学方法的著作：王秀良的《中国共产党的干部思想政治教育研究》、冯俊主编的《干部教育培训教学方式创新》、蒋元涛的《干部教育培训教学方法研究》、王伟华的《新时代干部教育培训案例教学与教学案例》等；研究干部教育管理、评估的著作：范柏乃和阮连法等的《干部教育培训绩效的评估指标、影响因素及优化路径研究》、谭蕾的《新时代干部教育培训班级管理的理论与实践》等；研究党校教育的著作：党校教育规律研究课题组的《党校教育规律探索》、刘家骐等的《党校教育原理概论》、王仲清的《党校教育历史概述（1921—1947）》、高彦明的《改革干部教育 创新党校工作》等；研究少数民族、青年、军队等干部教育的著作：胡匡静主编的《青年干部的教育与修养》、刘志南和赵安祥编的《经济管理干部教育概论》、张振岩和宋方敏主编的《新时期军队领导干部教育概论》、沈桂萍的《少数民族干部教育问题研究》等；研究干部教育如何创新发展的著作：王泉的《中国共产党干部教育创新研究》、冯俊的《干部教育培训改革与创新研究》、黄峰的《中国共产党干部教育培训科学化研究》、胡奕和李春茹主编的《干部教育培训探索与创新》等。

　　在学术论文方面，研究干部教育的公开发表的文章以及博士、硕士学位论文有很多，研究涉及党和国家领导人的干部教育思想、干部教育历史、干部教育中存在的问题及对策、国外的干部教育等各个方面的问题。但无论是著作还是论文，以改革开放以来干部教育理论和实践为对象进行系统研究的成果不多，而且研究中存在一些不足，主要表现为：第一，没有深入研究党的干部教育思想的理论渊源——马克思、恩格斯、列宁、斯大林关于干部教育的思想观点；第二，对改革开放以来干部教育的研究不够系统，特别是对干部教育取得的成就、存在的问题、时代特色等方面的研究不够；第三，对干部教育规律缺乏深入的分析研究，大多将干部教育规律与特点混淆；第四，对干部教育创新发展的对策性研究成果虽然很多，但多有雷同，缺少从干部教育规律、干部学习和成长规律、社会环境影响等多维视角进行增强干部教育实效性的研究。

三、研究对象和研究方法

（一）研究对象

"干部"一词源于法语中的"Cadre"，本义指军政官员、高级管理人员等，后来被很多国家采用，在国际共产主义运动中也经常被使用。汉语中的"干部"一词是清朝末年留学日本的中国学生引入的，日语中的"干部"是对法语"Cadre"的翻译。中国共产党很早就用"干部"来称呼党的各级领导、管理人员。1922年7月，党的第二次全国代表大会通过的《中国共产党章程》就使用了"干部"这个概念。干部是指在党政机关、军队、企事业单位、社会团体中担任一定的领导工作或管理工作的人员，包括政务和业务两大类。党员干部是干部队伍的主体，但干部这个群体也包括人数众多的非党员干部。

本书所讲的干部教育是指在中国共产党的领导下，按照一定的目标和要求，对干部的政治理论水平、党性修养、科学文化素质、业务工作能力等施以影响，使干部适应形势任务发展和实际工作需要，有组织、有计划的教育活动。"中国共产党把干部教育视为党的干部政策的重要组成部分，党的干部工作中的一项经常性的重要任务"[①]。与经常提到的干部教育培训相比，干部教育涵盖的范围更广。干部教育培训是干部教育实践的主要组成部分，而干部教育不仅包括干部教育实践，还包括干部教育理论和方针政策。就实践层面而言，干部教育不仅包括干部教育培训中的脱产培训、党委（党组）理论学习中心组学习、网络培训、在职自学，还包括干部在党组织活动和工作实践中受到的教育、锻炼等。本书以改革开放以来的干部教育为研究对象，主要研究从党的十一届三中全会召开至今，干部教育理论和实践创新发展的历史进程，分析总结其理论渊源、实践基础、时代特色、经验教训和发展规律，并对当今干部教育存在的突出问题和今后应如何发展的问题做初步探讨。

（二）研究方法

改革开放以来的干部教育研究虽属于党史党建学科，但与马克思主义理论、政治学、教育学、历史学等学科密切相关，需要综合运用多学科的知识和方法

[①] 廖盖隆、孙连成、陈有进等主编《马克思主义百科要览》（下卷），人民日报出版社，1993，第2546-2547页。

进行研究。本书以马克思主义理论为指导，以丰富、翔实的文献资料为基础，采用的研究方法主要有：

第一，文献研究法。搜集、鉴别、整理与干部教育相关的著作、学位论文、报刊文章、调研报告等文献资料，并进行系统的分析、研究，了解学术界对该问题的研究成果和最新动态，全面掌握干部教育的历史和现状，在此基础上，选择有代表性的文献资料详细论述干部教育理论与实践发展的实际情况。

第二，系统分析法。任何事物都不是孤立存在的。从纵向上看，干部教育的历史、现实与未来是一个系统；从横向上看，改革开放以来的干部教育又自成一个系统。本书力图从系统方法的整体性原则出发，分析在各个系统中改革开放以来的干部教育与其他组成部分之间的内在联系，以及干部教育自身系统内部各组成部分之间的联系，从而准确揭示干部教育发展的特点和规律。

第三，比较研究法。本书对党的干部教育历史进行了梳理，并介绍了西方领导教育的有益经验。通过纵向的历史比较，全面、立体地展现了改革开放以来干部教育的发展，阐述了它在党的干部教育发展史中的地位和影响；通过横向的中外比较，深入探讨了党的干部教育的特点、规律以及未来创新发展的实现路径。

第四，个案研究法。党的干部教育实践性较强，因而个案研究法在干部教育研究中十分必要。党的干部教育历史上和现实中都有一些典型个案，对这些个案进行深入剖析，可以加深对干部教育特点、规律的认识，为今后干部教育守正创新提供借鉴。

第一章 改革开放以来创新发展
干部教育的历史基础

历史是无法割断的，后人都是在前人的基础上创造历史。正如马克思所说："人们自己创造自己的历史，但是他们并不是随心所欲地创造，并不是在他们自己选定的条件下创造，而是在直接碰到的、既定的、从过去承继下来的条件下创造。"①

改革开放以来的干部教育无论是理论，还是实践，都是在已有的基础上发展起来的。马克思、恩格斯、列宁、斯大林、毛泽东等创建和发展的马克思主义干部教育理论是改革开放以来干部教育创新发展的理论渊源。改革开放以前的干部教育实践为后来干部教育的创新发展奠定了实践基础、积累了宝贵经验。

第一节 马克思主义干部教育理论的
形成和发展

马克思主义干部教育理论以科学的世界观、方法论为基础，服务于无产阶级革命和建设的需要，在马克思主义政党发展建设的历史进程中形成、发展起来，具有彻底的革命性、高度的科学

---

① 《马克思恩格斯选集》第一卷，中共中央马克思恩格斯列宁斯大林著作编译局编译，人民出版社，2012，第669页。

性和坚定的实践性，是马克思主义理论宝库的重要组成部分。马克思、恩格斯开启了马克思主义干部教育理论的先河，他们的教育学说为马克思主义干部教育理论的形成奠定了基础。列宁、斯大林从多个层面发展了马克思主义干部教育理论，使它开始形成科学理论体系。毛泽东把马克思主义干部教育理论与党的干部教育实际相结合，与中华优秀传统文化相结合，使它在中国的土地上生根、开花、结果，形成了中国化时代化的马克思主义干部教育理论。在历史长河中积累沉淀的马克思主义干部教育理论成果都为改革开放后干部教育理论的发展奠定了基础。

一、马克思、恩格斯开启了马克思主义干部教育理论的先河

马克思、恩格斯是马克思主义理论的创始人，他们虽然没有教育学方面的专著，但散见于著作中教育方面的论断有很多。他们运用辩证唯物主义和历史唯物主义的科学方法论，站在无产阶级的立场对教育问题进行深入研究，创立了崭新的马克思主义教育理论，推动了马克思主义干部教育理论的形成和发展。

马克思、恩格斯彻底批判了以黑格尔为代表的唯心主义和以费尔巴哈为代表的机械唯物主义对人的本质的错误认识，认为人的本质属性是社会性和实践性。马克思在1845年写的《关于费尔巴哈的提纲》中指出，"人的本质不是单个人所固有的抽象物，在其现实性上，它是一切社会关系的总和"。马克思认为环境和教育对人的成长具有十分重要的作用，但同时不能忽视人的主观能动性，人可以通过实践活动改变环境、改革教育，并且人在改造客观世界的过程中也会使自己的主观世界得到改造。他说："环境正是由人来改变的，而教育者本人一定是受教育的。""环境的改变和人的活动的一致，只能被看作是并合理地理解为变革的实践。"[①]马克思的这些正确论断，为形成科学的教育学说扫清了道路。

马克思、恩格斯认为，物质生活的生产方式制约着整个社会生活、政治生活和精神生活的过程，教育具有社会性、阶级性，教育的性质是由社会生产关系决定的。他们在《共产党宣言》中指出："共产党人并没有发明社会对教育的

---

① 《马克思恩格斯选集》第一卷，中共中央马克思恩格斯列宁斯大林著作编译局编译，人民出版社，1995，第59-60页。

作用；他们仅仅是要改变这种作用的性质，要使教育摆脱统治阶级的影响。"①
教育受政治、经济、文化等社会条件和社会关系的影响和制约，会随着生产力
和生产关系的改变而改变，但教育的发展与社会存在的发展并不完全同步，具
有相对独立性，能够影响人们的生产活动及生产方式。马克思曾说："劳动生产
力是由多种情况决定的，其中包括：工人的平均熟练程度，科学的发展水平和
它在工艺上应用的程度，生产过程的社会结合，生产资料的规模和效能，以及
自然条件。"②教育能够提升劳动者的生产劳动能力，进而提高劳动生产率，有
助于科学技术在生产中的应用和推广，推动科学技术和社会生产的发展。马克
思在《资本论》中提出，"为改变一般人的本性，使它获得一定劳动部门的技能
和技巧，成为发达的和专门的劳动力，就要有一定的教育或训练"③。教育可以
使劳动能力改变形态，把以体力劳动经验和劳动技能为特征的简单的劳动力，
改变培养成为以科学知识形态为特征的复杂的劳动力，使劳动能力具有专门性。
随着社会的发展，教育在培养具备科学知识和专业技能的劳动力方面的作用越
来越显著。

　　马克思、恩格斯深刻地揭露了资本主义社会教育的实质和弊端，指出在阶
级社会，剥削阶级垄断了文化教育，广大工农大众被剥夺了享受文化教育的权
利。因为工人受教育，对资产阶级的好处少，但可怕的地方却很多，资产阶级
让工人受的教育对绝大多数人来说是把他们训练成机器④。恩格斯的《英国工人
阶级状况》、马克思的《资本论》都用大量材料揭示在资本的奴役下，工人特别
是童工在恶劣的生活和工作环境中，受到的文化教育是多么匮乏，致使他们眼
界狭窄、智力荒废、道德堕落。但是工人阶级的未来，"也是人类的未来，完全

---

　　①《马克思恩格斯选集》第一卷，中共中央马克思恩格斯列宁斯大林著作编译局编译，
人民出版社，1995，第290页。
　　②《马克思恩格斯选集》第二卷，中共中央马克思恩格斯列宁斯大林著作编译局编译，
人民出版社，1995，第118页。
　　③《马克思恩格斯全集》第四十四卷，中共中央马克思恩格斯列宁斯大林著作编译局编
译，人民出版社，人民出版社，2001，第200页。
　　④《马克思恩格斯选集》第一卷，中共中央马克思恩格斯列宁斯大林著作编译局编译，
人民出版社，人民出版社，1995，第289页。

取决于正在成长的工人一代的教育"①。无产阶级要实现共产主义理想,必须使教育摆脱资产阶级的影响,通过教育启迪工人的阶级意识和提高阶级觉悟,把他们培养成为为共产主义事业奋斗的"新人"。马克思、恩格斯也认识到教育变革是一个社会系统工程,要使工人阶级和劳动群众彻底摆脱被奴役、被异化的非人境遇,受到良好的教育,只有通过革命斗争,消灭生产资料私有制和阶级对立才能实现。

在批判资本主义教育的基础上,马克思、恩格斯对共产主义社会的教育作了一些设想,提出教育的目的是培养认识世界和改造世界的社会主体——人,应坚持教育公平、个人全面发展、教育与生产劳动相结合等基本原则。这些与传统的教育思想划清了界限,为社会主义、共产主义社会教育事业的发展指明了方向。早在1845年,恩格斯就指出共产主义教育的基本原则是"一切人都有平等的受教育的权利,都应该分享科学的成果"②。1848年,马克思、恩格斯在《共产党宣言》中以党纲的方式郑重要求,"对所有儿童实行公共的和免费的教育","把教育同物质生产结合起来",并强调在共产主义社会,"每个人的自由发展是一切人的自由发展的条件"③。个人全面发展就是每个人的体力和智力获得充分的、自由的发展和运用,而教育是实现个人全面发展的必要条件。1866年,马克思在给临时总委员会出席日内瓦会议代表的指示信中,提出他所理解的教育为以下三件事:"第一:智育。第二:体育,即体育学校和军事训练所教的内容。第三:技术培训,这种培训要以生产各个过程的一般原理为内容,并同时使儿童和少年学会各种行业基本工具的实际运用与操作。"他要求"对未成年劳动者应按不同类别循序渐进地施以智力、体育和技术方面的培训"④。马克思、恩格斯认为,在社会主义制度下,生产力的发展和人的发展是有机统一的,人类通过生产劳动改造了世界,也改造了自己。教育和生产劳动相结合不

---

①《马克思恩格斯全集》第十六卷,中共中央马克思恩格斯列宁斯大林著作编译局编译,人民出版社,人民出版社,1964,第217页。

②《马克思恩格斯全集》第二卷,中共中央马克思恩格斯列宁斯大林著作编译局编译,人民出版社,人民出版社,1957,第593页。

③《马克思恩格斯选集》第一卷,中共中央马克思恩格斯列宁斯大林著作编译局编译,人民出版社,人民出版社,1995,第294页。

④《马克思恩格斯全集》第二十一卷,人民出版社,2003,第270页。

仅是提高社会生产力的方法，而且是使人全面发展的方法。

1847年，在马克思、恩格斯的帮助下，历史上第一个以科学社会主义为指导的无产阶级政党——共产主义者同盟在伦敦成立。马克思、恩格斯认为共产党人同其他无产阶级政党不同，"在实践方面，共产党人是各国工人政党中最坚决的、始终起推动作用的部分；在理论方面，他们胜过其余无产阶级群众的地方在于他们了解无产阶级运动的条件、进程和一般结果"①。他们重视党员的教育工作，尤其重视党员在革命实践中的锻炼。恩格斯曾明确指出，在党内每个人都应该从当兵做起，要担任领导职务不但要有写作才能和理论知识，"还需要熟悉党的斗争条件，习惯这种斗争的方式，具备久经考验的耿耿忠心和坚强性格"。他批评党内一些受过学院式教育的人盲目自大、天真幼稚、不从现实条件出发，指出他们"应该向工人学习的地方，比工人应该向他们学习的地方要多得多"②。恩格斯还很重视对知识分子的教育和培养，认为应该从知识分子中培养出脑力劳动无产阶级，同从事体力劳动的工人兄弟并肩战斗，在革命中发挥巨大作用。他睿智地预见到无产阶级的解放，需要律师、医生、工程师、化学家、农艺师及其他专门人才，"因为问题在于不仅要掌管政治机器，而且要掌管全部社会生产，而在这里需要的绝不是响亮的词句，而是丰富的知识"③。马克思、恩格斯的这些正确论断可以说是无产阶级政党干部教育思想的滥觞。

马克思、恩格斯的教育学说批判和继承了人类优秀文化教育思想，以科学的世界观和方法论为指导，正确回答了教育领域中的很多重大问题，打破了资产阶级教育理论一统天下的局面，为马克思主义教育理论的发展奠定了坚实的基础，也开启了马克思主义干部教育理论的先河，深刻影响了马克思主义政党干部教育事业的发展。

①《马克思恩格斯选集》第一卷，中共中央马克思恩格斯列宁斯大林著作编译局编译，人民出版社，1995，第285页。

②《马克思恩格斯选集》第四卷，中共中央马克思恩格斯列宁斯大林著作编译局编译，人民出版社，1995，第399页。

③《马克思恩格斯全集》第二十二卷，中共中央马克思恩格斯列宁斯大林著作编译局编译，人民出版社，1965，第487页。

二、列宁、斯大林推进了马克思主义干部教育理论的初步形成

列宁、斯大林根据马克思、恩格斯关于教育的基本原理，并结合俄国布尔什维克进行革命和建设的实践，对干部教育的重要性、内容、方法等诸多问题进行了理论探索，为马克思主义干部教育理论的形成作出了突出贡献。

列宁发展了马克思、恩格斯关于教育随实施教育的具体社会关系而转移的思想，明确提出教育必须紧密联系政治，教育是无产阶级专政的工具，要为无产阶级政治服务。他批评了教育脱离政治的旧观点，指出教育脱离政治，教育不问政治，都是资产阶级伪善的说法，是对群众的欺骗。他要求："在各方面的教育工作中，我们都不能抱着教育不问政治的旧观点，不能让教育工作不联系政治。"[1]他强调必须保证党对教育事业的绝对领导，学校不仅在政治上，而且在组织上、业务上、教学上都要接受党的领导。列宁说："我们要运用全部国家机构，使学校、社会教育、实际训练都在共产党员领导之下为无产者、为工人、为劳动农民服务。"[2]无产阶级的教育与无产阶级的政治、经济目标一致，其内容、性质等会随着无产阶级主要任务的改变而有所调整。新生的苏维埃政权一方面要巩固无产阶级专政，另一方面还要领导人民群众搞好国家建设。列宁提出："政治文化、政治教育的目的是培养真正的共产主义者，使他们有本领战胜谎言和偏见，能够帮助劳动群众战胜旧秩序，建设一个没有资本家、没有剥削者、没有地主的国家。"[3]在全俄中央执行委员会通过关于电气化的决议之后，他还指出："学校教育和教学工作的性质，以及社会教育的性质都应当改变"，"要使教学工作的性质适应于正在发生的变化，看到现在要进行和平建设，要实行从工业上和经济上改造国家的远大计划"[4]。列宁的这些思想对确定苏俄干部教育的发展方向有着十分重要的指导意义。

[1]《列宁选集》第四卷，中共中央马克思恩格斯列宁斯大林著作编译局编译，人民出版社，1995，第302页。

[2]《列宁选集》第四卷，中共中央马克思恩格斯列宁斯大林著作编译局编译，人民出版社，1995，第125页。

[3]《列宁选集》第四卷，中共中央马克思恩格斯列宁斯大林著作编译局编译，人民出版社，1995，第306页。

[4] 上海师范大学教育系：《列宁论教育》，人民教育出版社，1979，第210页。

列宁一贯重视干部和干部的学习教育。1901年底至1902年初，他在《怎么办？（我们运动中的迫切问题）》一书中指出，任何革命运动都需要稳定的和能够保持继承性的领导者组织，否则便不能持久，因此，"我们首要的最迫切的实际任务是要建立一个能使政治斗争具有力量、具有稳定性和继承性的革命家组织"[①]。他认为，俄国布尔什维克要成为革命力量的先锋队，首先，党的实际工作者要不断努力提高自己的自觉性、增强首创精神和毅力，以理论家、宣传员、鼓动员和组织者的身份到居民的一切阶级中去，把自己锻炼、培养成为善于发动、组织和领导人民群众开展革命斗争的政治领袖。其次，要帮助有知识的工人和知识分子把自己培养成政治斗争的领导者。苏俄建国初期，干部的文化水平普遍很低，而且缺少做管理工作的基本素质，国家建设需要的各方面专家也十分匮乏。1921年12月，全俄苏维埃第九次代表大会提出，在最短时间内培养出工农出身的各方面专家，是教育人民委员部在新时期的任务。列宁经常强调党员干部要加强学习、学以致用，提高自身的文化素质和管理水平。他说："我们应当利用不打仗、没有战争的每个时机来学习，而且要从头学起。"[②]"我们一定要给自己提出这样的任务：第一是学习，第二是学习，第三还是学习，然后是检查，使我们学到的东西真正深入血肉，真正地完全地成为生活的组成部分，而不是学而不用，或只会讲些时髦的词句。"[③]

斯大林进一步明确提出"干部决定一切"的口号。他说："人才，干部是世界上所有宝贵的资本中最宝贵最有决定意义的资本。应该了解：在我们目前的条件下，'干部决定一切'。"[④]因为"党的干部是党的指挥人员，而由于我们的党是执政的党，所以他们也就是国家领导机关的指挥人员。在制定了经过实践检验的正确的政治路线以后，党的干部就成为党的领导和国家领导的决定力

①《列宁选集》第一卷，中共中央马克思恩格斯列宁斯大林著作编译局编译，人民出版社，1995，第386页。

②《列宁选集》第四卷，中共中央马克思恩格斯列宁斯大林著作编译局编译，人民出版社，1995，第728页。

③《列宁选集》第四卷，中共中央马克思恩格斯列宁斯大林著作编译局编译，人民出版社，1995，第786页。

④《斯大林选集》（下），中共中央马克思恩格斯列宁斯大林著作编译局编译，人民出版社，1979，第373页。

量"①。他还指出，国家的发展建设需要大量精通科学技术的专业干部人才，如果我们在工业、农业、运输业和军队拥有大量的优秀干部，那么我们的国家就将是不可战胜的；如果我们没有这样的干部，那我们就会"寸步难移"。斯大林也非常重视干部教育工作。他提出："如果我们善于把我们党自下而上的全体干部，在思想上加以训练并且在政治上加以锻炼，从而使他们能够在国内环境中自由地识别方向，如果我们善于把他们造就成完全成熟的列宁主义者、马克思主义者，使他们能够解决国家领导问题而不犯严重错误，那么我们就解决了我们一切任务的十分之九。"②

列宁、斯大林都很重视对青年干部的培养，并把实现共产主义社会的希望寄托在青年人身上。列宁指出："只有把青年的训练、组织和培养这一事业加以根本改造，我们才能做到：青年一代努力的结果将建立一个与旧社会完全不同的社会，即共产主义社会。"③列宁把正规化的高等、中等教育看作是培养青年干部的重要途径。1919年秋，他倡导创建了大批工农速成中学，在苏俄掀起了大办高等、中等院校的热潮。他说："我们办了苏维埃学校和工人预科，有几十万青年在学习……只要我们做得不是太匆忙，几年之后就可以培养出大批能根本改变我们机关面貌的青年来。"④斯大林认为，青年要成为新生活的建设者，成为老近卫军的真正接班人，就必须认真学习科学文化知识。他说："要竭力使无产阶级大学生，首先是共产党员大学生懂得掌握科学的必要性并且去掌握科学——这就是党的第三个任务。"⑤他还特别重视青年团，认为青年团的任务是帮助党以社会主义精神教育青年。他要求青年团要特别重视培养青年积极分子，

①《斯大林选集》（下），中共中央马克思恩格斯列宁斯大林著作编译局编译，人民出版社，1979，第458页。

②《斯大林文选》（上），中共中央马克思恩格斯列宁斯大林著作编译局编译，人民出版社，1962，第133页。

③《列宁选集》第四卷，中共中央马克思恩格斯列宁斯大林著作编译局编译，人民出版社，1995，第282页。

④《列宁选集》第四卷，中共中央马克思恩格斯列宁斯大林著作编译局编译，人民出版社，1995，第727页。

⑤《斯大林选集》（上），中共中央马克思恩格斯列宁斯大林著作编译局编译，人民出版社，1979，第320页。

发挥青年团在教育和培养广大青年方面的作用，使先进青年成为联系人民群众的"水泥"。

知识分子作为脑力劳动的主要承担者，在文化发展中一直具有十分重要的作用，要建设好社会主义也离不开知识分子。列宁、斯大林清醒地认识到，必须任用和改造旧知识分子，特别是资产阶级专家；同时，还必须培养自己的知识分子干部队伍。列宁指出："要建设共产主义，就必须掌握技术，掌握科学，并为了更广大的群众而运用它们，而这种技术和科学只有从资产阶级那里才能获得。""我们应当借助于被我们推翻了的那个阶级出身的人来从事管理，自然，这些人满脑子都是他们本阶级的偏见，我们应当重新教育他们。"[1]列宁还注重提高旧知识分子的社会地位和物质生活水平，使他们在国家发展建设的各个领域充分发挥自己的聪明才智。斯大林明确提出，知识分子不是一个阶级，而是由社会各阶级出身的人组成的一个阶层。他严厉地批评了轻视知识分子，把知识分子看作异己分子的错误观点。他说："如果工人阶级不能摆脱没有文化的状况，如果它不能造就自己的知识分子，如果它不掌握科学和不善于根据科学的原则来管理经济，那它就不能真正成为国家的主人。"[2]

随着社会主义建设的深入发展，苏联培养了大批工人阶级、农民和其他劳动者阶层出身的知识分子，逐渐形成了庞大的社会主义知识分子队伍，形成了社会主义知识界。1936年11月，斯大林在关于苏联宪法的报告中明确指出："我们苏联的知识分子，是同工人阶级和农民骨肉相连的完全新的知识分子。""他们同工农并肩前进，建设无阶级的社会主义新社会。""这是完全新的劳动知识分子，这样的知识分子是地球上任何国家都没有的。"[3]然而，从20世纪20年代末开始，在斯大林阶级斗争理论的指导下，正常的学术气氛被破坏，不同的学术观点被随意贴上政治标签，大批党内外的高级知识分子和技术专家被批判，

---

①《列宁选集》第四卷，中共中央马克思恩格斯列宁斯大林著作编译局编译，人民出版社，1995，第124–125页。

②《斯大林选集》（下），中共中央马克思恩格斯列宁斯大林著作编译局编译，人民出版社，1979，第40页。

③《斯大林文选》（上），中共中央马克思恩格斯列宁斯大林著作编译局编译，人民出版社，1962，第87页。

甚至判刑，苏联的知识界遭到了重大损失。

列宁、斯大林都认为学习马克思主义理论非常重要，因为马克思主义是共产主义从全部人类知识中产生出来的典范，是关于自然和社会发展规律、无产阶级革命发展规律、社会主义建设发展规律以及共产主义胜利的科学。列宁指出："只有以先进理论为指南的党，才能实现先进战士的作用。"①因此，他要求党员干部阅读马克思和恩格斯的主要著作，认真研究马克思主义，树立完整的社会主义世界观。斯大林明确提出列宁主义是帝国主义和无产阶级革命时代的马克思主义，并科学阐述了列宁主义在马克思主义发展史中的重要地位。他要求党员干部学习马克思列宁主义，不但要学习马克思、恩格斯的经典著作，还要学习列宁的经典著作。他指出："党的宣传工作的任务，用马克思列宁主义教育干部的任务，就是要帮助我们所有工作部门中的干部掌握马克思列宁主义关于社会发展规律的科学。"②列宁、斯大林还很重视党员干部的科学文化教育和思想政治教育。列宁指出每个政治教育工作者面前有三大敌人：共产党员的骄傲自大、文盲和贪污，因此，要对党员干部进行政治教育，要教他们识字，提高他们的文化水平和思想政治觉悟。他要求党员干部学习科学、技术、管理、艺术等各方面的知识，吸收和改造人类思想和文化发展中一切有价值的东西，因为"只有了解人类创造的一切财富以丰富自己的头脑，才能成为共产主义者"③。斯大林也要求党员干部要带头学好科学文化知识，他指出要建设社会主义就必须有知识，必须掌握科学，必须顽强、耐心地学习。列宁、斯大林还提出，要用社会主义新精神反对和克服旧制度遗留下来的旧习惯、旧风气，培养党员干部的爱国主义、集体主义、国际主义精神和纪律自觉，使他们树立建成社会主义的必胜信念。

列宁、斯大林继承了马克思、恩格斯关于教育与生产劳动相结合的思想，

①《列宁选集》第一卷，中共中央马克思恩格斯列宁斯大林著作编译局编译，人民出版社，1995，第312页。

②《斯大林文选》（上），中共中央马克思恩格斯列宁斯大林著作编译局编译，人民出版社，1962，第247页。

③《列宁选集》第四卷，中共中央马克思恩格斯列宁斯大林著作编译局编译，人民出版社，1995，第285页。

认为教育和生产劳动是相互促进、相辅相成的，必须密切结合起来。列宁说："无论是脱离生产劳动的教学和教育，或是没有同时进行教学和教育的生产劳动，都不能达到现代技术水平和科学知识现状所要求的高度。"①他要求党员干部要把学到的全部知识融会贯通，把理论学习和业务工作结合起来。他曾对全俄共产主义青年团的代表们说："你们当前的任务是建设，你们只有掌握了一切现代知识，善于把共产主义由背得烂熟的现成公式、意见、方案、指示和纲领变成能把你们的直接工作统一起来的活生生的东西，把共产主义变成你们实际工作的指针，那时才能完成这个任务。"②斯大林反对理论知识和实际经验脱节，大力倡导教学改革。他在1928年4月召开的莫斯科政治积极分子会议上指出，在高等技术学校里没有把干部训练好，没有把红色专家培养好，因为他们学的是书本上的东西，他们是书本上的专家，没有实际经验，和生产脱节，而我们需要的专家不仅在理论上，而且在实际经验上、在和生产的联系上都是很强的③。

列宁、斯大林还大力提倡批评和自我批评的教育方法，把开展批评和自我批评看作党生存、发展的重大问题。列宁明确提出"自我批评"这一概念。他说："一个政党对自己的错误所抱的态度，是衡量这个党是否郑重，是否真正履行它对本阶级和劳动群众所负义务的一个最重要最可靠的尺度。公开承认错误，揭露犯错误的原因，分析产生错误的环境，仔细讨论改正错误的方法——这才是一个郑重的党的标志，这才是党履行自己的义务，这才是教育和训练阶级，进而又教育和训练群众。"④斯大林认为，批评与自我批评是党坚强的标志，会使党更加巩固。他指出，"我们需要自我批评就像需要空气和水一样"⑤，"如果

---

① 上海师范大学教育系：《列宁论教育》，人民教育出版社，1979，第18页。

②《列宁选集》第四卷，中共中央马克思恩格斯列宁斯大林著作编译局编译，人民出版社，1995，第288页。

③《斯大林选集》（下），中共中央马克思恩格斯列宁斯大林著作编译局编译，人民出版社，1979，第29页。

④《列宁全集》第三十九卷，中共中央马克思恩格斯列宁斯大林著作编译局编译，人民出版社，1986，第37页。

⑤《斯大林选集》（下），中共中央马克思恩格斯列宁斯大林著作编译局编译，人民出版社，1979，第7页。

党不害怕批评和自我批评，如果它不掩盖自己工作中的错误和缺点，如果它用自己工作中的错误来教导和教育干部，如果它善于及时改正自己的错误，那它就会是不可战胜的"①。

此外，列宁和斯大林都十分重视教师在干部教育中的地位和作用，注重加强教师队伍建设。列宁认为，学校里最重要的是课程的思想政治方向，而这个方向"完全只能由教学人员来决定"②。1918年6月，他在全俄国际主义教师代表大会上说："教师大军应该向自己提出巨大的教育任务，而且首先应该成为社会主义教育的主力军。应该使生活和知识摆脱对资本的从属，摆脱资产阶级的束缚。教师不能把自己限制在狭隘的教学活动的圈子里，教师应该和一切战斗着的劳动群众打成一片，新教育学的任务是要把教师的活动同建立社会主义社会的任务联系起来。"③他还提出，要培养出一支紧密地同党和党的思想结合起来、完全贯彻党的精神的新教育大军，通过坚持不懈地工作振奋教师的精神，使他们具有真正符合他们崇高称号的全面修养。此外，还应当把教师的地位提高到在资产阶级社会里从来没有、也不可能有的高度，而最重要的是提高他们的物质生活水平④。斯大林进一步肯定了教师是建设社会主义的劳动者，明确了教师在社会主义建设中的地位和作用。他在写给全苏联教师第一次代表大会的信中明确指出："人民教师的队伍是我国正在按社会主义原则建设新生活的劳动大军中的一个最必需的部分。"⑤

三、毛泽东推动了马克思主义干部教育理论中国化时代化

毛泽东一直十分重视党的干部教育工作，撰写了《关于纠正党内的错误思想》《反对本本主义》《改造我们的学习》《整顿党的作风》等很多与干部教育有

---

① 《斯大林选集》（下），中共中央马克思恩格斯列宁斯大林著作编译局编译，人民出版社，1979，第622页。

② 上海师范大学教育系：《列宁论教育》，人民教育出版社，1979，第52页。

③ 上海师范大学教育系：《列宁论教育》，人民教育出版社，1979，第113页。

④ 《列宁选集》第四卷，中共中央马克思恩格斯列宁斯大林著作编译局编译，人民出版社，1995，第764页。

⑤ 《斯大林全集》第七卷，中共中央马克思恩格斯列宁斯大林著作编译局编译，人民出版社，1958，第5页。

关的文章。他将马克思主义干部教育理论与党的干部教育实际相结合，与中华优秀传统文化相结合，提出了涵盖干部教育目的、目标、方针、原则、对象、内容、方法等各个方面，逻辑严密、系统完备的干部教育思想，推动了马克思主义干部教育理论中国化时代化的发展。

毛泽东认为，党的干部是党和国家的宝贵财富，是党完成各个时期历史任务的基本保障。他说："中国共产党是在一个几万万人的大民族中领导伟大革命斗争的党，没有多数才德兼备的领导干部，是不能完成其历史任务的。"①毛泽东继承并发展了马克思、恩格斯、列宁、斯大林关于教育为无产阶级政治服务的思想，要求干部教育服务于党的中心任务，培养各个时期党和国家发展需要的干部队伍。在民主革命时期，他提出苏维埃文化教育要"为革命战争与阶级斗争服务"②。为了满足革命战争的需要，他要求干部"注重战争，学习军事，准备打仗"③，"发动组织广大的人民，把成千成万的人民变为有组织的队伍"④。中华人民共和国成立后，他又提出干部教育要适应国家发展建设的需要，把党的各级干部培养成精通政治工作和经济工作的专家。

1938年10月，毛泽东在党的六届六中全会上做的政治报告《论新阶段》中，把培养"才德兼备的领导干部"概括为干部教育的目标。他认为"才德兼备"的标准是"坚决地执行党的路线，服从党的纪律，和群众有密切的联系，有独立的工作能力，积极肯干，不谋私利"⑤。"才"与"德"是对干部业务水平、工作能力和思想政治素质、道德品质要求的高度概括，是相互影响、相互制约、不可分割的整体。在这两者中，毛泽东更重视"德"，要求干部具有"毫不利己专门利人"的共产主义精神，做"一个高尚的人，一个纯粹的人，一个有道德的人，一个脱离了低级趣味的人，一个有益于人民的人"⑥。1956年，社会主义改造完成后，我国全面开展社会主义建设。毛泽东对"才德兼备"的

---

①《毛泽东选集》第二卷，人民出版社，1991，第526页。
②《建国以来重要文献选编》第十一册，中央文献出版社，1995，第418页。
③《毛泽东选集》第二卷，人民出版社，1991，第545页。
④ 中共中央文献研究室：《毛泽东文集》第二卷，人民出版社，1993，第117页。
⑤《毛泽东选集》第二卷，人民出版社，1991，第527页。
⑥《毛泽东选集》第二卷，人民出版社，1991，第660页。

干部培养目标进行了新的思考和总结，将其进一步阐发为"又红又专"。要求干部教育要使干部"既懂政治、又懂业务、又红又专"，把政治和业务结合起来，反对只讲政治，不重视业务、技术的"空头政治家"；也反对只讲业务、技术，不注意思想和政治"迷失方向的实际家"。在政治与业务的关系中，思想和政治是"统帅"，是"灵魂"①。

关于干部教育的指导方针，1939年5月，毛泽东为纪念抗日军政大学成立三周年发表的文章指出，"抗大的教育方针是：坚定正确的政治方向，艰苦奋斗的工作作风，灵活机动的战略战术"②。1941年，在《改造我们的学习》中，毛泽东提出："对于在职干部的教育和干部学校的教育，应确立以研究中国革命实际问题为中心，以马克思列宁主义基本原则为指导的方针"③。这是毛泽东对干部教育方针最明确、最集中的概括，长期指导着干部教育的发展。1945年4月，在中国共产党第七次全国代表大会上，毛泽东又提出"民族的、科学的、人民大众的"新民主主义文化教育方针，这对干部教育也具有一定的指导作用。

毛泽东强调干部教育应当坚持实事求是、与生产劳动相结合的原则。"实事求是"是毛泽东借用我国传统文化中的成语对马克思主义哲学精髓的经典概括。1938年10月，他在党的六届六中全会上作的报告中提出，"共产党员应是实事求是的模范"④，在《改造我们的学习》中，他批判主观主义的同时提出要坚持实事求是的态度，根据中国革命的需要去研究马克思列宁主义，从中找出解决问题的立场、观点和方法。实事求是的态度"就是党性的表现，就是理论和实际统一的马克思列宁主义的作风"⑤。1941年年底，彭真就中央党校的校训向毛泽东请示，毛泽东说："就是实事求是，不尚空谈。"⑥后来，他还为党校礼堂题写了"实事求是"四个大字。毛泽东进一步发展了马克思、恩格斯、列宁、斯大林关于教育与生产劳动相结合的思想，提出"劳动可以改造思想，改造

① 中共中央文献研究室：《毛泽东文集》第七卷，人民出版社，1999，第351-352页。
② 中共中央文献研究室：《毛泽东文集》第二卷，人民出版社，1993，第188页。
③《毛泽东选集》第三卷，人民出版社，1991，第802页。
④《毛泽东选集》第二卷，人民出版社，1991，第522页。
⑤《毛泽东选集》第三卷，人民出版社，1991，第801页。
⑥《彭真传》编写组：《彭真年谱（1979—1997）》第五卷，中央文献出版社，2012，第367页。

人"①，强调"教育与劳动结合的原则是不可移易的"②，要求干部参加生产劳动，把脑力劳动和体力劳动结合起来。在延安时期的大生产运动中，为了缓解根据地的经济困难，他提出"自己动手"的口号，要求"各级党政军机关学校一切领导人员都须学会领导群众生产的一全套本领"③。

高级干部是党内领导和决策层的重要成员，对党的事业发展影响大。毛泽东指出，"在各种干部中主要是高级干部的教育"④。1934年1月，在第二次全国苏维埃代表大会的工作报告中，他提出"创造大批领导斗争的高级干部"是苏维埃文化建设的中心任务之一⑤。工农干部是干部队伍的主体，但是大部分工农干部文化水平很低，所以毛泽东也很重视工农干部的教育，他要求工农干部加强学习，提高自己的文化水平、理论素养。毛泽东还注重对少数民族干部、知识分子干部的教育和培养。他认为，培养大批少数民族出身的共产主义干部，才能完全孤立民族反动派，彻底解决民族问题。他提出："一切有少数民族存在地方的地委，都应开办少数民族干部训练班，或干部训练学校。"⑥毛泽东认为，党的革命和建设事业要成功离不开先进知识分子的参加，但知识分子往往存在主观主义和个人主义的倾向，只有在长期的群众斗争中才能克服。因此，对知识分子"必须分别情况，加以团结、教育和任用"⑦，引导知识分子与工农群众相结合，与工农打成一片，为政府、群众服务。此外，还应大力培养工人阶级的知识分子队伍。

毛泽东指出，干部教育以内容划分，"有思想教育、政治教育、军事教育、文化教育等"⑧。他非常重视干部的理论、思想教育，明确提出"干部各种教育

① 中共中央文献研究室：《毛泽东文集》第六卷，人民出版社，1999，第10页。

② 中共中央文献研究室：《毛泽东文集》第七卷，人民出版社，1999，第399页。

③《毛泽东选集》第三卷，人民出版社，1991，第911页。

④ 中共中央文献研究室：《毛泽东文集》第三卷，人民出版社，1996，第11页。

⑤ 中共中央文献研究室、中央档案馆：《建党以来重要文献选编（一九二一——一九四九）》第十一册，中央文献出版社，2011，第127页。

⑥ 中共中央文献研究室：《毛泽东文集》第六卷，人民出版社，1999，第20页。

⑦《毛泽东选集》第四卷，人民出版社，1991，第1270页。

⑧ 中共中央文献研究室：《毛泽东文集》第三卷，人民出版社，1996，第2页。

中主要是整风教育与思想教育"①，"掌握思想教育，是团结全党进行伟大政治斗争的中心环节"②。在延安整风运动中，他要求党员、干部根据中国革命实践的需要学习和应用马克思列宁主义，调查研究敌友我三方的经济、政治、军事等各方面的动态；分析研究鸦片战争以来的中国史特别是中国共产党的历史，反对主观主义、宗派主义、党八股，整顿学风、党风、文风。他大力倡导干部学习党的路线方针政策，坚定正确的政治方向，全心全意为人民服务；发扬理论和实践相结合、密切联系群众以及自我批评的三大优良作风，保持谦虚、谨慎、不骄、不躁和艰苦奋斗的作风。1955年3月，毛泽东在党的全国代表会议上再次强调干部理论学习的重要性。他说："我们要作出计划，组成这么一支强大的理论队伍……没有这支队伍，对我们全党的事业，对我国的社会主义工业化、社会主义改造、现代化国防、原子能的研究，是不行的，是不能解决问题的。"③毛泽东也很重视干部的文化、业务教育。他认为干部要做好工作需要具备一定的文化水平和业务素质，提出"一个革命干部，必须能看能写，又有丰富的社会常识与自然常识"④，"政治家要懂些业务"⑤。中华人民共和国成立前夕，在党的七届二中全会上，他要求干部必须用极大的努力去学会管理城市和城市建设，学习生产的技术和管理生产的方法。

毛泽东继承了列宁、斯大林提出的"批评和自我批评"的教育方法。在延安整风运动中，他进一步提出要贯彻"惩前毖后，治病救人"的方针，采用"团结——批评——团结"的方式，既要弄清思想，又要团结同志。毛泽东汲取了我国传统教育思想中的精华，提倡"教学相长、学学相长"，曾多次肯定"官教兵、兵教兵、兵教官"的练兵方法。他还要求教员在课前考察和了解学生的情况和需求，"根据学生的情况来讲课"⑥，因材施教。1929年12月，毛泽东在为中国共产党红军第四军第九次代表大会起草的决议案（即"古田会议决议"）

① 中共中央文献研究室：《毛泽东文集》第三卷，人民出版社，1996，第11页。
② 《毛泽东选集》第三卷，人民出版社，1991，第1094页。
③ 中共中央文献研究室：《毛泽东文集》第六卷，人民出版社，1999，第395-396页。
④ 中共中央文献研究室：《毛泽东文集》第二卷，人民出版社，1993，第387页。
⑤ 中共中央文献研究室：《毛泽东文集》第七卷，人民出版社，1999，第352页。
⑥ 中共中央文献研究室：《毛泽东文集》第三卷，人民出版社，1996，第116页。

中，将红军干部和士兵教育的教学法总结为十点，即启发式（废除注入式）、由近及远、由浅入深、说话通俗化（新名词要释俗）、说话要明白、说话要有趣味、以姿势助说话、后次复习前次的概念、要提纲、干部班要用讨论式[①]。这十点被称为"十条教授法"，对后来干部教育教学水平的提升起到了重要作用，影响深远。

毛泽东的干部教育思想汲取了中华优秀传统文化中的精华，在指导和推动党的干部教育实践过程中创造性地发展了马克思主义干部教育理论，具有鲜明的中国作风和中国气派，为马克思主义干部教育理论中国化时代化的发展奠定了基础。既遵循了马克思主义政党干部教育的一般规律，又符合我国干部教育发展的实际需要，是中国共产党干部教育的科学指南，对党的干部教育事业发展有长远的指导意义。

第二节　改革开放以前干部教育实践的发展

中国共产党自成立以来就十分重视干部教育工作，党的发展史也是一部党的干部教育发展史。改革开放以前，以马克思主义干部教育理论，特别是毛泽东的干部教育思想为指导，根据我国革命、建设和党自身发展建设的实际需要，党大力开展干部教育工作，推动干部教育事业不断发展。虽然也经历了曲折和坎坷，但为后来干部教育的发展积累了经验，准备了条件。

一、干部教育的初步发展（1921—1935年）

中国共产党的干部教育随着党的诞生而诞生，随着党的发展而发展。从1921年7月党成立到1935年11月红军主力到达陕北，结束了二万五千里长征，党在血雨腥风中逐渐成长，干部教育也在艰苦探索中逐步发展。

中国共产党成立之初就把干部教育作为壮大党的队伍和推进工农革命运动的重要途径，积极创办学校开展干部教育工作。1921年，党在成立后的第一个

[①] 中共中央文献研究室：《毛泽东文集》第一卷，人民出版社，1993，第104-105页。

决议中就明确提出一切产业部门都要成立工人学校，提高工人的觉悟，并逐渐使之成为工人政党的中心机构。1923年11月，党的三届一中全会通过《教育宣传问题决议案》，强调要采取多种形式加强党员的马克思主义基本原理、党纲党章、时事政治的学习讨论，要用辩证唯物主义世界观和集体主义人生观教育党员和群众。这是党最早的关于党员、干部教育工作的专门文件。1921年8月，毛泽东、何叔衡在长沙创立湖南自修大学。这是党的历史上第一所研究、传播马克思主义，培养革命干部的学校。1923年被查封后，中共湘区委员会又立即创办湘江学校，为党培养了很多优秀的干部。1921年10月，中央宣传部在上海开办了第一所专门培养妇女干部的上海平民女校。北伐战争期间，国共两党合作创办了培训革命干部特别是军事干部的重要阵地——黄埔军校，并在广东、广西、湖南、江西等省举办了40多个农民运动讲习所和农训班，培养了大批农民运动干部。不少党政领导同志兼任学校领导，在紧张地战斗和工作的同时，还亲自到学校授课、编写教材，直接指导和从事干部教育工作。

随着党的队伍不断发展，建立党校教育、培养干部的事宜逐渐提上党的议事日程。1924年5月，中国共产党在上海召开第一次扩大的执行委员会会议，会议讨论通过了《党内组织及宣传教育问题决议案》，强调各级党组织要加强对党员的教育工作，并提出要尽快设立党校以培养指导人才。1925年1月，党的第四次全国代表大会通过的《对于宣传工作之决议案》，明确指出："党中教育机关除支部具其一部分作用，另外于可能时更有设立党校有系统地教育党员，或各校临时讲演讨论会增进党员相互间对于主义的深切认识之必要。"①根据党中央的指示，1924年12月，刘少奇等在萍乡创办安源地委党校；1925年9月，中共北京地委筹办了北京党校。1926年，上海、湖南、广东、武汉等地区的党的领导机关也陆续办起了党校，对党员干部进行培训。1927年4月，中共五大还讨论了建立中央党校的问题，会后决定在武昌开办一所中央党校，但由于武汉国民政府叛变革命而未能实现。

党在干部教育创建之初就很重视马克思主义理论教育和时政教育，注意引导学生用马克思主义理论来分析研究中国的国情和革命形势，并根据教育对象

---

① 中共中央文献研究室、中央档案馆：《建党以来重要文献选编（一九二一——一九四九）》第二册，中央文献出版社，2011，第257页。

的实际情况进行分类教育；创办了军事院校、平民女校、党校、农民运动讲习所等不同类型的干部学校，在教育内容上根据学员特点和革命需要而有所偏重；在教育方法上，注重联系群众、联系实际，重视劳动教育，强调脑力劳动和体力劳动相结合，提倡学生自学、思考、讨论，并创办进步刊物，积极宣传马克思主义和革命思想。

1927年，国民党发动反革命政变，大肆屠杀共产党员和革命群众，共产党人数由原来的5.7万骤减到1万左右。1931年8月，中共中央通过《关于干部问题的决议》，提出"因干部需要的增加与干部的缺乏，形成干部恐慌的现象，成为党在执行政治上组织上的紧急任务中一个严重的困难问题"，"万分迫切的要求全党加以最高限度的注意，采取最有力的办法求得解决"，并要求各级党部各部委的领导同志在日常工作中加紧锻炼教育干部①。党员绝大多数是农民及小资产阶级分子，文化素质和政治理论水平低，党内存在各种非无产阶级思想。1929年12月，古田会议通过的《中国共产党红军第四军第九次代表大会决议案》（以下简称《决议》），明确提出要把思想建设放在党的建设首位，红军党内最迫切的问题是教育问题。《决议》指定了10项党员教育材料和18项教育方法，并对士兵的政治训练做了详细规定，对上政治课的方式方法也提出了明确要求，这对整个苏区的干部教育有十分重要的指导意义。1931年4月，中共中央发布《关于苏区宣传鼓动工作决议》，提出办好党校是各苏区中央分局的中心任务之一，要求在各苏区中央分局所在地，必须设立1个以上的党校，以培养党、苏维埃与职工会的中等干部。党校的教学内容应该是1/3军事训练、1/3实际工作常识、1/3政治经济常识。

按照党中央的要求，各革命根据地的干部教育学校和培训班如雨后春笋般涌现，干部教育尤其是军事教育和专业干部教育有了很大发展，初步形成了多种类型、多种层次的干部教育学校体系。以中央苏区为例，党创办了培养红军干部的中央红军学校、中国工农红军大学、红军第一步兵学校、红军第二步兵学校、红军特科学校、红军通信学校、地方武装干部学校等；培养党员干部具有党校性质的马克思共产主义学校；培养苏维埃建设各方面高级干部的苏维埃

---

① 中共中央文献研究室、中央档案馆：《建党以来重要文献选编（一九二一——一九四九）》第八册，中央文献出版社，2011，第531–535页。

大学；培养农业干部的中央农业学校；培养文艺干部的高尔基戏剧学校；培养教育干部的中央列宁师范学校等。这些不同类型的干部教育学校从纵向上可以划分为初级、中级、高级三级，但各级学校直接向各工作单位输送干部，彼此之间不衔接，如师范教育有小学教员训练班、初级师范学校、中央列宁师范学校等。但初级师范学校毕业生一般不直接升入高级师范学校，而是直接参加工作，高级师范学校面向社会招生。

各根据地干部教育学校的教学内容不尽相同，但主要从四个方面展开：一是马克思主义理论教育，学习马克思列宁主义基本理论知识，如彭杨军事政治学校学习共产主义原理、社会主义从空想到科学的发展等；二是党的基本知识和方针政策教育，如中共东江特委党校开设了中国共产党党史、中国共产党的组织及其政策、农民与土地革命等课程；三是业务教育，如苏维埃大学对学员进行与政府各部门有关的业务知识培训，开设了土地、国民经济、财政、工农检查、内务、司法、教育、劳动八个班；四是文化教育，如马克思共产主义学校开设了历史、地理、自然科学常识等课程，还有不少干部学校开设了识字班。一些干部学校还注重引导学生将日常学习同生产劳动相结合，如马克思共产主义学校的学员要利用课余时间开荒种菜，每隔两星期同当地少共区委联系一次，有计划地参加农村党支部活动，参加星期六义务劳动，帮助红军家属做事等。

除了干部学校教育，在职干部教育也根据革命斗争的需要灵活开展，并较好地把干部的工作和学习统一起来。党和苏维埃政府通过举办各类短期训练班，成立马克思主义研究会，发行、编印各种报刊、宣传材料，召开党支部会议、党员大会、政治讨论会等形式，在党员、干部中广泛开展丰富而生动的教育活动，取得了良好效果。此外，共产党在国民党统治区也秘密开展干部教育工作，如在上海秘密举办了多期军事、党务干部训练班和无线电报业务训练班，并选派有高度政治觉悟和较高文化水平的党员干部到苏联莫斯科中山大学留学。

总之，以马克思主义为指导，以党员骨干、工农积极分子和进步学生为教育对象，学校教育与在职教育相结合的新型干部教育模式初步形成。在极其艰苦的条件下，干部教育为党训练和培养了一大批革命干部，为发展壮大党和红军的力量、巩固苏维埃政权、推动革命事业的发展作出了重要贡献。

二、干部教育的逐渐成熟（1935—1949 年）

中国共产党到达陕北后，随着抗日战争和解放战争形势的迅猛发展以及根据地的不断扩大，干部紧缺的问题日益严重，干部的理论、政策水平也有待提高。鉴于此，党制定了一系列干部教育的方针政策，采取了诸多有效措施，大力发展干部教育事业。随着党在政治上走向成熟，干部教育也逐渐发展、成熟，形成全方位、多层次的干部教育格局。

（一）明确干部教育的指导思想和基本原则

1938 年 10 月，毛泽东在党的六届六中全会上明确提出："政治路线确定之后，干部就是决定的因素。因此，有计划地培养大批的新干部，就是我们的战斗任务。"[①]在党的六届六中全会政治决议案中，党中央要求大量设立各级培养干部的学校、训练班，建立和加强能独立工作的地方党部，培养在党、政、军、民各种工作中有声望、有信仰的领导人才。1942 年 2 月，中共中央作出的《关于在职干部教育的决定》中明确提出："在目前条件下，干部教育工作，在全部教育工作中的比重，应该是第一位的。""如不把干部教育工作看得特别重要，把它放在全部教育工作中的第一等地位，就要犯本末倒置的错误了。"[②]从而确立了"干部教育第一"的方针，标志着党对干部教育重要性的认识提高到一个新的水平。

为了切实加强干部教育工作，党中央制定了《关于干部学习的指示》《关于延安干部学校的决定》《关于办理党校的指示》《关于在职干部教育的决定》《关于军队干部教育的指示》《关于准备夺取全国政权所需要的全部干部的决议》等一系列文件，对干部教育各方面工作的开展作了系统规定。1945 年 6 月，刘少奇在党的七大上作的《关于修改党章的报告》中对毛泽东思想进行了科学概括，明确提出："毛泽东思想，就是马克思列宁主义的理论与中国革命的实践之统一的思想，就是中国的共产主义，中国的马克思主义。""是我们党的唯一正确的

[①]《毛泽东选集》第二卷，人民出版社，1991，第 526 页。

[②] 中共中央组织部：《干部教育工作重要文献选编》（下），党建读物出版社，1999，第737 页。

指导思想，唯一正确的总路线。"[1]新党章正式确立了毛泽东思想为党的指导思想，为党一切工作的指针，并明确规定掌握马克思列宁主义和毛泽东思想的基础理论是共产党员的义务。此后，毛泽东思想成为干部教育的指导思想，成为党制定干部教育方针、规划、原则和方法的根本理论依据。

（二）成立干部教育领导机构，建立干部教育学校体系

根据革命形势发展的需要，为了加强对各根据地干部教育的统一领导，1938年11月，党中央决定成立干部教育部统管干部教育工作，张闻天任部长、李维汉任副部长。干部教育部的任务是：统一领导中央直属各学校的教育方针、教育计划与教学方法；适当地调剂各学校的教员、教材、课程；有计划地进行招收新生工作；领导党政军民各机关的干部教育；总结各学校和机关干部的学习经验[2]。1940年，干部教育部与中央宣传部合并，先称中央宣传教育部，后改为中央宣传部，领导各根据地的干部教育工作，但具体工作的开展还要依靠各级党组织和地方有关部门贯彻落实。这样自上而下、层层负责的干部教育管理体制开始形成。

党校是党性锻炼的熔炉，是党教育培训干部和提高干部政治理论素质的主要阵地。1940年2月，中共中央发出《关于办理党校的指示》，要求各地党的领导机关开办党校以加强对干部的马克思列宁主义教育，并规定：训练中级干部（县级及区委书记）的党校，大致由各中央局各分局办理，训练时间半年到一年；训练区级干部的党校，大致由各省委、区委、地委办理，时间三至六个月；训练初级干部（支部干事）的训练班，大致由各地委、县委办理，时间两星期至两个月。

1935年11月，中共中央党校（前身是马克思共产主义学校）在瓦窑堡复建。1937年1月，中央党校随中共中央进驻延安，为党培养了大批领导骨干和理论工作者。1947年3月，国民党军队进攻延安，中央党校停止工作并撤离延安。1948年，党中央作出创办高级党校的决定，并号召大办党校。11月，河北省平山县创办的高级党校马列学院开学，刘少奇任院长。随后，各大解放区陆续建立了颇具规模的中共中央地方局党校，如西北局党校、华北局党校、东北

---

① 《刘少奇选集》（上），人民出版社，1981，第333-334页。

② 刘英杰主编《中国教育大事典（1840—1949）》，浙江教育出版社，2001，第959页。

局党校、华东局党校和西南局党校。各中央分局、全国各省、地、市，有的县也陆续创办了地方党校，党校干部教育体系初具规模。

除党校外，为了培养和训练军事、政治、经济、文教、医药、科技等各方面工作需要的优秀干部和专门人才，各革命根据地创办和恢复了很多干部教育学校，形成了门类比较齐全的干部学校系统。例如，在延安和陕甘宁边区的学校就有中国人民抗日军政大学、陕北公学、鲁迅艺术学院、自然科学院、华北联合大学、泽东青年干部学校、中国女子大学、延安民族学院、中国医科大学、延安大学、八路军军政学院、陕甘宁边区行政学院、陕甘宁边区农业学校、医药学校、鲁迅师范等。这些学校为党培养了大批德才兼备的干部，如抗日军政大学总校及其14所分校就培养和训练了20余万名军事、政治干部[1]。解放战争时期特别是1948年后，随着解放区范围不断扩大，各解放区不仅创办了各类新干部学校，还接管和改造了原国统区的高等、中等院校，原有的一些干部学校也扩大了办学规模，提高了教学质量。例如，东北解放区创建了东北大学、东北工业干部学校、工业专门学校、自然科学研究所等，接管、整顿了哈尔滨工业大学等高校。由陕北迁入的抗日军政大学、鲁迅艺术学院等也得到发展，大学最多时达30余所。自1946年至1949年，这些学校通过短期培训的方式共培养了39995名干部[2]。

（三）高度重视在职干部教育，建立在职干部教育制度

由于严峻的革命形势和艰苦的战争环境，没有人力、财力举办学制完备的干部学校，加上干部紧缺的现实状况，干部离职参加长期培训并不现实。因此，党中央决定把在职干部教育放在干部教育的首位。1942年2月，中共中央在《关于在职干部教育的决定》中明确提出，对在职干部就其工作岗位施以必需的与可能的教育，在职干部的教育工作是全部干部教育工作中的第一位，应该引起党政军各级领导机关及其宣传教育部门的充分注意。在职干部教育，应以业务教育、政治教育、文化教育、理论教育四种为范围。对一切在职干部，都须给予业务教育和政治教育，实行"做什么，学什么"的口号，政治教育范围包括时事教育及一般政策教育两项；除了业务教育和政治教育，对于一切文化程

---

① 李小三主编《中国共产党干部教育简史》，中共党史出版社，2009，第102页。

② 李小三主编《中国共产党干部教育简史》，中共党史出版社，2009，第181页。

度太低或不高的干部，还必须强调文化教育，具有学习理论资格的高级及中级干部，还须学习理论。

为了使干部在职学习制度化、规范化，党中央制定了一系列干部教育制度。一是坚持每天两小时学习制度。1940年1月，中共中央书记处发出《关于干部学习的指示》，提出要建立在职干部平均每日学习两小时的制度，并保持其持久性与经常性。中共中央在《关于在职干部教育的决定》中也规定，在情况许可的地方或部门，一律坚持每日两小时学习制度；在情况不许可的地方或部门，学习时间可以伸缩。一切为在职干部教育安排的学习时间，均算入正规工作时间之内，把教育与学习看作工作的一部分。二是建立学习小组制度。自1938年毛泽东在党的六届六中全会上向全党发出开展学习竞赛的号召后，延安的一些机关、学校、部队就自发地建立了很多学习小组。为提高党内高级干部的理论水平和政治水平，1941年9月，中共中央作出《关于高级学习组的决定》，要求以中央、各中央局、中央分局、区委或省委之委员，八路军、新四军各主要负责人，各高级机关某些职员，各高级学校某些教员为单位成立高级学习组。之后，学习小组在各根据地普遍建立起来，成为延安时期干部教育的一大特色。三是健全学习检查、考试制度。中央宣传部、各主管机关、各支部要定期对在职干部教育质量、方法通过不同的方式进行检查。在职干部要定期参加考试，以检验学习效果。在党中央的推动下，在职干部教育的各项制度逐步建立起来，在职干部教育成为党内一项经常性的工作。

（四）干部教育内容丰富，方式方法灵活多样

1940年1月，中共中央书记处发出《关于干部学习的指示》，要求全党干部都要学习和研究马克思列宁主义理论及其在中国的具体运用，并规定：初级课程有中国近代革命史、中国革命与中国共产党、游击战争、社会科学常识；中级课程有联共（布）党史、马克思列宁主义；高级课程有政治经济学、历史唯物论与辩证唯物论、近代世界革命史；时事政治课程主要是研究中国、日本、国际三个方面的问题；军队中应有军事学习课。以上规定是将理论教育和思想政治教育放在重要的位置上。随着毛泽东思想的提出和影响的不断扩大，干部理论教育的内容除了马克思主义哲学、政治经济学、科学社会主义等，还增加了毛泽东的一些重要著作。干部的思想政治教育主要包括思想教育、作风教育、

纪律教育和党的路线方针政策教育。为了使思想认识紧跟革命战争的形势，更好地贯彻落实党的路线方针政策，抗日战争时期，干部要学习统一战线、武装斗争和党的建设三个基本问题及其方针政策；内战爆发后，干部要深刻认识"帝国主义和一切反动派都是纸老虎"，树立消灭反动势力的革命必胜的信念。此外，各级党组织还经常教育党员、干部要坚持党的群众路线，全心全意为人民服务，树立良好的党风、学风、文风，严格遵守党规党纪。

干部的业务教育和文化教育也广泛开展。专业课在专业干部院校中占到课程比重的50%～80%。党中央要求"不论从事军事、政治、党务、文化、教育、宣传、组织、民运、锄奸、财政、经济、金融、医药、卫生及其他任何工作部门的干部，必须学会与精通自己的业务，这是第一个教育任务与学习任务"①。为了更好地服务于革命战争的需要，干部还要学习一些军事常识和带领群众进行生产建设的知识。干部的文化教育内容主要有识字阅读写作、历史地理常识、社会政治常识和自然科学常识。很多干部原来是文盲或半文盲，通过学习不仅能够写信、读报、看文件，而且提高了思想政治觉悟和分析解决实际问题的能力。

干部教育坚持了理论联系实际、学用一致、因材施教、为革命战争服务等原则，采用了灵活多样的方式方法。1941年12月，中央政治局通过的《中共中央关于延安干部学校的决定》强调："在教学方法中，应坚决采取启发的、研究的、实验的方式，以发展学生在学习中的自动性与创造性，而坚决废止注入的、强迫的、空洞的方式。"②干部学校教育丰富多彩、不拘一格，根据干部的水平、特点和工作需要，分级分类开展培训，综合运用讲授式、启发式、研究式、讨论式、讲演式等多种教学方法，并通过学习竞赛、定期测验等方式督促干部学习，通过实地考察、调研等方式锻炼干部的能力，取得了显著成效。战争间隙开展的在职干部教育除了召开各种会议、短期轮训、上课学习、听报告、小组讨论、个人阅读，还采用了喜闻乐见的说书、观看戏剧等方式，潜移默化地将

---

① 中共中央组织部：《干部教育工作重要文献选编》（下），党建读物出版社，1999，第738页。

② 中共中央组织部：《干部教育工作重要文献选编》（下），党建读物出版社，1999，第735页。

教育融入干部的生活和工作中。

（五）通过整风运动确立理论联系实际的学风

理论联系实际是干部教育的基本原则，但干部教育曾一度受到教条主义的危害，理论与实际脱节的问题严重。1941年5月，毛泽东在延安干部会议上做了《改造我们的学习》的报告，尖锐地批评了不愿做系统、周密的调查和研究，仅仅根据一知半解，根据"想当然"，就在那里发号施令的主观主义作风；他提出实事求是的态度，"就是党性的表现，就是理论和实际统一的马克思列宁主义的作风"，并大力提倡"要使马克思列宁主义的理论和中国革命的实际运动结合起来"[①]。8月，中共中央作出《关于调查研究的决定》，要求全党采取具体措施，收集国内外政治、军事、经济、文化及社会阶级关系各方面的材料，加强对于历史，对于环境，对于国内外、省内外、县内外具体情况的调查研究，并将这种调查研究、了解情况的工作同学习马克思列宁主义理论密切联系起来。1942年2月上旬，毛泽东作了《整顿学风党风文风》和《反对党八股》的报告，阐述了整风运动的任务、方针。4月3日，中央宣传部发出《关于在延安讨论中央决定及毛泽东同志整顿三风报告的决定》，对整风运动的目的、要求、方法和步骤进一步作了规定。随后，整风运动在全党普遍开展，主要任务是反对主观主义以整顿学风，反对宗派主义以整顿党风，反对党八股以整顿文风，方针是"惩前毖后，治病救人"，方法步骤是认真阅读《马恩列斯思想方法论》《六大以来》等文件，反省自己的思想、工作，开展批评和自我批评、提高认识、总结经验、增强党性、改进工作。1945年4月，党的六届七中全会通过了《关于若干历史问题的决议》，对党史上的若干重大问题作出正确结论，使党员、干部对我国民主革命基本问题的认识达到统一，整风运动胜利结束。这次整风运动是党的历史上第一次大规模的马克思列宁主义的思想教育运动，开创了用整风方式加强党的建设的成功先例，比较彻底地纠正了党内的教条主义等错误，对干部教育和确立理论联系实际的马克思主义优良学风起到了十分重要的作用。

总之，这一阶段，干部教育发展迅速、不断成熟，初步形成了党中央和地方各级党委领导下的，学校教育与在职教育相结合的，教育内容丰富多彩、教学方法灵活多样的干部教育体系，为党培养了大批各领域和级别的德才兼备的

[①]《毛泽东选集》第三卷，人民出版社，1991，第801页。

干部，为夺取抗日战争、解放战争的胜利准备了必要条件。

三、干部教育的全面开展（1949—1956年）

中华人民共和国的成立揭开中国历史的新篇章。中国共产党从领导人民为夺取全国政权而奋斗的党转变为在全国长期执政的党，带领全国人民巩固新生政权、恢复和发展国民经济。进行社会主义革命向社会主义过渡的任务艰巨繁重，但干部无论是数量，还是整体水平都远远不能满足新形势新任务的需要。因此，党和政府立足于新中国发展建设的现实需要，以毛泽东的干部教育思想为指导，在全国范围内大规模开展干部教育，取得了显著成就。

（一）把干部教育作为建国施政的重要工作来抓

党的七届二中全会召开时，全党仅有干部80万人，而国家经过长期战乱，百废待兴、百业待举，亟需大批服务于新中国建设和进行社会主义革命的德才兼备的干部。为了解决干部极缺的困难，党和政府采取了两项应急措施：一是留用原国民党政府的约40万名旧职员；二是从青年知识分子和工人中突击培养选拔了约30万名新干部。干部数量迅速增长，1950年增至175万，1951年增至271万[1]。干部队伍结构发生了深刻变化，干部的素质、能力水平参差不齐。原国统区的一些干部深受封建旧官僚思想的影响，缺乏为人民服务的思想观念。面对社会主义革命和国家经济建设的新任务新要求，党原有的干部特别是文化水平较低的干部也表现出不适应的状况。因而，干部教育对象空前广泛，涵盖了国家各领域、各行业的党员及非党员干部，干部教育任务也空前繁重。中华人民共和国成立前夕，中国人民政治协商会议通过的《中国人民政治协商会议共同纲领》就明确提出："加强劳动者的业余教育和在职干部教育，给青年知识分子和旧知识分子以革命的政治教育，以应革命工作和国家建设工作的广泛需要。"[2]

1949年12月，第一次全国教育工作会议在北京召开。会议要求以老解放区新教育经验为基础，吸收旧教育有用经验，借鉴苏联经验，建设新民主主义教

---

[1] 李小三主编《中国共产党干部教育简史》，中共党史出版社，2009，第189-190页。

[2] 中共中央文献研究室：《建国以来重要文献选编》第一册，中央文献出版社，1992，第11页。

育。会议还提出，要创办人民大学，有计划、有步骤地培养新中国的各种建设干部；中等学校在今后若干年内向中等技术学校发展，培养大批中级建设干部；普遍举办工农速成中学，把工农干部培养成知识分子[1]。这些要求为干部教育的发展指明了方向。为了加强对干部教育工作的指导，推动干部教育走上正规化的轨道，党中央先后制定并发布了《关于大量吸收和培养少数民族干部的指示》《关于在职干部学习问题的通知》《关于加强理论教育的决定（草案）》《关于统一调配干部，团结、改造原有技术人员及大量培养、训练干部的决定》《关于加强干部文化教育工作的指示》《关于轮训全党高中级干部和调整党校的计划》等文件，从而推动了各级各类干部教育的全面发展。1955年7月，一届全国人大二次会议通过的《中华人民共和国发展国民经济的第一个五年计划（1953—1957）》也将干部教育纳入其中，提出"训练培养各项建设人才，提高在职干部的理论、政策、业务、文化、技术的水平"[2]等要求。1956年，党中央提出"全面规划，加强领导，整顿提高，逐步正规"的在职干部轮训工作方针，并对干部教育学校和培训班进行整顿和规范，进一步推动了干部教育的制度化、正规化建设。

（二）建立全国范围的以党校为中心的干部教育学校体系

干部教育学校体系是党教育培训干部的基础和载体，党校是其中的主要阵地，发挥着不可替代的重要作用。党中央提出加强党校工作，使其逐步走向正规化的目标。1954年8月，中央组织部、中央宣传部在北京联合召开党校工作汇报会，会议讨论了轮训全党高级、中级干部，建立由高级、中级、初级党校组成的全国党校教育体系的问题。1954年12月，中共中央印发了《关于轮训全党高中级干部和调整党校的计划》（以下简称《计划》），进一步明确了各级党校的任务，规定中央直属的马列学院主要轮训地委正副书记、专员和相当于这一级以上的高级干部；中级党校轮训地委委员、县委正副书记、县长以及相当于这一级的干部；初级党校轮训县委委员、区委正副书记、区长以及相当于这

___

[1] 中共中央文献研究室：《建国以来重要文献选编》第一册，中央文献出版社，1992，第86-88页。

[2] 中共中央文献研究室：《建国以来重要文献选编》第六册，中央文献出版社，1993，第525页。

一级的干部。除已并入马列学院的华北局党校外，原来的 5 个中共中央局党校（东北局、西北局、华东局、中南局、西南局党校）和山东、华南两个分局党校，改为 7 个中级党校。《计划》还对高级、中级党校的学习课程、教学方法、修业年限、领导管理等作了具体规定[①]。1955 年 7 月，中央组织部和中央宣传部召开全国中级党校工作座谈会，确定了党校的教学方针——"学习理论、联系实际、提高认识、增强党性"，并计划年内再增设 7 所中级党校。1956 年 2 月初，中共中央发出《关于加强初级党校工作的指示》，规定各省市委党校都改称为初级党校，并对初级党校的教学任务、课程安排、考试制度等做出明确指示，促进了初级党校的正规化建设。按照党中央的要求，从中央到地方的，由高级、中级、初级党校以及业余党校、夜党校构成的，比较完整的党校教育体系在全国范围内逐步建立起来。党校教育规模扩大，党校教育开始走上系统化、正规化的轨道。

除了党校，全国各地纷纷举办分工不同的各类干部教育学校，如对技术干部进行专业培训的专业干部学校；对工农干部进行文化教育的工农速成中学、工农干部文化补习学校；对在职干部进行马克思主义理论和经济建设常识培训的干部业余理论学校等。据不完全统计，到 1953 年，全国已有各类干部业余理论学校 842 所，参加学习的在职干部 43 万余人，到 1955 年下半年，开办的干部业余文化补习学校有 3546 所，在校学生超过 130 万人[②]。为了推动这些干部教育学校的制度化、正规化建设，党中央作出一系列规定，对它们的培养对象、课程设置、学习期限、教学计划等进行规范。此外，高等、中等院校不仅为国家建设培养了大批各领域的专业人才，也通过开办干部专业培训班、干部文化补习班等承担了大量的干部教育工作。

干部教育师资队伍建设也受到重视，得以加强。1951 年 2 月，中共中央下发《关于加强理论教育的决定（草案）》，提出中央、中央局、中央分局和省委所办的党校都应当担负培养理论教员的任务。1953 年 2 月，党中央决定马列学院一部专门负责各高等学校和党校培养理论教员的工作。后来，马列学院一部

① 中共中央文献研究室：《建国以来重要文献选编》第五册，中央文献出版社，1993，第 697-703 页。

② 李小三主编《中国共产党干部教育简史》，中共党史出版社，2009，第 203-205 页。

改为师资训练部。1955年7月，中央组织部、中央宣传部发出《关于设置和培养专职理论教员实施办法的通知》，对设置和培养专职理论教员作了详细规定。党和政府不仅采取多种措施加强对专职教员的教育培训，还选拔了大批党政机关领导干部和群众团体骨干担任兼职理论教员，并注重提高教员的待遇，为大规模教育培训干部准备了必要的师资条件。在党中央和地方各级党委的共同努力下，以各级党校为中心的干部教育学校体系在全国范围内逐步建立起来，标志着干部教育迈上了一个新台阶。

（三）干部的理论、思想政治教育与文化、业务教育并重

新中国的发展建设需要干部特别是各级领导干部不仅要有较高的马克思主义理论水平、思想政治素质，还必须具备一定的科学文化水平和财经管理能力，但党的干部一半以上是文盲或初小文化程度，不擅长经济工作。鉴于此，党和政府高度重视并加强了干部的文化、业务教育，推动干部的理论、思想政治教育与文化、业务教育齐头并进、全面发展。

为了提高干部的马克思主义理论水平，1951年2月，中共中央下发了《关于加强理论教育的决定（草案）》，要求加强毛泽东思想的教育，并规定通过考试将党员分为三级进行理论学习。后来，又将干部按照文化水平和理解能力划分为理论学习的初、中、高级组。1951年至1953年，《毛泽东选集》第一、二、三卷相继出版发行，党员、干部中掀起学习毛泽东思想的高潮。1953年，为了适应即将到来的社会主义建设的需要，全国各地组织干部学习列宁、斯大林关于社会主义经济建设的著作，学习苏联社会主义建设的经验。1954年12月，中共中央颁布了《关于轮训全党高中级干部和调整党校的计划》，要求以各级党校为主要基地，建立各级干部的轮训制度，有组织、有计划地对干部进行系统的理论教育。据统计，这一阶段全国参加理论学习的干部达250万人，其中高级组2.5万人、中级组40万人、初级组210万人[①]。

中华人民共和国成立后，党对干部进行思想政治教育的主要任务是使干部理解并贯彻好党的路线方针政策，在长期执政条件下不忘党的宗旨和理想信念，遵守党规党纪，增强拒腐防变和抵御风险的能力，继续发扬党的优良传统和作风。1949年9月，中国人民政治协商会议第一届全体会议通过了为新中国奠基

---

① 李小三、吴黎宏：《干部教育研究》，党建读物出版社，2006，第58-59页。

的三大历史性文件——《中国人民政治协商会议共同纲领》《中国人民政治协商会议组织法》《中华人民共和国中央人民政府组织法》，这三大文件是中华人民共和国成立之初干部政策教育的主要内容。随着社会主义"三大改造"和"一五"计划的进行，党的过渡时期总路线教育在党员、干部中广泛开展，并取得了良好的成效。针对党内一些干部居功自傲、官僚主义、命令主义等错误思想严重，违法乱纪、贪污腐化等问题，党在全国范围内开展了整风、整党运动和"三反"（反贪污、反浪费、反官僚主义）运动，对干部进行广泛的思想政治教育。在一定程度上克服了党内滋生的各种错误思想，改进了干部的思想作风，提高了党的凝聚力和战斗力。

干部文化水平低的问题不仅严重影响干部队伍整体素质的提高，也制约着干部教育整体水平的提升。为了推进干部特别是工农干部文化教育的发展，1950年9月，教育部、全国总工会联合召开第一次全国工农教育工作会议，通过了《关于举办工农速成中学和工农干部文化补习学校的指示》《关于开展工农干部文化补习学校暂行实施办法》等6项草案，对工农干部教育的任务、方针、制度、教学计划、经费等作了详细规定。1950年8月，中央军委发出《关于在军队中实施文化教育的指示》，对军队的文化教育作了全面规定。为了更好地贯彻党在过渡时期的总路线，推动干部文化教育深入开展，1953年12月中共中央下发《关于加强干部文化教育工作的指示》，提出干部文化教育"必须采取速成的和联系实际的教学方针"[1]，并对干部文化补习学校或补习班的教时、课程、考试、毕业等作了规定。按照这些指示的要求，各地的党政机关、军队、工厂、学校、人民团体纷纷举办各种形式的干部文化补习学校或补习班，并与高等学校和职业教育学校相衔接，形成了以广大干部特别是工农干部为主要教育对象，以扫除文盲、具备基本文化素质为目标的干部文化教育体系。1954年和1955年两年间，通过参加离职培训和业余文化学习，全国有17万名干部摘掉了文盲的帽子，26万名干部达到小学文化程度，6万多名干部达到初中毕业程度[2]。

党和政府还非常重视干部业务教育，特别是注重培养国家经济建设急需的

---

① 中共中央文献研究室：《建国以来重要文献选编》第四册，中央文献出版社，1993，第685页。

② 李小三、吴黎宏：《干部教育研究》，党建读物出版社，2006，第65页。

各类财经管理干部和专业技术骨干。为使干部掌握一些必要的专业知识和技能，中央各部委和地方专业部门开办了各种专业干部学校和训练班，对干部进行专业教育和培训。此外，党和政府还大力发展高等学校和中等专业学校，并依托它们开办各种干部专业培训班，选调党政机关、工矿企业及军队的干部去学习财经理论、科学技术和专业知识。1951年至1956年，全国高等学校共培训了2.2万多名干部①，有一些干部被派到苏联和东欧的社会主义国家学习，提高了科学技术水平和财经管理能力。1956年1月，中共中央批转中央组织部《关于全国省市以上各专业部门在职干部轮训工作向中央的报告》，要求专业干校采取"政治与业务相结合、理论与实际相联系"②的教学方针，并对专业干部学校的课程、教材、师资和领导管理等作出明确规定，进一步推动了干部业务教育的发展。

（四）着力教育改造知识分子干部和培养新干部

党留用的原国民党政府的旧职员中大多是旧时代的知识分子。中华人民共和国成立后，又有很多海外爱国的专家、学者回国参加建设工作。知识分子干部在干部队伍中占的比重大幅上升，他们的文化素养和业务水平较高，但很多人受到帝国主义、封建主义、资本主义等腐朽思想文化的影响。为了将知识分子干部改造为革命干部，为中华人民共和国的建设事业服务，党中央制定了"团结、教育和改造"知识分子的方针政策。按照党中央的要求，很多干部院校和大中学校开办训练班、假期学习会，安排知识分子干部学习新民主主义论、社会发展史、政协三大文件等。各地还组织知识分子干部参加抗美援朝、土地改革和镇压反革命运动，让他们在革命实践中接受教育。1951年9月至1952年，党和政府在全国范围内开展了一场知识分子思想改造运动，组织各领域、各行业的知识分子干部学习马克思列宁主义基本理论、毛泽东思想，以及共同纲领、党中央和各大行政区的重要政策文件，并通过批评和自我批评的方法纠正违背国家、人民利益的错误思想和行为。这场思想改造运动使广大知识分子干部的世界观、人生观发生转变，思想政治觉悟得到提高，初步树立了爱祖国

---

① 李小三、吴黎宏：《干部教育研究》，党建读物出版社，2006，第65页。

② 中共中央文献研究室：《建国以来重要文献选编》第八册，中央文献出版社，1994，第84页。

和人民、为人民服务的思想。为了调动知识分子干部建设社会主义的积极性，尽快改变我国科学文化落后的状况，党还注重团结知识分子干部，从他们中间发展党员，并提高他们的生活待遇。

除了教育改造知识分子干部，党还十分重视对新干部特别是年轻干部的教育、培养。1951年4月，时任中央组织部副部长、人事部部长的安子文在第一次全国组织工作会议上提出，经考察后应大胆地提拔使用年轻干部，并从思想教育与实际斗争锻炼两个方面使他们进一步提高。按照党中央的要求和工作的需要，各级党委采用各种途径加大了对年轻干部的培养力度，提拔甚至越级提拔了一些有培养前途的、优秀的年轻干部。

为了适应国家大规模经济建设对专业技术干部的需要，1953年11月，中共中央发出《关于统一调配干部，团结、改造原有技术人员及大量培养、训练干部的决定》（以下简称《决定》），要求各级经济领导部门和各厂矿单位根据"才德兼备"的标准，大胆、大量地从先进技术工人和革命青年知识分子中提拔干部，并采用设副职制的办法，在老骨干的带领下，在实际工作中锻炼、培养他们。《决定》还提出要扩充和加强全国现有的工业、运输、地质、建筑等方面的高等学校、设有工科的高等学校及中等技术学校，并举办更多的中等技术学校，大量招收青年知识分子和先进工人入学，进行系统的培养和训练[1]。各级党委和相关部门、单位积极落实《决定》中的上述要求，采取各种措施大力培养专业技术干部。

1956年1月，中共中央召开关于知识分子问题的会议，周恩来做了《关于知识分子问题的报告》，提出知识分子"中间的绝大部分已经成为国家工作人员"，"已经是工人阶级的一部分"[2]。在会上，党中央还发出"向科学进军"的号召。之后，培养专业技术骨干的工作得到进一步加强，我国经济、科技、教育、卫生、文艺等各领域知识分子干部的数量增长很快，大大缓解了干部紧缺的状况。

---

[1] 中共中央文献研究室：《建国以来重要文献选编》第四册，中央文献出版社，1993，第568–571页。

[2] 中共中央文献研究室：《建国以来重要文献选编》第八册，中央文献出版社，1993，第16页。

总而言之，在这一阶段，我国初步建立了面向各级各类干部，以党校教育为中心，在职教育和学校教育协调发展、规范有序、有效运行的干部教育体系，干部教育开始走上正规化、制度化、系统化的轨道，为党团结带领全国人民进行社会主义革命，实现从新民主主义到社会主义的转变，推进社会主义现代化建设，教育培养了大批合格的干部，也为长期执政条件下干部教育事业的发展积累了宝贵经验。

四、干部教育的曲折发展（1956—1978年）

1956年，我国基本上完成了对生产资料私有制的社会主义改造，进入全面建设社会主义的历史新阶段。国际上，苏联共产党召开第二十次代表大会，赫鲁晓夫做了《关于个人崇拜及其后果》的"秘密报告"，全面批判和否定斯大林。西方资本主义国家趁机掀起反共反社会主义的浪潮，加紧对社会主义国家的"和平演变"。一方面破除了其他社会主义国家对苏联经验的迷信，另一方面在一定程度上造成了社会主义阵营的思想混乱、政局动荡，对我国也产生了一些消极影响。面对错综复杂的国内外形势，毛泽东提出要把马克思列宁主义基本原理同中国具体实际进行"第二次结合"，"找出在中国怎样建设社会主义的道路"[①]。从此，我国开始探索适合自己的社会主义建设的道路。干部教育也紧紧围绕着提高干部建设社会主义的素质和能力，抵制西方反共势力的"和平演变"，培养革命事业的接班人的问题，在艰难探索的过程中曲折发展。

1957年10月，在党的八届三中全会上，毛泽东向全党干部提出"又红又专"的要求。之后，"又红又专"成为培养干部的重要目标。"又红又专"就是要求干部既要懂政治，学习马克思主义理论和党的路线方针政策，站稳政治立场，拥护党的领导；又要精通业务，学习业务和技术知识，做国家建设事业的内行。为了实现这一目标，干部的政治理论教育得到加强。1957年1月，毛泽东强调："我们一定要坚持马克思主义的基本理论。每个省市自治区都要把理论

---

① 中共中央文献研究室：《毛泽东年谱（一九四九——一九七六）》第二卷，中央文献出版社，2013，第557页。

工作搞起来，有计划地培养马克思主义的理论家和评论家。"①1964年2月，中共中央作出《关于组织高级干部学习马恩列斯著作的指示》，要求全党全军高级干部必须学习马克思、恩格斯、列宁、斯大林的著作，大大提高理论水平。除了学习历史唯物主义、辩证唯物主义、《资本论》、科学社会主义、经济基础与上层建筑、国家与革命等内容，还要学习反对修正主义的重要篇章。1960年9月，《毛泽东选集》第四卷出版发行，随即成为干部理论教育的重要内容，全党上下再次掀起了学习毛泽东思想的热潮。党的路线方针政策教育、时事教育、思想作风教育也广泛开展。例如，组织干部学习全国党的代表大会的基本精神、党中央的重大决策等；开展整风运动，克服党内的官僚主义、宗派主义、主观主义；通过请三老（老贫农、老工人、老红军）讲四史（村史、家史、社史、厂史）等方式，对党员、干部进行革命传统和革命理想的教育。政治理论教育不仅针对党员干部，党外干部的政治理论教育也很受重视。

　　1956年10月，新中国历史上第一所民主党派和无党派人士学习政治理论的学校——社会主义学院在北京成立（于1961年改名为中央社会主义学院），开设了哲学、政治经济学、中国革命史等课程。之后，很多省市也相继成立社会主义学院、政治学校，加强对党外人士的教育培训。据不完全统计，到1962年5月，全国已有社会主义学院和政治学校430所。截至1961年12月，有14多万人参加学习，提高了政治理论水平②。同时，为了满足社会主义建设对专业技术干部的需要，各个部门根据自己行业的业务要求，制订计划开展干部的专业技能教育。例如，1960年8月，中央工业部制定了《关于在工业系统中加速培养提高干部问题的意见》提出要大力培养技术干部，对文化程度较低的干部，在3年内把他们的文化程度提高一个层次；对已有大学或专科程度的技术干部和经济工作干部，把他们培养成具有高深科学技术知识的、精通本行业的专家。通过学习，干部的专业知识和技能水平普遍提高。

　　让干部在劳动实践中学习是这一阶段干部教育的突出特点，也是党为了实

---

　　① 中共中央文献研究室：《毛泽东著作专题摘编（下）》，中央文献出版社，2003，第1918页。

　　② 中共中央文献研究室：《建国以来重要文献选编》第十五册，中央文献出版社，1997，第497页。

现干部"又红又专"的培养目标，使党的群众路线在干部教育中得到充分体现而采取的一项重要措施。1957年5月，中共中央发出《关于各级领导人员参加体力劳动的指示》，规定党的各级干部包括中央委员，凡是能够参加体力劳动的，都应该每年抽出一部分时间参加一部分体力劳动，并提出领导干部参加体力劳动的一些具体办法。1958年2月，中共中央下发《关于下放干部进行劳动锻炼的指示》，进一步规定要把干部特别是没经过劳动锻炼和实际斗争考验的青年知识分子和缺乏基层工作经验的干部下放。下放干部进行劳动锻炼，主要是参加农林业劳动，其次是参加工业、交通运输业、手工业等其他劳动。1959年2月，中共中央又发出《关于坚决贯彻执行"各级干部参加体力劳动的决定"的通知》，再次对干部参加体力劳动做出一些具体规定，并要求有关部门加强对这项工作的管理、检查和督促，建立必要的制度，以使中央关于干部参加体力劳动的决定长期贯彻执行下去，成为巩固的制度。按照党中央的要求，全国各级机关积极组织干部下放劳动，到1963年底，全国县级以上机关的784万名干部中，累计下放劳动202万人[1]。干部下放劳动使干部增强劳动观念、群众观点，改进领导作风，密切同人民群众的联系，在实践中增长才干，具有一定的积极作用。但是1961年4月，中央组织部发出通知，对身体不好的和有较严重思想问题的下放干部不再做退回原单位的处理。之后，干部下放劳动逐渐变成强制性的要求，给社会发展和下乡知青的身心发展都带来了一些负面影响。

为了使广大干部进一步认识和把握社会主义建设的客观规律，克服某些片面性的认识和纠正实际工作中出现的右的或"左"的错误。1961年6月，毛泽东在中央工作会议上指出，我们党正处在社会主义革命和社会主义建设的新时期，当前最重要的一件事情，就是在全党开展一个新的学习运动，重新教育干部。根据毛泽东的提议，1961年9月，中共中央作出《关于轮训干部的决定》（以下简称《决定》），要求对全党各级各方面的领导干部采取短期轮训的方式普遍进行一次轮训。轮训对象主要是县委书记和相当于这一职务以上的党员干部，特别是县委以上各级党委的书记和相当于县委书记以上各方面党委的书记。训练内容分社会主义建设和党的建设两个方面，着重解决党的建设和党的生活方面存在的问题。训练学习贯彻理论和总结经验相结合的方法，发扬民主，使

---

[1] 李小三主编《中国共产党干部教育简史》，中共党史出版社，2009，第248页。

干部在心情舒畅、生动活泼的政治氛围中自觉地进行思想检查。以自学为主，并通过小组学习讨论的形式，进行实事求是的批评和自我批评，以弄清思想、团结同志、惩前毖后、治病救人为宗旨。《决定》还规定，这种形式的干部短期轮训，在今后若干年内，每隔一年或两年举行一次①。按照《决定》的要求，从1961年起，全党开展了大规模的轮训干部工作，截至1962年10月，参加轮训的干部达11.4万余人，其中县委书记及以上级别的干部有9.7万余人②。这次干部轮训对加强干部队伍的思想作风建设，增强干部对社会主义建设的了解起到了重要作用。

　　党中央十分重视培养无产阶级革命事业的接班人，特别是20世纪60年代以后，中苏公开论战，国际共产主义运动走向分裂，毛泽东更是高度关注这一问题。他强调，"这是关系我们党和国家命运的生死存亡的极其重大的问题。这是无产阶级革命事业的百年大计，千年大计，万年大计"③。1964年6月，毛泽东在一次中央工作会议上发表了著名的关于培养接班人的讲话，明确提出"无产阶级的革命接班人"必须具备5个条件："要搞马列主义，不搞修正主义"；"要为大多数人民谋利益"；"要能够团结大多数人"；"要搞民主作风，不能搞家长作风"；"自己有了错误，要作自我批评"④。之后，按照这些条件培养无产阶级革命事业的接班人成为干部教育的主要任务。1965年，中共中央批示的中央组织部呈报的《关于培养提拔新生力量参加县、地、省领导工作的报告》中明确提出，培养提拔一批新生力量参加县、地乃至省级的领导工作是当前一项重要的战略任务，向新生力量传授党的好传统、好作风、好经验，严格要求，具体帮助，加速他们的成长，是每一个老干部对党应该完成的历史任务。按照党中央的要求，各地不仅破格提拔了一批中青年干部，选调了一批年轻干部到基层

---

① 中共中央文献研究室：《建国以来重要文献选编》第十四册，中央文献出版社，1997，第608-612页。

② 陈凤楼：《中国共产党干部工作史纲（1921—2002）》，党建读物出版社，2003，第176页。

③ 薄一波：《若干重大决策与事件的回顾（修订本）》下卷，人民出版社，1997，第1198页。

④《建国以来毛泽东文稿（一九六四年一月——一九六五年十二月）》第十一册，中央文献出版社，1996，第85-87页。

挂职锻炼，在工作岗位上对他们进行教育培养，还从应届大学毕业生中挑选了一批优秀分子进行重点培养，为党和国家储备了一批年轻有为的后备干部。

"文化大革命"发动前，干部教育取得了很多成绩，广大党员干部保持了密切联系群众、批评与自我批评、艰苦奋斗等优良传统作风，普遍提高了文化水平和专业素质，但是也受到"反右派"斗争扩大化、"大跃进"运动、人民公社化运动等"左"倾错误的影响。"文化大革命"时期，很多靠造反起家的打砸抢分子成了领导干部，干部教育的目标、任务、内容等受极"左"路线的影响出现偏差，一些从事干部教育工作的干部、教员受到批斗甚至迫害，正常的教学秩序被打乱，干部教育工作一度陷入混乱、停滞状态，干部的整体素质水平下降。1976年10月，"文化大革命"结束，干部学校逐渐恢复正常秩序，干部教育工作得以正常运转。1978年3月，邓小平在全国科学技术大会上强调"科学技术是第一生产力"，并指出为社会主义服务的脑力劳动者是劳动人民的一部分。知识和知识分子重新受到重视，文化教育的氛围也逐渐恢复正常。

综上所述，改革开放以前的干部教育虽然经历过挫折，但也取得了显著成绩。干部教育理论的发展、制度的建立和学校体系的建设，为改革开放以后干部教育的发展奠定了理论基础，提供了制度保障，准备了物质条件。同时，干部教育在实践过程中积累了诸多宝贵经验，如坚持党的领导，坚持以马克思列宁主义和中国化时代化的马克思主义为指导，服务于党和国家的工作大局；以培养才德兼备的干部为目标，注重对年轻干部的教育培养；重视干部的马克思主义理论和思想政治教育，同时兼顾文化和业务教育；坚持实事求是，教育与生产劳动相结合的原则；采取脱产培训、在职学习、实践锻炼等多种方式，采用讲授式、启发式、讨论式等灵活多样的教学方法。这些经验被改革开放以后的干部教育继承下来，并在新的时代条件下得到进一步的完善和发展。

第二章 改革开放以来创新发展干部教育的战略意义

1978年12月，党的十一届三中全会开始全面纠正"文化大革命"及其以前的"左"倾错误，作出把党和国家工作重心转移到社会主义现代化建设上来、实行改革开放的历史性决策，重新确立了马克思主义的思想路线、政治路线和组织路线。从此，中国共产党团结带领全国各族人民，努力探索并成功走出了一条不同于苏联、也不同于西方的中国式现代化道路。

改革开放以来，世情、国情、党情都发生了深刻变化。世界从美苏两极格局向多极化格局转变，经济全球化、社会信息化、文化多样化深入发展。我国从封闭半封闭状态向全方位开放转变，逐步建立了充满活力的社会主义市场经济体制。中国共产党也从一个受到外部封锁和实行计划经济条件下领导国家建设的执政党，向对外开放和实行社会主义市场经济条件下领导国家建设的执政党转变。党团结带领人民在探索和推进中国式现代化，朝着中华民族伟大复兴宏伟目标不断奋进的历史进程中，面临着长期和严峻的执政考验、改革开放考验、市场经济考验、外部环境考验和精神懈怠危险、能力不足危险、脱离群众危险、消极腐败危险。这对干部提出了新的更高要求，需要党不断推动干部教育的创新发展。

第一节　创新发展干部教育是适应
世界形势发展的必然选择

改革开放以来，世界多极化趋势日益明朗，经济全球化进程加快，科技革命迅猛发展。随着知识经济和信息时代的到来，世界各国都越来越重视对领导人才的培养，不断发展领导教育理论与实践。世界形势的发展变化给创新发展干部教育提供了难得的机遇，也带来了严峻考验。

一、世界形势变化给创新发展干部教育带来机遇和挑战

改革开放以前，战争与革命是时代的主题。1985年3月，邓小平在会见日本外宾时明确指出："现在世界上真正大的问题，带全球性的战略问题，一个是和平问题，一个是经济问题或者说发展问题。"[1]20世纪80年代美苏关系缓和至冷战结束，国际形势总体趋向缓和，和平与发展成为时代的主题。东欧剧变后，美国成为唯一的超级大国，极力谋求世界霸主的地位，到处插手、干预其他国家的事务，但受到各种力量的制约。欧盟、日本、俄罗斯、中国等大国和国际组织在国际社会中的地位和影响力不断提升，构成了几个较强的力量中心。进入21世纪以来，以中国、印度、巴西等为代表的一批发展中国家群体性崛起，国际力量对比发生前所未有的积极变化，世界经济重心"自西向东"位移。大多数国家将战略重点放在振兴本国经济、增强综合国力上。越来越多的国家呼吁通过外交政治手段解决国际争端，实行国际民主、决策民主，防止霸权主义、强权政治。战略互动与合作逐渐成为处理国际事务的主要方式，世界多极化和国际关系民主化持续推进，制约战争的因素不断增多。以西方国家为主导的全球治理开始调整、变革，向着更加公平合理的方向发展，世界正经历百年未有之大变局。总体而言，求和平、谋发展、促合作成为不可阻挡的时代潮流，为我国的发展提供了难得的和平环境和战略机遇。

---

[1]《邓小平文选》第三卷，人民出版社，1993，第105页。

同时，世界并不安宁，和平与发展面临诸多挑战。世界经济发展不平衡，国际分工体系不平等，导致发展中国家与发达国家差距扩大，不利于国际社会的稳定。传统安全问题依然存在，霸权主义和强权政治时有体现，如美国绕开联合国悍然发动伊拉克战争、长期制裁古巴等；局部冲突此起彼伏，如巴以冲突、对越自卫反击争、马岛战争、俄乌冲突等；跨国犯罪、环境污染、自然灾害、传染性疾病等非传统安全威胁日益突出，严重制约了各国经济社会的发展。随着我国综合国力和国际影响力不断增强，美国感受到压力，采取各种措施遏制我国的发展。如何正确处理这些问题，为中国发展创造良好的周边环境是中国共产党面临的重大挑战。

经济全球化是社会生产力和科学技术发展的客观要求和必然结果，有效地促进了世界范围内人才、资本、原材料、技术等生产要素的互通有无、优势互补，给各国、各地区提供了新的发展机遇，推动了世界经济的整体进步。对于广大发展中国家来说，全球化时代的到来，有利于它们吸引外资、引进技术和扩大对外贸易，在世界性的产业结构调整中抓住时机实现后来居上。改革开放40多年来，我国经济不断融入经济全球化进程中，促进了国内的产业升级、技术进步和制度创新，迅速发展成为世界经济体系中的重要组成部分。但经济全球化是一把"双刃剑"，风险与机遇并存。

在经济全球化进程中，世界经济的相互依赖程度空前加强，一方面造成了发展中国家对发达国家的不对称依赖；另一方面加剧了经济波动和金融危机的国际扩散。韩国、新加坡等国的崛起受益于全球化进程中的产业转移，但由于未能有效调整国内货币金融体制应对国际资本的炒作，在1997年的亚洲金融危机中损失惨重。由美国次贷危机引发的2008年金融危机更是席卷全球，我国也深受影响。此外，经济全球化和贸易保护主义使国际经贸争端升级，我国加入世界贸易组织后需处理的国际贸易纠纷此起彼伏。近年来，受金融危机和新型冠状病毒的影响，全球经济低迷，"逆全球化"甚嚣尘上。美国挑起同我国的贸易战，对我国的经贸发展造成了诸多负面影响。如何趋利避害，充分利用国际市场和资源，在更广领域、更高层次上参与国际合作和竞争，促进国内经济又好又快地发展，是中国共产党面临的严峻考验。

冷战结束后，虽然高强度的意识形态之争暂告一段落，全球话语权的争夺却一直持续并不断升温。苏联的解体造成了西方世界的盲目自大，认为历史已经终结于民主自由的资本主义体制，于是加紧了对社会主义国家的"和平演变"。亨廷顿的"文明冲突论"提出以中国为代表的儒家文明将会与西方文明发生冲突。如此种种，背后的指向都是宣传西方民主体制的优越性，妄图以美式民主体制改造世界。随着经济全球化和世界多极化的发展，文化多样化也在持续推进，越来越多的国家把提高文化软实力作为重要发展战略。随着互联网、信息技术的快速发展，文化的国际传播无论是规模还是速度都是前所未有的，世界范围内各种思想文化交流、交融、交锋更加频繁，国际思想文化领域的斗争也更加复杂。特别是近年来，美国动员西方国家打压中国，中西方之间的意识形态矛盾、冲突增多。如何防范西方的"和平演变"，坚持马克思主义在意识形态领域的领导地位，积极宣传我国的先进思想文化，建设社会主义文化强国，是党宣传思想工作的重大课题。

第二次世界大战结束后，在世界范围内兴起以原子能、电子计算机、空间技术和生物工程的发明、应用为主要标志，涉及信息技术、新能源技术、新材料技术、生物技术、空间技术和海洋技术等诸多领域的一场新科技革命。科学技术转化为现实生产力的速度大大加快，对人类社会的变革和发展产生了广泛而深远的影响。随着新科技革命的影响范围越来越广，世界逐渐进入信息时代，各国之间的综合国力竞争日趋激烈，科技实力逐渐成为国家核心竞争力的重要标志。为了在国际竞争中处于优势地位，世界各国都制定了科技发展战略，加大了在科技和教育方面的投入，大力发展科技。在知识经济时代，人力资源是人类社会发展最重要的资源，科技之争归根结底是人力资源的竞争。哪个国家拥有大批高端科技、管理人才来推动科技和社会的发展，哪个国家就能在激烈的国际竞争中立于不败之地。美国能够长期保持科技强国、超级大国的地位，就得益于高等教育的发展、对人才的尊重和宽松的人才移民政策。进入21世纪后，以人工智能、新材料技术、量子信息技术、清洁能源等为技术突破口的第四次科技革命在世界范围内逐渐兴起，使人类的生产和生活发生深刻改变。我国要抓住历史机遇，以创新引领发展，就应当大力发展教育和科技事业，建设教育强国、科技强国、人才强国。干部教育作为培养领导管理人才的主要渠道，其发展理应受到高度重视。

综上所述，改革开放以来，世界形势发生了深刻变化，机遇与挑战并存。随着世界百年未有之大变局的到来，各种不稳定性、不确定性因素增多。如何使干部具有全球视野和世界眼光，不断提高应对国际复杂局势和处理国际事务的能力，顺应时代潮流，充分利用有利因素，积极化解不利因素，化挑战为机遇，是干部教育需要通过创新发展来解决的重大课题。

二、西方发达国家的领导教育经验值得干部教育借鉴

随着知识经济和信息时代的到来，科学技术迅猛发展，知识爆炸式地增长，人们必须不断学习，不断更新知识，才能跟上时代步伐，适应工作的需要。因此，终身教育和终身学习逐渐成为人们的共识，各种培训机构和培训活动在世界范围内蓬勃发展。信息的快速、广泛传播，社会各种文化空前活跃，人们的民主法治意识不断增强，思想观念和需求日益多元化，使各行业的事务复杂化、服务多样化，对领导人员综合素质的要求越来越高。为了适应时代发展的需要，西方发达国家越来越重视对各类领导人才，特别是政府职员的教育培养，推动了领导教育理论和实践的发展。

20世纪六七十年代，领导学、领导力的概念从管理学中细分出来。20世纪80年代，领导学研究开始独立于管理学研究。以变革型领导、服务型领导、道德型领导等一些新领导理论为基础，领导教育学作为领导学和教育学的交叉学科向独立学科体系的方向发展。1999年，美国马里兰大学领导研究所发起成立了世界上第一个国际性的领导学专业学术组织——国际领导协会（International Leadership Association，ILA），通过年会、论坛等形式让各国领导学的研究者、实践者分享研究成果和实践经验，为领导教育研究和实践人员的交流合作提供了一个很好的平台。2001年，该协会创办了第一本领导教育方面的专业杂志——《领导教育杂志》，进一步推动了领导教育理论和实践的发展。

领导教育理论在发展过程中受到了行为学习理论、社会学习理论、建构发展理论、学习迁移理论等成人学习理论的影响。具体是：行为学习理论提出要加强学习以便于快速有效地修正行为；社会学习理论认为学习是学习者和环境的一种互动关系；建构发展理论强调进行批判性反思以形成自主思考的必要性；学习迁移理论主张采取措施将学习的成果运用到工作实践中去。西方发达国家的领导教育理论吸收和借鉴了这些成人学习理论的精华，并且围绕着培养什么样的领导、采取什么途径和方式、如何进行效果评估等方面不断向前发展。现代社会的发展对各行业领导人才的能力和素质提出了越来越高的要求，原来以知识为本、以技能为本的领导教育理念开始向以胜任能力为本、以现实人为本的理念转变。以胜任能力为本的理念要求领导教育以培养岗位胜任能力为导向，以学员为中心，使学员具备能顺利完成工作任务的综合素质和能力，提高工作中的真实绩效；以现实人为本的理念则要求领导教育重视学员在学习过程中的亲身体验、与他人的互动交流，加强学员的自我认知、自我规范，发掘自身优势，提高情商和伦理道德素养。2004年，加拿大财政委员会创办的培训公务员的加拿大公共服务学院就根据政府的要求，把培养公务员对公共服务的宗旨、价值观和传统的共识，确保公务员具备有效完成工作所需的知识、技能和能力作为主要职责。

西方发达国家很重视对政府职员的培训，将培训与任用、晋升挂钩，推进培训的正规化、制度化建设，确保培训的稳定性、严肃性和有效性。早在1958年，美国国会就通过了《政府职员培训法》，明确规定政府职员不参加培训就不能晋升职务，以国家法律的形式对政府职员培训进行规范，这标志着美国政府职员培训走上了法制化的轨道。1946年，法国颁布了《公务员总章程》，以后又多次进行修改、补充，规定公务员有权利享受经常性的职业培训。20世纪90年代，法国实施"培训工程"，要求公务员在职期间，每三年至少接受一次更新知识、提升能力的强制性培训，本人也可以自愿参加其他培训，凡是提高工作能力的进修，费用全部由政府负担。加拿大政府的长期雇员也可以根据单位的培训计划、岗位需求和培训经费投入情况，向政府申请出资参加线上或线下的培训。加拿大联邦政府每年用于本级政府公务员在职培训的费用就超过1.5亿加元，资金投入力度较大[①]。

西方发达国家教育培训政府职员的途径很多，但基本上可以归纳为以课堂为基础的正规培训、与工作密切联系的发展型活动、持续终身的自学活动三种类型。1968年，美国联邦政府创立了联邦行政长官学院，专门培训联邦政府各

---

① 康宁、蔡立军：《加拿大公务员培训的特点及启示》，《宏观经济管理》2014年第3期，第91页。

部门和地方政府的高级行政官员，各个州也都建有公务员培训机构。1945年，戴高乐总统创办了法国国家行政学院，为各部部长、省长、大区长等A类高级公务员提供培训，各部委也设有培训本部门公务员的专门机构。地方上还建有巴斯蒂亚地区行政学院、梅斯地区行政学院、里尔地区行政学院、南特地区行政学院等机构。西方发达国家还引入市场竞争机制，参训单位和个人可以自主选择培训机构，社会上的培训机构也能与政府的培训机构公平竞争培训项目，这促进了各类培训机构专业化水平的提高，领导教育培训呈现出社会化的发展趋势。英国、法国等西方国家的行政学院和培训机构中，除少数专职管理人员外，授课教师都是根据培训项目从有较深理论功底和丰富实际经验的政府高级公务员、企业高层管理人员、高级人力资源主管或高等学校、科研单位的专家学者中选聘的，学校的服务保障也实行市场化管理，既节约了资金，又提高了教学和服务质量。随着经济全球化的发展，国家间的联系日益紧密，各国的培训也越来越注重交流与合作，通过联合办学等形式，将国内培训与国外培训相结合，扩大培训规模，推动了培训的国际化。

西方发达国家的领导教育培训内容全面丰富，涉及经济学、政治学、法学、社会学、管理学、统计学、心理学、国际关系、计算机等。培训偏重知识、能力和技能的学习，有教授职业道德和行为规范的职业素养培训，有提升专业素质和业务水平的专业知识技能培训，有培养领导管理才能的管理能力培训，还有提高应变能力和机智水平的智力训练等。培训针对性、实用性强，根据参训单位的实际需求和学员的岗位职责要求与发展需要来设计具体课程。在培训过程中，充分尊重学员的主体地位，培养学员的独立思考精神和创新意识，也重视师生之间、生生之间的互动交流；注重理论和实践相结合，综合运用理论讲授、案例教学、模拟教学、专题研讨、现场观摩、实地考察、实习锻炼等多种教学方法。案例教学是国际上公认的有效的培训方法，因为从错误、教训中学习更令人印象深刻，所以把多个反面案例重新编辑整合为一个案例，隐去真实人名、地名的反面案例教学在案例教学中占很大比重。哈佛大学肯尼迪政府学院有世界上最大的公共行政和政策案例库，其中最受欢迎的案例多达上百个。近年来，VR游戏、角色扮演、音乐或电影赏析制作等新的教学方法在培训中的应用也日益广泛，并在实践中不断完善。行动学习、岗位训练等发展型活动在西方领导教育中也很受青睐，被普遍采用。行动学习就是让受训者参与实际的工作项目或解决棘手的难题，与团队成员群策群力、相互支持，分享知识和经验，共同解决问题，完成工作任务。岗位训练一般是让新录用的政府职员在资深官员的传、帮、带下进行不离岗的培训或轮岗训练。随着互联网和信息技术的发展，从20世纪90年代开始，网上培训在西方国家逐渐流行，并发展成为政府、企业培训员工和员工自学的主要方式之一。美国、欧盟的官方网站都有供政府职员学习的多种在线培训课程，如美国人事管理办公室在2002年创建的政府在线学习中心（golearn）就开设有政府自建培训课程、哈佛商学院出版社培训课程、人力资源开发课程等①。

西方发达国家十分重视培训评估工作，制定科学合理、量化的评估指标体系，对培训对象的需求、课程质量、学习效果、投资回报等方面进行评估，并以此为依据不断调整和改进培训工作。如加拿大公务员培训机构设计了一系列量化评估表，在培训前对参训单位和学员的需求进行评估，在培训中对学员的上课情况进行评估，在培训后对培训效益进行评估。对培训效益的评估不仅包括培训刚结束时学员对培训效果的评估，还包括培训结束半年后对学员学习转化情况和对参训单位实际影响的评估。培训机构会细致地分析回收的评估表，根据评估结果对课程优胜劣汰，并对保留课程进行改进②。不仅是加拿大，美国、英国、法国等西方国家也很注重对培训的跟踪评估，如法国的梅斯地区行政学院在培训结束9个月后通过电话对参训学员及其领导进行回访，向学员了解习得的知识能否应用到工作中，需要补充哪些学习内容等；向领导了解学员所学知识能否满足岗位要求，面临什么问题等。这种回访开展了多年，对学院改进和完善培训工作起到了很好的促进作用③。

总而言之，加强交流互鉴有助于彼此更好地发展。西方发达国家的领导教

---

① 张相林、杨琼：《美国公务员在线培训体系述评及其启示》，《中国行政管理》2009年第6期，第114页。

② 康宁、蔡立军：《加拿大公务员培训的特点及启示》，《宏观经济管理》2014年第3期，第92页。

③ 高福辉、穆虹：《法国公务员培训及其给予我们的启示》，《继续教育》2013年第1期，第64页。

育以参训单位和学员的实际需求为导向，以综合素质和能力的培养训练为核心，以提升学习的真实绩效为目标，取得了很大发展，但也存在诸多不足。与之相比，我国的干部教育政治性强，注重提升干部的政策理论水平和党性修养，有自己的特色和优势。

第二节　创新发展干部教育是
推进中国式现代化的重要举措

改革开放以来，如何改变我国贫穷落后的状况，推进社会主义现代化建设，实现中华民族伟大复兴是中国共产党面临的历史任务。1978年12月，党的十一届三中全会召开，把党和国家的工作重心转移到经济建设上来，重新确立了马克思主义的思想路线、政治路线和组织路线，我国进入改革开放和社会主义现代化建设新时期。1987年10月，党的十三大科学判断我国的基本国情，系统阐述了社会主义初级阶段的理论，并确定了分"三步走"基本实现现代化的发展战略，提出党在社会主义初级阶段的基本路线，为我国的现代化建设确立了长远的指导方针。党的十八大以来，中国特色社会主义进入新时代。2017年10月，党的十九大在综合分析国内外形势和我国发展实际情况的基础上，提出到2035年基本实现现代化（比"三步走"战略的计划提前15年），到21世纪中叶把我国建设成为富强民主文明和谐美丽的社会主义现代化强国的目标。在探索和推进中国式现代化、朝着实现中华民族伟大复兴的目标不断奋进的历史进程中，中国共产党立足于我国社会主义初级阶段的基本国情，以建设富强民主文明和谐美丽的社会主义现代化国家为目标，全面推进社会主义市场经济、民主政治、先进文化、和谐社会和生态文明建设，取得了举世瞩目的成就，为干部教育事业的发展创造了良好条件。同时，由于改革发展稳定任务艰巨繁重，新情况、新问题层出不穷，干部教育也面临着前所未有的严峻考验。

一、中国式现代化的推进为创新发展干部教育创造良好环境

改革开放之初，我国实行高度集中的计划经济和单一公有制，国民经济重大比例关系失调，物资严重匮乏，两亿多农民没有解决温饱问题。1978年，我国的人均国内生产总值只有230美元，即使在第三世界也属于比较落后的水平。党中央尊重群众愿望，积极支持试验，在农村推广家庭联产承包责任制，激发了广大农民的积极性，解决了我国的粮食问题；乡镇企业异军突起，农村经济逐渐专业化、商品化、社会化。农村改革带动了城市改革，1985年以城市为重点的国民经济改革全面展开，扩大企业自主权，发展多种经济成分，改变计划管理体制，进行"利改税"的财税体制改革，为国民经济的发展注入了新的生机和活力。在经济领域改革中，社会主义市场经济理论的提出和社会主义市场经济体制的建立是一大创举。1984年，党的十二届三中全会提出我国社会主义经济是公有制基础上的有计划的商品经济。1992年，党的十四大明确提出了建立社会主义市场经济体制的改革目标。这是党对社会主义经济理论的重大创新和发展，为我国经济体制改革提供了理论依据。在科学理论的指导下，经过一系列改革，我国实现了从高度集中的计划经济体制到充满活力的社会主义市场经济体制的历史性转变，逐步建立以家庭承包经营为基础、统分结合的农村双层经营体制，建立"产权清晰、权责明确、政企分开、管理科学"的现代企业制度，形成统一、开放、竞争、有序的社会主义市场体系，形成公有制为主体、多种所有制经济共同发展的基本格局，实行按劳分配为主体、多种分配方式并存的分配制度。

2003年10月，党的十六届三中全会通过的《中共中央关于完善社会主义市场经济体制若干问题的决定》中要求："坚持以人为本，树立全面、协调、可持续的发展观，促进经济社会和人的全面发展。"[1]2015年10月，党的十八届五中全会坚持以人民为中心的发展思想，鲜明地提出了创新、协调、绿色、开放、共享的新发展理念。科学发展观和新发展理念的提出是中国共产党关于发展理论的重大升华。2017年10月，党的十九大报告提出，"我国经济已由高速增长

---

[1] 中共中央文献研究室：《十六大以来重要文献选编》（上），中央文献出版社，2011，第465页。

阶段转向高质量发展阶段"，"建设现代化经济体系"是我国发展的战略目标[①]，为经济进一步发展指明了方向。改革开放以来，我国经济建设取得举世瞩目的成就，国内生产总值先后超过意大利、法国、英国、德国，2010年突破40万亿元，超过日本成为世界第二大经济体；2020年突破100万亿元，比1978年增长约40倍（按不变价计算），占世界经济的比重从1.7%上升至17%，经济实力、科技实力、综合国力跃上新的台阶。国民经济的快速发展，产业结构的不断升级，工业化和信息化进程的稳步推进，综合国力的显著增强，为干部教育发展奠定了坚实的物质基础。

在经济领域改革的同时，政治领域也进行了相应的调整和变革，我国的社会主义民主法治建设进入新的发展阶段。十一届三中全会召开后，党对全国各级组织的领导班子进行了整顿，平反了一大批冤假错案，使国家的民主政治生活步入正轨。1980年8月，邓小平在中央政治局扩大会议上做了《党和国家领导制度的改革》的讲话，深刻剖析了党和国家领导体制中存在的种种弊端，提出了政治体制改革的基本任务，为党和国家领导制度改革指明了方向。1982年，党的十二大对党的组织制度进行改革，设立了中央顾问委员会和纪律检查委员会，改主席制为总书记制，对加强党的集体领导、防止个人独断具有重要意义。1987年10月，党的十三大对政治体制改革的目标、内容等作了详细规划，明确指出改革的长远目标是建立高度民主、法制完备、富有效率、充满活力的社会主义政治体制，进一步推动了政治体制改革。为了精简机构、转变职能、提高效率，适应市场经济发展的需要，政府从1982年到2018年先后进行了8次较大规模的改革，逐渐理顺了政府、市场、企业的关系，加强了政府的社会管理和公共服务职能，优化调整了组织机构，适应社会主义市场经济体制的行政管理体制逐渐形成。

为了纠正受"文化大革命"影响宪法中存在的问题，1982年12月，中华人民共和国第五届全国人大五次会议通过了全面修改的新的《中华人民共和国宪法》，以国家根本大法的形式对全国人民代表大会制度作出一系列新的规定，要求县级以下人大代表由选民直选，并决定改变农村人民公社的政社合一的体制，

---

①《习近平谈治国理政》第三卷，外文出版社，2020，第23页。

设立乡政权，对发扬社会主义民主、健全社会主义法制①起到极其重要的保障作用。1984年5月，第六届全国人大二次会议通过了《中华人民共和国民族区域自治法》，这是我国第一部有关民族区域自治的法律，对保障民族区域自治制度的落实，促进民族自治地方的发展具有重大意义。之后，《中华人民共和国城市居民委员会组织法》（1989年12月）和《中华人民共和国村民委员会组织法》（1998年11月）的颁布，为基层群众自治提供了法律保障，推动了基层群众自治的发展。1997年9月，党的十五大作出实施依法治国和建立社会主义法治国家的重大决策。之后，依法治国成为我国政治领域改革的重点。

2013年11月，党的十八届三中全会通过了《中共中央关于全面深化改革若干重大问题的决定》，提出"完善和发展中国特色社会主义制度，推进国家治理体系和治理能力现代化"是全面深化改革的总目标。2019年10月，党的十九届四中全会审议通过了《中共中央关于坚持和完善中国特色社会主义制度、推进国家治理体系和治理能力现代化若干重大问题的决定》，系统总结了我国国家制度和国家治理体系的显著优势，并对新时代如何坚持和完善中国特色社会主义制度、推进国家治理体系和治理能力现代化作出详细规定。2022年10月，党的二十大报告提出"全过程人民民主是社会主义民主政治的本质属性"，并把发展全过程人民民主确定为中国式现代化本质要求的一项重要内容，对"发展全过程人民民主，保障人民当家作主"作了全面部署，进一步推动了中国特色社会主义民主政治建设。随着政治领域改革的不断深化，社会主义民主法治建设取得重大进展，中国特色社会主义制度不断完善，推动了国家治理体系和治理能力现代化，为干部教育工作的顺利开展提供了良好的政治环境。

我国的文化建设也稳步推进，文化教育领域的"左"倾错误得到纠正，教育、科技、人才越来越受重视。1978年3月，全国科学大会在北京召开，邓小平在大会开幕式上重申"科学技术是生产力"，知识分子是工人阶级的一部分，并明确提出"四个现代化，关键是科学技术的现代化"，要"建设宏大的又红又专的科学技术队伍"②。同年5月开始的关于真理标准问题的大讨论，成为拨乱反正和改革开放的思想先导。党的十一届三中全会高度评价了关于真理标准的

---

① 2018年宪法修正案将原宪法中"健全社会主义法制"修改为"健全社会主义法治"。

②《邓小平文选》第二卷，人民出版社，1994，第86—91页。

讨论，冲破了长期"左"倾错误的严重束缚，重新确立了党的实事求是的思想路线。1985年3月，中共中央作出《关于科学技术体制改革的决定》，以加速科技成果向现实生产力转化为目标，开始对科技体制进行全面改革。1995年3月，第八届全国人大三次会议通过《中华人民共和国教育法》，标志着中国特色的社会主义教育法律体系的基本框架形成，我国走上依法治教的轨道。同年5月，中共中央、国务院作出《关于加速科学技术进步的决定》，果断实施科教兴国战略，进一步推动了科技、教育的改革发展。党和政府还制定了"863"计划、"星火计划"和"973计划"等一系列国家科技发展计划，大大促进了我国科技实力的提升；通过《关于教育体制改革的决定》《中国教育改革和发展纲要》《面向21世纪教育振兴行动计划》等一系列指示文件，确立了教育优先发展的战略地位，并以建立中国特色的社会主义教育体系、实现教育现代化为目标，改革传统教育体制，提高了各类学校的办学水平。2002年5月，中共中央办公厅、国务院办公厅印发《2002—2005年全国人才队伍建设规划纲要》，提出实施人才强国战略，着力建设党政人才、企业经营管理人才、专业技术人才三支队伍，为改革开放和现代化建设提供坚强的人才保障。2005年12月，中共中央、国务院颁布《关于深化文化体制改革的若干意见》，确定了文化体制改革的指导思想、原则要求和目标任务，进一步推动了文化体制改革。2011年10月，党的十七届六中全会通过了《中共中央关于深化文化体制改革，推动社会主义文化大发展大繁荣若干重大问题的决定》，提出要"坚持中国特色社会主义文化发展道路，努力建设社会主义文化强国"。党的十八大以来，以习近平同志为核心的党中央，大力倡导践行社会主义核心价值观，坚定"四个自信"，深入实施科教兴国战略、人才强国战略、创新驱动发展战略，进一步推动了文化强国、教育强国、科技强国、人才强国建设。中国特色社会主义文化的繁荣发展，对人才、知识的普遍尊重，适应现代化建设需要的文化、教育、科技体制机制的形成和不断完善，为干部教育的发展提供了良好的文化氛围、制度保障和技术支持。

改革开放后，随着经济的发展，人民的生活状况逐渐改善。从20世纪90年代开始，党中央对加强社会建设和生态文明建设有了越来越清晰的认识，制定了以控制人口、节约资源、保护环境为主要内容的可持续发展战略，加强了计划生育和生态环境保护工作，坚持提高效率与促进社会公平相结合，推动了社会保障体系、医疗卫生体系的建设。进入21世纪，以胡锦涛同志为总书记的党中央提出构建社会主义和谐社会，推进生态文明建设，使经济、政治、文化三位一体的国家建设总体布局发展为经济、政治、文化、社会、生态五位一体的总体布局。党的十八大以来，以习近平同志为核心的党中央，坚持以人民为中心，加强社会治理，增进民生福祉，打赢了脱贫攻坚战，大力构建生态文明体系，着力打好污染防治攻坚战，促进发展方式绿色低碳转型，推进了健康中国、平安中国、美丽中国建设。2020年，在我国现行标准下农村贫困人口全部脱贫，全面建成了小康社会，胜利完成了第一个百年奋斗目标，人民生活实现了从温饱不足到总体小康再到全面小康的历史性跨越。人民生活水平的提高和社会环境的稳定，还有天蓝山青水清的生态环境为干部教育事业的健康发展提供了保障。

此外，我国一直坚持对外开放的基本国策，从20世纪80年代建立经济特区、开放沿海城市，到90年代开放沿江、沿边、内陆地区，再到2001年底加入世界贸易组织，逐渐实现了从封闭半封闭到全方位开放的历史性转变。党和政府通过举办外资企业、引进先进技术设备、开展对外贸易、发展国际劳务合作、进行跨国经营、发展国际旅游业等各种方式，使开放领域从农业、加工业向基础设施建设、高新技术产业、金融、商业等领域延伸，全方位、多层次、宽领域的对外开放格局逐渐形成。党的十八大以来，以习近平同志为核心的党中央在国际社会倡导构建人类命运共同体，推动"一带一路"国家的国际合作与共建，进一步提升了我国对外开放的水平。从改革开放之初到2017年，我国货物进出口总额从206亿美元增长到超过4万亿美元，累计使用外商直接投资超过2万亿美元，对外投资总额达到1.9万亿美元[①]。对外开放加快了我国融入全球化的历史进程，推动了经济发展和社会进步，促进了对外文化交流，使干部教育在开放的环境中发展，与世界接轨，学习和吸收国外先进的教育理念和实践经验，不断进行改革创新。

总之，经过几十年的探索和实践，党团结带领人民成功走出一条以人民为

①《习近平在庆祝改革开放40周年大会上的讲话》，《人民日报》2018年12月19日第2版。

中心、以全体人民共同富裕为目标、物质文明和精神文明相协调、人与自然和谐共生、维护世界和平发展的中国式现代化道路，为干部教育的健康发展提供了良好的物质条件、社会环境和文化氛围。

二、新情况、新问题层出不穷使干部教育面临严峻考验

2018年12月，习近平总书记《在庆祝改革开放40周年大会上的讲话》中指出，"改革开放40年来，从开启新时期到跨入新世纪，从站上新起点到进入新时代，40年风雨同舟，40年披荆斩棘，40年砥砺奋进"[①]。事实的确如此，因为我国的社会主义脱胎于半殖民地半封建社会，没有经历资本主义充分发展的阶段，人口多、底子薄，生产力水平不高、商品经济不发达、社会主义制度不完善，长期处于社会主义初级阶段。在这种特殊的国情下如何推进中国式现代化，实现中华民族伟大复兴，是马克思主义发展史上的新课题，没有先例可循，没有现成的经验可学，只能"摸着石头过河"，在实践中不断探索前进的道路，其困难和风险可想而知。

改革开放以来，中国共产党在团结带领全国人民推进中国特色社会主义事业的历史进程中，至少经历了五个重大关头的考验：一是"文化大革命"结束后，面临着如何科学评价毛泽东和毛泽东思想，推进改革开放和社会主义现代化建设的考验；二是20世纪80年代末90年代初，东欧剧变、苏联解体后，面临着如何继续深化改革开放，坚持和发展中国特色社会主义的考验；三是邓小平逝世后，面临着举什么旗、走什么路的考验；四是进入21世纪，面临着如何构建和谐社会、实现科学发展的考验；五是进入新时代，面临着如何统筹"两个大局"，全面从严治党，全面建成社会主义现代化强国的考验。为了成功应对这些关系我国发展方向和前途命运的历史考验，党始终坚持"两个结合"，解放思想、实事求是、与时俱进、求真务实、守正创新，及时回答中国之问、世界之问、时代之问、人民之问，不断推进马克思主义中国化时代化，创建了中国特色社会主义理论体系，走出了一条中国特色社会主义道路，探索并推进了中国式现代化的新道路。如何统一全党的思想，使广大干部认同并掌握中国特色

---

①《习近平在庆祝改革开放40周年大会上的讲话》，《人民日报》2018年12月19日第2版。

社会主义理论体系特别是马克思主义中国化时代化的最新成果，深化对共产党执政规律、社会主义建设规律、人类社会发展规律的认识，是干部教育面临的一大考验。

随着改革开放和社会主义现代化建设不断深入发展，必须打破利益固化的藩篱，触及更多深层次的矛盾，改革越深化面临的阻力就越大，而且在一些问题得到解决的同时，各个领域又会出现一些新矛盾、新问题，实现和谐稳定、又好又快发展、和谐稳定的难度可想而知。

在经济领域，社会主义市场经济体制机制还不完善，现代化经济体系尚未建立起来；粗放型增长方式还未根本转变，自主创新能力有待加强，需要推动经济发展质量变革、效率变革、动力变革；农业基础需加强和巩固，城乡二元经济结构没有根本改变，农业现代化建设应继续推进；东西部之间、城乡之间、地区之间、行业之间发展不平衡、不协调，人民群众的收入差距日益扩大。国内市场需求不足，经济发展依赖国际市场，低迷的世界经济加上西方国家的打压遏制对我国经济发展的负面影响日益显现，需加快建设实体经济、科技创新、现代金融、人力资源协同发展的产业体系。

在政治领域，政府的职能转变不到位，政府的职责体系和组织结构需优化，机构、职能、权限、程序、责任的法制化建设需加强；人民的民主选举、民主协商、民主决策、民主管理、民主监督等方面的体制机制还不健全，贯彻落实还不到位；政治透明度不高，腐败问题依然存在，公共权力还没受到强有力的监督和制约；有法不依、执法不严等问题依然存在，行政和司法体制机制还不健全，法治国家、法治政府、法治社会建设还需继续推进。

在文化教育领域，由于西方文化的渗透，享乐主义、拜金主义、极端个人主义等错误的价值观和历史虚无主义、新自由主义、"普世价值论"等错误思潮在一定程度上传播，舆论乱象丛生，给人们的思想和社会舆论环境造成不良影响。优质文化产品供给不足，现代文化产业体系不健全，城乡公共文化服务水平需提高；自主创新能力不强，一些关键核心技术没有突破，科技创新体系还需完善，国家战略科技力量有待强化；教育发展不平衡的问题依然存在，教育体制机制需要进一步改革，人民群众的整体素质和道德水平还需提升。坚持马克思主义在意识形态领域的指导地位，弘扬社会主义核心价值观，推进文化自信自强，建设社会主义文化强国、教育强国、科技强国、人才强国的任务任重而道远。

在社会领域，随着社会发展，人民群众对美好生活的要求日益增长，但就业、看病、上学、住房、养老等关系群众切身利益的方面问题依然存在；人员流动性不断增强，社会利益关系日趋复杂，统筹兼顾各方面利益和凝聚社会共识的难度加大；社会矛盾相互交织，群体性事件和犯罪案件频发，社会治理面临的风险、挑战严峻复杂；人口老龄化问题日益凸显，社会保障覆盖范围还不够广，保障水平不高；非典、新型冠状病毒大流行等严重威胁群众的生命健康安全，给公共卫生治理带来巨大冲击和考验。

在生态领域，人口增长、经济发展给资源和环境带来巨大压力，由于监管不到位，资源消耗大、利用率低，土地沙化、森林消失、水土流失、湿地退化等生态问题突出；环境污染严重，全国各地的水、土、空气等遭到不同程度的污染，影响了人民群众的健康和生活质量；温室气体大量排放导致气候变暖，极端天气气候事件频发。洪涝、干旱、地震、冰雹等自然灾害也时有发生，影响群众正常的生产生活，尤其是1998年特大洪水和汶川大地震给群众带来了极大的灾难。

总而言之，中国共产党团结带领中国人民在探索和推进中国式现代化，朝着中华民族伟大复兴目标不断奋进的历史进程中，困难重重、考验不断。如何使干部不断增强驾驭社会主义市场经济、发展社会主义民主政治、建设社会主义先进文化、构建社会主义和谐社会、建设社会主义生态文明的能力和改革创新、推动发展、依法行政、服务群众、化解风险等本领，及时解决社会主义现代化建设中出现的各种新情况、新问题，成功应对各种风浪考验，始终走在时代前列，推动中国特色社会主义经济、政治、文化、社会、生态的全面协调可持续发展，是时代赋予干部教育的历史使命，需要干部教育不断与时俱进、改革创新。

第三节　创新发展干部教育是
推进党的建设的内在要求

改革开放以来，随着世情、国情的深刻变化，中国共产党所处的历史方位和肩负的历史任务也发生了很大改变，要在长期执政的条件下，在对外开放和发展市场经济的环境中，不断推进中国特色社会主义事业，实现中华民族伟大复兴的宏伟目标。在纷繁复杂的国内外环境中，中国特色社会主义事业能否不断发展，富强民主文明和谐美丽的社会主义现代化强国能否建成，中华民族伟大复兴的宏伟目标能否实现，关键在党，关键在党的各级干部。加强党的建设特别是干部队伍建设，是关系中国特色社会主义事业兴衰成败、关系中华民族前途命运、关系党的生死存亡和国家长治久安的重大战略问题。而这一战略的有效实施依赖于干部教育的创新发展，不断培养出治党、治国、治军的优秀干部人才，不断增强党全面建设社会主义现代化国家的能力和本领。

一、加强党的建设必须创新发展干部教育

改革开放初期，中国共产党团结带领全国人民拨乱反正，推进社会主义现代化建设的任务艰巨而繁重。但是，由于"文化大革命"的流毒还没有肃清，在对外开放和对内搞活经济新的历史条件下，资本主义腐朽思想和封建主义残余思想的影响、侵蚀加剧，党内组织不纯、思想不纯、作风不纯等问题突出。1979年，全党党员有3700多万，"文化大革命"时期以来入党的就占50%[①]，靠造反起家的打砸抢分子还没有完全清理。有些党员、干部思想认识跟不上形势发展，对拨乱反正、改革开放、搞活经济等党的方针政策理解不到位。有些党员、干部对社会主义制度的基本原则和优越性认识模糊，对反马克思主义、反社会主义的思想熟视无睹甚至传播；有些党员、干部奉行宗派主义、无政府主

---

① 李小三主编《中国共产党干部教育简史》，中共党史出版社，2009，第254页。

义、个人主义或自由主义，以权谋私甚至违法犯罪；有些党组织软弱涣散，甚至处于瘫痪状态。为了解决党内存在的这些问题，党开展了一系列统一思想、整顿作风、加强纪律、纯洁组织的工作，取得了一定成效。

20世纪80年代末90年代初，东欧剧变、苏联解体，大部分社会主义国家的共产党相继丧失了执政地位。究其原因固然是多方面的，但疏于党的建设，致使党的思想理论僵化，很多党员、干部的素质能力跟不上形势任务发展变化的需要，信仰动摇、脱离群众甚至腐化变质是主要原因之一。1989年，中共中央发布《关于加强党的建设的通知》，采取各种措施大力加强党的建设，特别是党风廉政建设。国际上社会主义阵营的瓦解和我国的政治风波给中国共产党敲响了警钟，党中央越来越深刻地认识到加强党的建设的极端重要性。邓小平曾语重心长地说："说到底，关键是我们共产党内部要搞好，不出事，就可以放心睡大觉。"①江泽民明确指出："党的领导、党的建设是经济建设和改革开放取得成功的根本保证，越是改革开放、发展经济，越要加强党的领导、抓好党的建设。"②胡锦涛经常要求全党要居安思危、增强忧患意识，坚持不懈地加强自身建设，他说："党的先进性和党的执政地位都不是一劳永逸、一成不变的，过去先进不等于现在先进，现在先进不等于永远先进；过去拥有不等于现在拥有，现在拥有不等于永远拥有。"③习近平总书记也一再强调："全面从严治党永远在路上，党的自我革命永远在路上，决不能有松劲歇脚、疲劳厌战的情绪，必须持之以恒推进全面从严治党，深入推进新时代党的建设新的伟大工程，以党的自我革命引领社会革命。"④

面对国内外的严峻形势和党的建设的实际需要，中国共产党紧紧围绕"建设一个什么样的党、怎样建设党"等重大问题，不断进行理论思考和实践探索，对执政党建设规律的认识和把握不断深入，推进了党的建设新的伟大工程。在

①《邓小平文选》第三卷，人民出版社，1993，第381页。

② 中共中央文献研究室：《十四大以来重要文献选编》（上），人民出版社，1996，第327页。

③ 中共中央文献研究室：《十七大以来重要文献选编》（上），中央文献出版社，2009，第807页。

④ 党的二十大报告辅导读本编写组编著《党的二十大报告辅导读本》，人民出版社，2022，第57页。

总结"文化大革命"教训的基础上,邓小平提出要加强党的制度建设,特别是要健全党的民主集中制,拓宽了党的建设领域。1980年2月,他在党的十一届五中全会上提出,要研究和解决"执政党应该是一个什么样的党,执政党的党员应该怎样才合格,党怎样才叫善于领导"①。他还把党的建设同社会主义现代化建设紧密联系起来。1983年10月,他在党的十二届二中全会上说:"把我们党建设成为有战斗力的马克思主义政党,成为领导全国人民进行社会主义物质文明和精神文明建设的坚强核心。"②

1994年9月,党的十四届四中全会通过《关于加强党的建设几个重大问题的决定》,明确提出党的建设的目标和主要任务,该决定是新时期加强党的建设的纲领性文件。2000年,江泽民提出"三个代表"重要思想,并对其科学内涵和精神实质作了全面系统的阐述,从根本上回答了"建设一个什么样的党、怎样建设党"的问题,为新世纪加强党的建设指明了方向。他还在党的十六大报告中,首次提出要"加强党的执政能力建设",并将党的执政能力概括为科学判断形势的能力、驾驭市场经济的能力、应对复杂局面的能力、依法执政的能力和总揽全局的能力③。党的执政能力建设逐渐成为党的建设重点。2005年1月,胡锦涛在中共中央举行的保持共产党员先进性专题报告会上说:"党的先进性建设是马克思主义政党自身建设的根本任务。"④第一次明确提出"加强党的先进性建设"这一重大命题。他还在党的十七大报告中指出,要以党的执政能力建设和先进性建设为主线,全面加强党的思想建设、组织建设、作风建设、制度建设和反腐倡廉建设。2009年9月,党的十七届四中全会明确提出建设马克思主义学习型政党的战略任务,进一步丰富和发展了党的建设理论。党的十八大以来,以习近平同志为核心的党中央提出全面从严治党,勇于自我革命,把党的政治建设摆在首位,抓住领导干部这个"关键少数"等加强党的建设的新观

①《邓小平文选》第二卷,人民出版社,1994,第276页。

②《邓小平文选》第三卷,人民出版社,1993,第39页。

③ 中共中央文献研究室:《十六大以来重要文献选编》(上),中央文献出版社,2005,第39页。

④ 中共中央文献研究室:《十六大以来重要文献选编》(中),中央文献出版社,2006,第610页。

点、新要求，标志着党对执政党建设规律的认识达到了新的高度。2017年10月，他在党的十九大报告中明确提出新时代党的建设总要求："坚持和加强党的全面领导，坚持党要管党、全面从严治党，以加强党的长期执政能力建设、先进性和纯洁性建设为主线，以党的政治建设为统领，以坚定理想信念宗旨为根基，以调动全党积极性、主动性、创造性为着力点，全面推进党的政治建设、思想建设、组织建设、作风建设、纪律建设，把制度建设贯穿其中，深入推进反腐败斗争，不断提高党的建设质量，把党建设成为始终走在时代前列、人民衷心拥护、勇于自我革命、经得起各种风浪考验、朝气蓬勃的马克思主义执政党。"①这个总要求内涵丰富，明确了新时代党的建设的原则、方针、主线、总体布局和目标，对新时代推进党的建设新的伟大工程作了顶层设计和战略安排。

在科学理论的指导下，党的政治建设、思想建设、组织建设、作风建设、纪律建设得到加强，反腐败斗争持续开展，党内法规体系逐渐完善，党员、干部的教育、管理和监督工作不断改进，党的队伍不断发展壮大，党的执政能力和领导水平不断提升。从1977年8月至2023年年底，党员人数从3500多万发展到9918.5万。但是，党内也一直存在不少不适应新形势新任务要求、不符合党的性质宗旨的问题，特别是随着改革开放不断向纵深发展，西方资本主义腐朽的思想文化和生活方式乘虚而入，对党员、干部思想的侵蚀加剧。一些党员、干部政治信仰动摇，作风不正，消极腐败等问题严重，损害了党在人民群众中的形象、威信和党群干群关系。而且，世情、国情、党情的发展变化对党的能力和素质不断提出新的更高要求，党一直面临着严峻、复杂的"四大考验"和"四种危险"的挑战，党肩负的团结带领全国人民推进中国特色社会主义事业、全面建设社会主义现代化国家、实现中华民族伟大复兴的历史任务艰巨繁重，必须坚持不懈地推动党的建设事业，破解大党独有难题。

党的干部是党的核心资源，是党和国家发展建设的核心力量。党对国家的领导是通过各级各类干部来实现的，党的路线方针政策要依靠各级干部贯彻执行，国家各个领域的工作要在各类干部的带领下开展。广大干部在中国特色社会主义事业发展的过程中发挥着举足轻重的作用，而且党员干部是党员中的精英、骨干，他们的言行举止在党员中具有重要的表率作用，他们素质、能力的

---

① 《习近平谈治国理政》第三卷，外文出版社，2020，第48页。

提高能够带动党员队伍整体素质水平的提升。"上梁不正下梁歪",党员队伍中之所以存在诸多问题,在很大程度上正是因为很多干部没有起到模范带头作用。因此,提高党的执政水平和领导水平,增强党的拒腐防变和抵御风险的能力,关键是提高干部的能力与素质水平。干部教育在增强干部的理想信念和党性修养,提高干部的综合素质和能力方面发挥着主渠道作用,在建设学习型政党、推进党的长期执政能力建设、先进性和纯洁性建设中发挥着不可替代的基础作用。因此,加强党的建设必须创新发展干部教育。

二、加强干部队伍建设必须创新发展干部教育

中国共产党历来重视干部队伍建设。毛泽东早在民主革命时期就强调:"政治路线确定之后,干部就是决定的因素。"[1]习近平也明确提出:"全面建设社会主义现代化国家,必须有一支政治过硬、适应新时代要求、具备领导现代化建设能力的干部队伍。"[2]但是"文化大革命"时期,数百万干部受到错误批判,给党和国家造成了不可估量的损失。党的十一届三中全会召开后,党的工作重心转移到社会主义现代化建设上来,干部队伍的整体素质水平明显表现出不适应。

一是干部年龄老化,文化水平低。据统计,1982年机构改革前,国务院各部委领导干部平均年龄为63岁,全国各省区市的党政领导干部平均年龄为62岁,省部级领导干部中50岁以下的仅占总数的15%。党的十一届三中全会召开前,各级党政领导干部中大专以上文化程度的只有9%,初中以下文化程度的占70%以上。20世纪80年代初,干部文化程度虽有所提高,但全国2000多万干部中,大专以上文化程度的只占20%,初中和高中、中专文化程度的占40%。二是干部结构不合理,干部队伍中缺少各类专业干部、技术骨干和管理人才。1979年9月,全国共有干部1700多万,其中党政干部500万,经营管理干部400万,科技干部500万,中小学教师300万,党政干部的比重偏高[3]。三是干部队

①《毛泽东选集》第二卷,人民出版社,1991,第526页。

②党的二十大报告辅导读本编写组编著《党的二十大报告辅导读本》,人民出版社,2022,第59页。

③李小三主编《中国共产党干部教育简史》,中共党史出版社,2009,第254页。

伍中组织、思想、作风不纯的问题比较突出。虽然被错误批判的干部逐步恢复了名誉和职务，靠造反起家的打砸抢分子被清除出党。但由于长期受极"左"路线的影响，干部思想混乱，官僚主义、无政府主义、宗派主义等问题突出。有些领导干部家长作风严重，致使集体领导徒有虚名。有些干部以派性代替党性，任人唯亲、排除异己、拉帮结派，严重危害党的团结统一。为了建设一支能够担当改革开放和社会主义现代化建设重任的，结构合理、素质优良、朝气蓬勃、奋发有为的干部队伍，党和政府颁布了《国家公务员暂行条例》《关于抓紧培养选拔优秀年轻干部的通知》《深化干部人事制度改革纲要》等一系列文件，采取了各种措施大力加强干部队伍建设。干部的选拔任用、考核、交流、教育、监督等制度不断健全，公务员制度逐步建立起来，新老干部的合作与交替顺利进行，一大批中青年干部走上各级领导岗位，干部队伍的整体素质水平得到提高。

虽然，干部队伍的主流和基本面是好的，但干部队伍建设是一项长期工程，不可能一蹴而就、一劳永逸。时代的进步、社会的发展、党的主要任务的改变，对干部素质和能力的要求也会发生变化。而且，由于多方面因素的影响，干部队伍中一直存在一些同新形势、新任务的要求不相适应的问题，主要表现在以下几个方面。

一是对理论学习不够重视，理论水平不高。政治上的坚定源于理论上的清醒。广大干部理论学习的总体情况是好的，但是有些干部认识不到学习理论的重要性，对理论学习抓得不紧，对马克思、恩格斯、列宁、斯大林的经典著作知之甚少，对毛泽东思想和中国特色社会主义理论体系的学习浅尝辄止，甚至认为理论学习耽误时间，从来不主动学习理论，参加集体学习也是随便应付。在学习过程中，有些干部存在用西方资本主义理论解读马克思主义理论的右的倾向；有些干部则存在对马克思主义理论教条式理解的"左"的倾向；有些干部学习了一些理论知识，但没有学深悟透，掌握不了其中的立场、观点和方法，不能把学到的理论与我国社会主义现代化建设的实际、与自己工作的实践相结合，用理论指导实践，只会断章取义、生搬硬套。

二是理想信念不坚定，群众观念淡薄。有些干部特别是年轻干部，不了解党艰苦奋斗的历史，缺乏艰苦环境的锻炼，政治上不够成熟，不能正确看待国际共产主义运动遭遇的挫折和国内发展过程中出现的问题，共产主义理想和社会主义信念不坚定，甚至推崇西方的社会制度和价值观念。有些干部搞迷信活动，不思进取、好逸恶劳、贪图享乐，在涉及党的领导、国家发展方向等原则性问题的政治挑衅面前立场模糊、不敢亮剑，甚至包庇纵容。有些干部缺少全心全意为人民服务的根本宗旨意识，不关心群众疾苦，个人主义、形式主义、官僚主义、享乐主义等问题突出，工作方法简单粗暴，损害了党群干群关系。

三是组织纪律观念、法制意识不强，违法乱纪现象屡禁不止。有些干部责任意识、规矩意识淡薄，不认真遵守党的纪律和规矩，经常以各种理由不参加党的组织生活，婚姻情况、子女家属长期在国外等个人重大问题也不向组织汇报，更有甚者任人唯亲、拉帮结派、自行其是、阳奉阴违。有些干部法制意识不强，经不起诱惑，贪图享乐、以权谋私、贪污受贿、违法犯罪，严重损害了党在人民群众中的形象和威望。1992年10月至1997年6月，受党纪政纪处分的县（处）级干部有20295人，厅（局）级干部有1673人，省（部）级干部有78人[1]。党的十八大以来，以习近平同志为核心的党中央大力推进党风廉政建设和反腐败斗争，纯洁干部队伍。截至2021年10月，全国纪检监察机关共立案407.8万件，涉及437.9万人，其中有中管干部484人，给予党纪政务处分的达399.8万人[2]。

四是知识储备和专业素质需要加强，领导管理水平有待提高。随着知识经济和信息时代的到来，知识更新速度加快，干部不同程度地存在"知识恐慌""本领恐慌"、能力不足的问题，需要不断学习各种新知识、新技能，充实自己的头脑，提高综合素质和能力，特别是要增强驾驭市场经济、依法依规行政、处理复杂矛盾、防范化解风险等本领。近年来，由于竞争激烈、工作压力大，对巡视、问责、网络监督等不适应，个人情感与家庭问题处理不善等原因，有些干部出现了焦虑、抑郁等心理问题，心理调适能力也有待加强。

---

① 中共中央文献研究室：《十六大以来重要文献选编》（上），中央文献出版社，2005，第51页。

② 张洋、吴储岐：《一体推进不敢腐、不能腐、不想腐》，《人民日报》2022年4月14日第6版。

上述这些问题应当引起高度重视，放任其发展势必会影响党的建设，动摇党的执政地位，影响国家的发展稳定。大力加强干部队伍建设，提高干部特别是领导干部的领导水平和执政本领，使干部不忘初心、牢记使命，始终保持先进性、纯洁性，是摆在全党面前的一项重要战略任务。

综上所述，世情、国情、党情的深刻变化都要求中国共产党必须创新发展干部教育。同时，我们还应认识到干部教育创新发展是不断提高自身水平的内在需要。改革开放以前的干部教育虽然为干部教育的创新发展奠定了理论和实践基础，积累了正反两方面的经验，但是由于受到客观条件和干部素质水平的限制，发展水平不高，存在诸多不足。例如，干部教育缺少长远规划和整体部署，计划性和系统性不够，体制机制不健全；由于干部队伍的整体文化素质水平较低，干部教育内容有相当一部分是层次比较低的基础教育；多采取速成的方式，培训质量不高，在职干部接受系统教育的机会较少；教学人员数量不足、水平不高，缺少干部教育的专用教材等。因此，在改革开放新时期和中国特色社会主义新时代，应当把干部教育放到党的建设新的伟大工程和中华民族伟大复兴的战略全局中来认识、把握和推进，全面提高干部教育的整体水平，使干部教育更好地为党的长期执政能力建设、先进性和纯洁性建设服务，为全面建成社会主义现代化强国、实现中华民族伟大复兴的宏伟目标服务。

第三章　改革开放新时期
干部教育的创新发展

改革开放和社会主义现代化建设新时期，国内外形势风云变幻、严峻复杂，解放和发展社会生产力、推进中国特色社会主义事业的任务艰巨繁重。以培养造就社会主义现代化建设需要的高素质干部队伍为目标，紧紧围绕党和国家事业发展的大局，党和政府不断推动干部教育与时俱进、改革创新，提升科学化、制度化、规范化水平，使干部教育各个方面都取得了长足的发展。

第一节　干部教育理论和政策的发展演进

理论是实践的先导，干部教育理论和政策是干部教育的灵魂，在很大程度上反映并决定着干部教育事业的发展水平。时代的进步、社会的发展，要求中国共产党更新理念，根据国家和自身发展建设的需要不断完善干部教育理论，调整方针政策，以便更好地指导和促进干部教育实践的发展。

一、邓小平、江泽民、胡锦涛关于干部教育的重要论述

改革开放新时期，邓小平、江泽民、胡锦涛都高度重视干部教育工作，在继承原有马克思主义干部教育理论的基础上，继续

推进马克思主义干部教育理论中国化时代化，创造性地提出诸多指导干部教育发展的新思想、新观点、新论断，形成了有中国特色的干部教育理论体系，丰富和发展了马克思主义党建学说。

（一）严重的问题在于教育干部

正确的政治路线要靠正确的组织路线来保证。邓小平、江泽民、胡锦涛从加强党的建设、巩固党的执政地位、推进中国特色社会主义事业、保证国家长治久安的高度，深刻阐述了干部教育的战略地位和历史任务。

邓小平吸取了"文化大革命"的教训，强调新时期党的中心工作是加紧经济建设，加紧四个现代化建设。1979年11月，邓小平在中央党、政、军机关副部长以上干部会议上的报告中明确指出："现在我们搞四个现代化，急需培养、选拔一大批合格的人才。"①1980年1月，他在中共中央召开的干部会议上发表了重要讲话，进一步提出实现四个现代化必须"要有一支坚持走社会主义道路的、具有专业知识和能力的干部队伍"，并指出要通过加强教育来建设这样一支干部队伍②。邓小平认为，干部教育不仅关系到干部队伍建设和四个现代化建设，还与社会主义的前途和国家的命运密切相关，具有不能替代的重要地位和作用。1992年，他在南方谈话中指出："中国的事情能不能办好，社会主义和改革开放能不能坚持，经济能不能快一点发展起来，国家能不能长治久安，从一定意义上说，关键在人。"因此，要把我们的专政机构教育好，把共产党员教育好，要注意培养人，"真正关系大局的是这个事"③。邓小平还充实和发展了"德才兼备""又红又专"的干部培养目标，提出了"四化"标准和"四有"目标。1980年8月，他在中央政治局扩大会议上提出"干部队伍要年轻化、知识化、专业化"④。同年12月，他在中共中央工作会议上进一步指出，干部队伍年轻化、知识化、专业化，首先是要革命化，要以坚持社会主义道路为前提，从而形成了干部的"四化"标准⑤。1987年2月，他又提出要教育干部成为"四

①《邓小平文选》第二卷，人民出版社，1994，第221页。

②《邓小平文选》第二卷，人民出版社，1994，第261-264页。

③《邓小平文选》第三卷，人民出版社，1993，第380页。

④《邓小平文选》第二卷，人民出版社，1994，第326页。

⑤《邓小平文选》第二卷，人民出版社，1994，第361页。

有"干部，"四有"就是有理想、有道德、有文化、有纪律①。按照"四化"标准和"四有"目标教育培养干部是干部教育的主要任务。

20世纪80年代末，我国基本解决了人民群众的温饱问题，向小康社会迈进。国际上东欧剧变、苏联解体和国内的政治风波使江泽民深刻认识到，干部的素质如何，能否经受住"执政的考验，改革开放的考验"，"胜任党的任务的要求，能否正确判断风云变幻的国际形势，关系到我国现代化建设的成败，关系到党和国家的盛衰兴亡，关系到社会主义在中国的命运"②。1992年，党的十四大确定了建立社会主义市场经济体制的改革目标，我国现代化建设事业进入一个新的发展阶段，党的干部队伍也进入整体性新老交替的重要时期。改革开放以来，党的干部队伍建设虽然取得了显著成绩，但仍有不少干部的素质和能力不适应党和国家事业发展的需要。因此，江泽民强调："要保证我国改革和建设事业顺利发展，保证跨世纪宏伟目标的顺利实现，保证党和国家的长治久安，严重的问题在于教育干部。大力加强干部队伍建设，提高广大干部特别是领导干部的素质，已经成为摆在全党面前的一项刻不容缓的重大任务。"③"严重的问题在于教育干部"这一命题的提出，标志着党对干部教育重要性的认识提高到了前所未有的高度。江泽民认为建设高素质干部队伍是干部教育的主要任务。对于什么样的干部队伍是高素质干部队伍，他在深刻总结历史经验教训、全面分析党面临的形势和任务的基础上提出，高素质干部队伍"是由具有社会主义政治家素质的领导骨干带领的德才兼备的干部队伍"，"是一支包括党政干部、企业经营管理干部、科学技术干部和其他战线干部组成的宏大队伍"④。

进入21世纪，我国步入全面建设小康社会、加快推进社会主义现代化的新阶段，同时也进入改革开放攻坚期和社会矛盾凸显期，对干部队伍的理论水平、政治业务素质和执政能力提出了新的更高要求，加强干部教育也更加重要和迫

---

①《邓小平文选》第三卷，人民出版社，1993，第205页。

② 中共中央文献研究室：《十三大以来重要文献选编》（中），人民出版社，1991，第1141页。

③ 中共中央文献研究室：《十四大以来重要文献选编》（下），人民出版社，1999，第1958页。

④ 中共中央文献研究室：《十四大以来重要文献选编》（下），人民出版社，1999，第1958页。

切。胡锦涛清醒地认识到培养干部是增强党的执政能力、巩固党的执政地位的根本举措。2003年12月，他在全国人才工作会议上明确提出："增强党的执政能力，巩固党的执政地位，最根本的是要不断培养造就出一大批高素质的善于治党治国治军的领导人才和其他各方面人才。"①胡锦涛认为，干部教育能够培养造就高素质干部队伍来推动党和国家事业的发展，贯彻落实科学发展观，构建社会主义和谐社会。实现全面建设小康社会的宏伟目标，必须加强干部教育。2006年5月，他在为《全国干部学习培训教材》所作的序言中对高素质干部队伍做了"政治上靠得住、工作上有本事、作风上过得硬、人民群众信得过"的新阐释，并进一步明确了干部教育的战略地位和历史任务。他提出，干部教育培训工作要全面贯彻联系实际创新路、加强培训求实效的要求，更好地为全面建设小康社会、加快推进社会主义现代化服务，更好地为加强党的执政能力建设和先进性建设服务②。

（二）坚持理论联系实际、注重能力、改革创新等原则

毛泽东强调，干部教育应当坚持理论联系实际、学以致用、与生产劳动相结合、教学相长等原则。邓小平、江泽民、胡锦涛在此基础上，根据时代进步、经济社会发展和干部教育自身发展的需要，又提出了全面发展、注重能力、与时俱进、改革创新等新的原则。

学习的目的全在于运用，学习理论从根本上是为了更好地指导实践。理论联系实际、学以致用是干部教育一直坚持的最基本原则。邓小平把理论联系实际、学以致用的原则简洁地概括为"要精、要管用"③，要求党员、干部学习马克思主义要掌握其精髓——实事求是，"要努力把马克思主义的普遍原则同我国实现四个现代化的具体实践结合起来"④，用马克思主义理论指导我国改革开放和现代化建设的实践。江泽民在党内大力倡导理论联系实际的马克思主义学风，明确提出："能不能把理论和实际很好地结合起来，是理论上和政治上是否成熟

---

① 《胡锦涛文选》第二卷，人民出版社，2016，第125-126页。

② 全国干部培训教材编审指导委员会：《全国干部学习培训教材 加强党的执政能力建设》，人民出版社、党建读物出版社，2006，第2页。

③ 《邓小平文选》第三卷，人民出版社，1993，第382页。

④ 《邓小平文选》第二卷，人民出版社，1994，第153页。

的一个标志。"①对于在新时期如何坚持和贯彻理论联系实际、学以致用的原则，江泽民在党的十五大报告中提出"一个中心、三个着眼于"的要求，即"一定要以我国改革开放和现代化建设的实际问题、以我们正在做的事情为中心，着眼于马克思主义理论的运用，着眼于对实际问题的理论思考，着眼于新的实践和新的发展。"②胡锦涛更是明确提出："干部教育培训工作必须坚持学以致用的原则。"③要求干部坚持学习理论和指导实践相结合，"努力做到学以致用、用以促学、学用相长"④。坚持理论联系实际、学以致用，关键是要将学到的理论知识转化为分析解决实际问题和做好本职工作的能力和本领。因此，胡锦涛要求领导干部要牢固树立终身学习的思想，坚持理论联系实际的马克思主义学风，把学习体会和成果转化为全面建设小康社会、构建社会主义和谐社会的能力，转化为推动党的执政能力建设和先进性建设的能力⑤。

改革开放后，和平与发展成为时代主题，要顺应时代潮流，发展经济、科技，实现四个现代化，必须提高干部的专业素质和能力，特别是推动现代化建设的素质、能力，促进干部全面发展。所以，邓小平要求干部无论在什么岗位上，都要有一定的专业知识和专业能力，没有的要学，有的要继续学，实在不能学、不愿学的要调整。对于"又红又专"的干部标准，邓小平特别强调了"专"的重要性。他说："专并不等于红，但是红一定要专。不管你搞哪一行，你不专、你不懂，你去瞎指挥，损害了人民的利益，耽误了生产建设的发展，就谈不上是红。"⑥邓小平还提出干部队伍革命化、年轻化、知识化、专业化的建设方针，既有对干部思想政治品质的要求，也有对干部文化修养和专业素质

① 江泽民：《深入学习邓小平理论——纪念邓小平同志逝世一周年》，《求是》1998年第4期，第4页。

② 中共中央文献研究室：《十五大以来重要文献选编》（上），人民出版社，2000，第13页。

③《胡锦涛在与全国干部教育培训工作会议代表座谈时强调：切实抓好干部教育培训 大力提高干部队伍素质》，《新华每日电讯》2001年5月17日第1版。

④ 中共中央文献研究室：《十六大以来重要文献选编》（上），中央文献出版社，2005，第374页。

⑤《胡锦涛文选》第二卷，人民出版社，2016，第552页。

⑥《邓小平文选》第二卷，人民出版社，1994，第262页。

的要求，体现了促进干部全面发展的原则。面对执政条件和社会环境的深刻变化，江泽民指出，党要始终做到"三个代表"，带领全国各族人民完成艰巨的历史任务，"必须全面提高各级领导干部的理论素养、知识水平、业务本领和领导能力"①。江泽民还提出，要教育培养干部，使干部具备五项基本素质和五个能力。五项基本素质是：第一，要有远大的共产主义理想，坚持正确的政治方向，坚定地走建设有中国特色社会主义道路，坚决贯彻执行党的基本理论、基本路线和各项方针政策；第二，努力实践党的全心全意为人民服务的宗旨，密切联系群众，特别是工农群众，坚决维护人民群众的利益；第三，解放思想，实事求是，一切从实际出发，善于开拓前进，具有唯物辩证的思想方法和工作方法；第四，模范遵纪守法，保持清正廉洁，发扬艰苦奋斗精神，自觉拒腐防变，坚决反对消极腐败现象；第五，刻苦学习，勤奋敬业，不断加强知识积累和经验积累，具备做好本职工作的专业知识和能力②。五个能力是科学判断形势的能力、驾驭市场经济的能力、应对复杂局面的能力、依法执政的能力和总揽全局的能力。胡锦涛经常强调，干部教育必须切实把工作的出发点和落脚点放在全面提高干部的素质和能力上，增强针对性和实效性。2006年5月，在中共中央颁布的《干部教育培训工作条例（试行）》中，明确提出干部教育培训工作应遵循"全面发展，注重能力"的原则。随着党中央提出加强党的执政能力建设的要求，2006年10月，胡锦涛在中央政治局会议上强调，干部教育培训工作要以增强执政意识、提高执政能力为重点，大幅度提升干部素质。

改革开放新时期，时代飞速发展，科技进步日新月异，干部教育如果不与时俱进、改革创新，就会落后于时代发展和世界潮流。1983年10月，邓小平为北京景山学校题词，"教育要面向现代化，面向世界，面向未来"③，是对全国教育改革的重要指示，也为干部教育改革指明了方向。1984年10月，邓小平在中华人民共和国成立35周年庆祝典礼上的讲话中提出，当前的主要任务是对经

---

① 中共中央文献研究室：《江泽民论有中国特色社会主义（专题摘编）》，中央文献出版社，2002，第702页。

② 中共中央文献研究室：《十四大以来重要文献选编》（下），人民出版社，1999，第1958-1959页。

③《邓小平文选》第三卷，人民出版社，1993，第35页。

济体制进行系统的改革，同时对企业进行有计划的技术改造，"要大大加强科学技术研究工作，大大加强各级教育工作，以及全体职工和干部的教育工作"①。江泽民经常要求干部要树立创新精神，以与时俱进的思想观念和奋发有为的精神状态开展工作，不断推动理论创新、制度创新和科技创新。江泽民很重视干部学校的改革和发展。1990年6月，在全国党校校长座谈会上，他对党校的发展提出殷切期望："党校建设一定会出现新面貌，党校教育工作一定能够迈出新步伐，在社会主义现代化建设和改革开放事业中，在加强党的建设过程中，一定会取得新的成就，发挥出更大的作用。"②胡锦涛多次强调干部教育工作改革创新的重要性。2001年5月，他在与全国干部教育培训工作会议代表座谈时提出：干部教育培训工作一定要进一步解放思想，开拓进取，不断研究新情况，解决新问题，探索新路子，使干部教育培训工作更好地适应形势发展和干部队伍建设的需要③。2006年1月，他在视察中国延安干部学院时，对推进干部教育培训工作的改革创新进一步作出重要指示，加强干部教育培训工作，最重要的是要联系实际创新路，加强培训求实效，不断探索干部教育培训工作的新方法新途径④。这一指示对继续推进干部教育与时俱进、改革创新具有重要指导意义。

（三）加强干部的理论教育、思想政治教育，同时抓好文化和业务教育

在知识创新、终身学习的时代，在我国逐渐融入国际社会、奋力赶超西方发达国家、面临的国内外形势愈加复杂多变的时代，为了使干部的理论水平、思想政治素质、业务能力和科学人文素养不断适应新形势、新任务发展的需要，邓小平、江泽民、胡锦涛都主张加强干部的马克思主义理论教育、思想政治教育，同时抓好文化和业务教育。

邓小平认为，只有掌握马克思主义基本理论，才不会在复杂斗争中迷失方

---

① 《邓小平文选》第三卷，人民出版社，1993，第70页。

② 中共中央文献研究室：《十三大以来重要文献选编》（中），人民出版社，1991，第1149页。

③ 《胡锦涛在与全国干部教育培训工作会议代表座谈时强调：切实抓好干部教育培训 大力提高干部队伍素质》，《新华每日电讯》2001年5月17日第1版。

④ 《联系实际创新路 加强培训求实效》，《人民日报》2006年3月21日第1版。

向，才能提高运用它解决新经济社会问题的本领，把党的事业和马克思主义理论推向前进。所以，他要求干部熟悉马克思主义基本理论，并结合"四个现代化"建设实践，"以新的思想、观点去继承、发展马克思主义"①。毛泽东思想是马克思主义中国化时代化的历史性飞跃，是中国共产党集体智慧的结晶。针对否定毛泽东思想科学价值的错误倾向，邓小平强调，个别的错误论断不属于毛泽东思想的科学体系，"我们将永远高举毛泽东思想的旗帜前进"②。

实行经济改革和对外开放，西方资产阶级思想的影响、渗透不可避免，加强党员、干部的思想政治教育也十分重要。因此，邓小平强调："一定要把思想政治工作放在非常重要的地位，切实认真做好，不能放松。"③"要教育全党同志发扬大公无私、服从大局、艰苦奋斗、廉洁奉公的精神，坚持共产主义思想和共产主义道德。"④邓小平明确提出，要在中国实现"四个现代化"，必须在思想政治上坚持四项基本原则。"六四事件"风波平息后，他进一步提出要把四项基本原则"作为基本思想来教育人民，教育学生，教育全体干部和共产党员"⑤。推动高速度、高水平的社会主义现代化建设，离不开懂经济、会管理的专业干部人才，干部的文化、业务教育的地位和作用凸显。邓小平要求干部除了学习马克思列宁主义、毛泽东思想，还要"着重抓紧三个方面的学习：一个是学经济学，一个是学科学技术，一个是学管理"⑥。他指出："搞建设，行业非常多，每一项都需要有专门知识，还要不断增加新知识。"⑦"四个现代化"关键是科学技术现代化，而我国的科学技术水平同世界先进水平差距很大，急缺科技干部人才。所以，他还提出造就一支"又红又专"的科学技术大军和一大批世界一流的科学家、工程技术专家，是"摆在我们面前的一个严重任务"⑧。

---

① 《邓小平文选》第三卷，人民出版社，1993，第292页。
② 《邓小平文选》第二卷，人民出版社，1994，第171–172页。
③ 《邓小平文选》第二卷，人民出版社，1994，第342页。
④ 《邓小平文选》第二卷，人民出版社，1994，第367页。
⑤ 《邓小平文选》第三卷，人民出版社，1993，第305页。
⑥ 《邓小平文选》第二卷，人民出版社，1994，第153页。
⑦ 《邓小平文选》第二卷，人民出版社，1994，第264页。
⑧ 《邓小平文选》第二卷，人民出版社，1994，第91页。

江泽民认为理论上成熟是政治上成熟的基础，要求干部把学习马克思主义理论摆在学习的首位，并与学习社会、学习人民群众的实践结合起来，创新马克思主义理论。邓小平理论是我国进行改革开放和社会主义现代化建设的科学指南，所以他要求党员、干部紧紧抓住"解放思想、实事求是这个精髓，努力学习和掌握贯穿在邓小平同志著作中的辩证唯物主义、历史唯物主义的科学世界观和方法论"①，"特别是要搞清楚什么是社会主义，怎样建设和发展社会主义"②。江泽民认为，加强党员、干部的思想政治教育，提高他们的思想道德素质，"对党风廉政建设和反腐败斗争具有基础性作用"③。他提出"三个代表"重要思想，并强调要按照"三个代表"要求，加强党员、干部的思想政治教育。为了提升干部的政治素质和党性修养，江泽民大力倡导在干部中深入开展以讲学习、讲政治、讲正气为主要内容的党性党风教育。他还提出要通过持之以恒的努力，使全体党员特别是领导干部都能做到：坚持解放思想、实事求是，反对因循守旧、不思进取；坚持理论联系实际，反对照抄照搬、本本主义；坚持密切联系群众，反对形式主义、官僚主义；坚持民主集中制原则，反对独断专行、软弱涣散；坚持党的纪律，反对自由主义；坚持清正廉洁，反对以权谋私；坚持艰苦奋斗，反对享乐主义；坚持任人唯贤，反对用人上的不正之风。这"八个坚持、八个反对"为干部的思想政治教育进一步明确了目标和方向。

江泽民也很重视干部的文化和业务教育。党的十四大提出要建立社会主义市场经济体制，但是广大干部对社会主义市场经济的很多新观念、新知识、新办法知之不多。因此，他要求干部"学习关于社会主义市场经济和现代金融、现代管理等方面的知识"④。江泽民认为，大力推动科技进步和创新，努力实现我国生产力发展的跨越，是党代表先进生产力发展要求必须履行的重要职责。所以，他要求干部坚持不懈地学习科技知识，了解当今世界科技进步的趋势，熟悉与自己岗位相关的各种科技知识，努力成为本职工作的行家里手。此外，他还提出，"哲学、政治学、经济学、法学、历史学、文学和科学技术等方面的

---

① 江泽民：《论党的建设》，中央文献出版社，2001，第146页。

② 江泽民：《论党的建设》，中央文献出版社，2001，第156页。

③《江泽民文选》第三卷，人民出版社，2006，第185页。

④《江泽民文选》第二卷，人民出版社，2006，第288页。

知识都要学，特别要注重学习反映当代世界政治、经济、文化新发展的各种新知识"①。

胡锦涛认为，马克思主义政党的先进性首先表现为理论上的先进性，坚持用马克思主义的科学理论武装全党是保持党的先进性的根本经验②。他要求抓好干部特别是年轻干部的理论培训，"帮助他们提高理论素养，增强执行党的基本路线的自觉性和坚定性，树立正确的世界观、人生观、价值观，切实解决举什么旗、走什么路、做什么人、接什么班的问题"③。胡锦涛还特别强调要用马克思主义中国化最新成果武装全党，要求党员、干部全面系统地学习"三个代表"重要思想，学好用好《江泽民文选》，深入学习实践科学发展观，着重提高实践能力。随着中国特色社会主义理论体系科学命题的提出，他又要求党员、干部学习贯彻中国特色社会主义理论体系，自觉运用这一理论体系指导客观世界和主观世界的改造。胡锦涛经常强调要加强干部的思想政治教育，提出要"按照为民、务实、清廉的要求，加强对领导干部的理想信念和权力观教育，开展思想道德和纪律教育，增强领导干部廉洁自律的意识"④，并倡导在全党大力弘扬求真务实精神，大兴求真务实之风。他认为干部作风问题说到底是党性问题，强调加强干部的党性修养，要着力增强宗旨观念，切实做到立党为公、执政为民；着力提高实践能力，切实用党的科学理论指导工作实践；着力强化责任意识，切实履行党和人民赋予的职责；着力树立正确政绩观，切实按照客观规律谋划发展；着力树立正确利益观，切实把人民利益放在首位；着力增强党的纪律观念，切实维护党的团结统一⑤。这"六个着力、六个切实"为干部的党性教育明确了抓手和重点，具有重要的指导意义。胡锦涛也十分重视干部的业务教育和科学文化知识教育，他在为《全国干部培训教材》所作的序言中明确提出，干部教育培训必须紧紧围绕广大干部履行岗位职责的需要，有针对性地开展岗

①《江泽民文选》第二卷，人民出版社，2006，第285页。

② 中共中央文献研究室：《十六大以来重要文献选编》（中），中央文献出版社，2006，第622页。

③《胡锦涛文选》第一卷，人民出版社，2016，第298页。

④ 中共中央文献研究室：《十六大以来重要文献选编》（中），中央文献出版社，2006，第252页。

⑤《胡锦涛文选》第三卷，人民出版社，2016，第198-202页。

位必备知识和能力培训、与本职工作密切相关的新理论新技能培训；必须根据完善知识结构、提高综合素质的要求，加强科学精神、科学知识、科学方法的培训，开展文学、历史、艺术等人文知识的学习①。胡锦涛认为，要建设学习型政党、学习型社会，党员、干部必须抓紧学习、刻苦学习，发挥模范带头作用。2008年10月，他在全国党校工作会议上提出，各级党校要大力发扬我们党勤于学习、善于学习的优良传统，努力传授现代科学文化知识、我国优秀文化、人类文明的有益成果，在促进学习型政党建设，进而促进学习型社会建设方面发挥积极推动作用。

（四）注重干部的学校教育和实践锻炼

干部学校培训干部和在实践中锻炼干部历来是中国共产党教育培养干部的主要途径。邓小平、江泽民、胡锦涛都很重视干部学校教育和学校建设，并注重在实践中锻炼培养干部，特别是年轻干部。

改革开放后，推进我国的现代化建设亟须通过发展干部学校教育来提高干部的素质水平，改善干部的知识结构，培养大批各行各业的专业干部人才。1977年8月，邓小平在中央军委座谈会上指出，"通过办学校来解决干部问题"，"要把原有的学校，除个别的外，基本上恢复起来"，"把更多的干部放到学校去训练"②。他十分重视干部学校的领导班子、教师队伍和教材建设，提出要选好办学校的干部，包括教师，要选最优秀的，特别是能深入实际、努力工作、艰苦奋斗、以身作则的干部；而且教材很重要，要统一教材。这些要求虽然是针对军队干部教育提出的，但对当时干部学校的重建工作具有普遍指导意义。1980年1月，邓小平在中央召集的干部会议上强调："目前重要的问题并不是干部太多，而是不对路，懂得各行各业的专业的人太少。办法就是学。"首先的一条就是"办学校、办训练班进行教学"③。面对新时期繁重复杂的新形势、新任务，邓小平还主张干部坚持实事求是的思想路线，投身于改革开放和现代化建设的实践，在实践中学习、锻炼成长。年轻干部思维活跃、精力充沛，但阅历

① 全国干部培训教材编审指导委员会：《全国干部学习培训教材 加强党的执政能力建设》，人民出版社、党建读物出版社，2006，第2-3页。

②《邓小平文选》第二卷，人民出版社，1994，第61页。

③《邓小平文选》第二卷，人民出版社，1994，第263页。

少、工作经验不足，更需要在实践中经受磨炼。所以，他提出："把年轻干部放到第一线压担子，这个路子对，不能只靠人家扶着。他们受了锻炼，提上来别人也会服气。"①

江泽民认为，党校是培训干部，培养马克思主义理论队伍的重要阵地，是干部党性锻炼的熔炉，在推进党的建设和党领导的革命、建设事业中具有不可替代的重要作用。因此，他非常重视党校建设。1990年6月，他在全国党校校长座谈会上提出，各级党委要加强对党校工作的领导，及时研究解决党校工作中的重大问题，尤其是要指导党校把握正确的办校方向，坚持正确的教学方针，加强党校领导班子和教师队伍的建设，尽可能帮助党校改善办学条件，在人力、物力、财力等方面给予必要的支持。为了更好地发挥党校的整体作用，他还提出要建立起中央、省、地、县党校之间的业务指导关系，加强党校系统的业务建设②。这些指示推动了党校的发展建设，为党校发挥好在理论武装干部、提升干部党性修养等方面的作用提供了基本遵循。江泽民也很重视在实践中锻炼培养干部，他提出："在实践中锻炼干部，是我们党培养干部的一条根本途径。"③他认为，广大干部一方面只有积极投身到建设中国特色社会主义的实践中，才能扎扎实实地把改革开放和现代化建设推向前进；另一方面只有同人民群众相结合，在实践中经受锻炼、积累经验、提高素质、增长才干，才能健康成长、有所作为。因此，他大力提倡干部到基层去，到艰苦和困难多的地方去，到党和群众最需要的地方去接受实践锻炼。

进入新世纪、新阶段，党中央、国务院决定创办中国浦东干部学院、中国井冈山干部学院和中国延安干部学院3所国家级干部学院。2005年3月，胡锦涛在为这3所干部学院建成并正式开学发出的贺信中提出殷切期望，希望它们建设成为进行革命传统教育和基本国情教育的基地、提高领导干部素质和本领的熔炉以及开展国际培训交流合作的窗口。党校、行政学院、干部学院是干部

---

① 《邓小平文选》第三卷，人民出版社，1993，第166页。

② 中共中央文献研究室：《十三大以来重要文献选编》（中），人民出版社，1991，第1147-1148页。

③ 中共中央文献研究室：《十四大以来重要文献选编》（下），人民出版社，1999，第1963页。

教育培训的主阵地。2007年10月，在党的十七大报告中，胡锦涛明确提出"继续大规模培训干部，充分发挥党校、行政学院、干部学院的作用，大幅度提高干部素质"①。为了促进党校事业的发展，2008年10月，他在同全国党校工作会议代表座谈时强调，各级各类党校在大规模培训领导干部、大幅度提高领导干部素质中担负着重要责任，一定要把党校工作放到党和国家工作大局中去认识、去把握、去部署、去推进，增强办好党校的责任感和使命感。关于在实践中锻炼培养干部，胡锦涛提出："把实践锻炼作为教育培养中青年干部、全面提高中青年干部素质的根本途径。"②中青年干部成长需要一个过程，必须把集中教育培训同日常培养锻炼结合起来。因此，他要求在教育培训中加大实践教育的分量，把理论学习与实践锻炼相结合，适当组织一些实地考察调研、实践经验交流等活动，通过轮岗、交流、挂职锻炼等方式安排中青年干部到工作第一线去，到经济落后、条件艰苦、情况复杂、任务繁重的地方去，经受摔打、积累经验、增长才干，增进同人民群众的感情。

（五）重视干部教育的制度化、规范化建设

干部教育的健康发展需要健全的制度来保障，所以干部教育的制度化、规范化建设十分重要。随着干部教育实践的发展，邓小平、江泽民、胡锦涛对这一问题的认识也不断深入。

"文化大革命"十年动乱使邓小平深刻认识到，组织制度、工作制度方面的问题很重要。因此，他提出"制度问题更带有根本性、全局性、稳定性和长期性"③。他认为干部教育是一种智力投资，要有计划地经常开展，还需要制度来保障，明确指出要"有计划地对大批干部、工人进行正规教育，提高他们的政治水平、文化水平、技术水平、经营管理水平……逐步把这种培训变为适用于全体干部和工人的经常制度"④。

江泽民特别重视干部教育培训和考核制度的建立、完善。他要求制订切实可行的教育和培训规划，分期分批对县级以上党政领导干部进行培训，并对学

---

① 《胡锦涛文选》第二卷，人民出版社，2016，第655页。

② 《胡锦涛文选》第一卷，人民出版社，2016，第479页。

③ 《邓小平文选》第二卷，人民出版社，1994，第333页。

④ 《邓小平文选》第二卷，人民出版社，1994，第361–362页。

习情况认真考核，把考核结果作为使用领导干部的重要依据之一。根据他的意见，党的十五届六中全会明确提出："学习制度化是加强学习的有力保证。要建立理论学习的领导责任制，严格督促检查。建立健全党委中心组学习制度、领导干部在职自学制度和干部理论学习考核制度。""认真落实县以上党政领导干部定期脱产进修和新进领导班子成员到党校、行政学院和其他干部培训机构学习的规定。"①干部的实践锻炼也需要用制度来规范，因此，他要求各级党委认真做好干部在实践中经受锻炼的工作，建立制度、严格要求、严格执行、严格监督②。

胡锦涛认为，保持党员、干部队伍的先进性关键在于完善相关制度、机制。他在党的十七大报告中提出，要健全让党员经常受教育、永葆先进性的长效机制。以胡锦涛同志为总书记的党中央高度重视干部教育培训的制度化、规范化建设，制定并颁布了第一部干部教育培训的党内法规——《干部教育培训工作条例（试行）》。党校工作的制度化、规范化建设是干部教育培训制度化、规范化建设的重要组成部分。2008年10月，胡锦涛在同全国党校工作会议代表座谈时强调，要推进党校工作科学化、规范化、制度化建设，努力使党校工作体现时代性、把握规律性、富于创造性。

综上所述，邓小平、江泽民、胡锦涛根据时代和实践发展的需要，不断深化对干部教育规律的认识，从干部教育的重要地位、历史任务、基本原则、主要内容、基本途径等方面，以一系列新理念、新思想、新战略丰富和发展了马克思主义干部教育理论，形成了内涵丰富、逻辑严密、科学系统的有中国特色的干部教育理论体系。这一理论体系具有鲜明的时代性、实践性、创新性特点，是中国特色社会主义理论体系的重要组成部分，是研究解决新时期干部教育出现的新情况、新问题，推动干部教育与时俱进、改革创新的科学指南。

---

① 中共中央文献研究室：《十五大以来重要文献选编》（下），人民出版社，2003，第2003页。

② 中共中央文献研究室：《江泽民论有中国特色社会主义（专题摘编）》，中央文献出版社，2002，第692页。

二、干部教育政策的制定和调整

党的干部教育政策根据党的干部教育理论来制定，将党的干部教育理论确立的思想原则转化为切实可行的具体方案，具有针对性、时效性和可操作性的特点。为了适应新形势、新任务对干部教育事业发展的新要求，党和政府制定并发布了一系列关于干部教育的规范性文件，形成了一整套指导干部教育工作的政策措施和规章制度，有中国特色的干部教育政策法规体系逐步建立起来，这对推动干部教育的科学化、制度化、正规化建设意义重大。

（一）制定并发布规范干部教育的重要文件

随着社会主义现代化建设事业的全面开展，大规模教育培训干部的重要性日益凸显。为了从制度上保障干部教育顺利发展，党中央加强了对干部教育的整体规划和部署。1980年2月，中央宣传部、中央组织部印发《关于加强干部教育工作的意见》，要求各级党委和各条战线的领导机关，把干部教育工作当作实现"四个现代化"的根本大计，认真抓起来，对干部教育方针和内容进行必要的改革，重视建立和加强党校、专业干部学校的工作，大办短期轮训班，普遍轮训干部。1983年10月，中央组织部下发《全国干部培训规划要点》，提出要有计划、大规模地培训干部，并对干部教育培训的目标任务、主要措施、领导管理等作出详细规定，要求各地各部门制定相应的规划或规定，认真组织实施。1984年12月，中共中央批转中央组织部、中央宣传部《关于加强干部培训工作的报告》，要求各地各部门充分认识干部培训工作的紧迫性和战略意义，切实抓好干部培训规划的落实工作，保证培训质量。2006年1月，中共中央颁布了《干部教育培训工作条例（试行）》，该条例分为总则，管理体制，教育培训对象，内容与方式，教育培训机构，师资、教材、经费，考核与评估，监督与纪律，附则共9章57条。第一次以中央党内法规的形式对干部教育培训工作作了全面系统的规定，标志着干部教育培训制度体系形成，为大规模培训干部提供了制度保证，在干部教育发展史上具有里程碑意义。2010年8月，中共中央办公厅印发《2010—2020年干部教育培训改革纲要》，要求各级党委（党组）进一步解放思想，加大改革创新力度，着力破除制约干部教育培训科学发展的体制、机制障碍，切实提高干部教育培训质量和效益，努力形成有中国特色的干部教育培训体系，为干部教育培训的改革发展指明了方向。从20世纪90年代开始，党中央还先后制定并印发了《1991—1995年全国干部培训规划要点》《1996年—2000年全国干部教育培训规划》《2001年—2005年全国干部教育培训规划》《2006—2010年全国干部教育培训规划》，以五年为一个周期对全国干部教育培训的指导思想、目标任务、基本原则、主要措施、领导管理等作出详细的规划和部署，指导干部教育培训工作的顺利开展。

除了对干部教育作出整体规划部署的重要文件，党中央、国务院还制定了很多指导干部教育某个方面具体工作的条例、规定、决定、意见、通知等，这些文件不仅数量繁多、覆盖面广，而且内容比较详细。根据文件内容的不同，大致可以分为以下五类（下列文件后面的时间是该文件的发布时间）。

一是关于干部教育内容方面的重要文件。其中指导干部理论教育的文件主要有《关于全党学习〈邓小平文选〉的通知》（1983年7月）、《关于干部马列主义理论教育正规化的规定》（1984年6月）、《关于组织各级干部深入学习社会主义理论的意见》（1990年10月）、《关于学习〈邓小平文选〉第三卷的决定》（1993年11月）、《关于在全党深入学习邓小平理论的通知》（1998年6月）、《关于在全党开展以实践"三个代表"重要思想为主要内容的保持共产党员先进性教育活动的意见》（2004年11月）、《关于在各级干部中开展〈江泽民文选〉学习培训工作的通知》（2006年8月）、《关于在全党开展深入学习实践科学发展观活动的意见》（2008年9月）等。指导干部思想政治教育的文件主要有《学习〈关于建国以来党的若干历史问题的决议〉的通知》（1981年7月）、《关于整党的决定》（1983年10月）、《关于在县级以上党政领导班子、领导干部中深入开展以"讲学习、讲政治、讲正气"为主要内容的党性党风教育的意见》（1998年11月）、《关于在全党开展以实践"三个代表"重要思想为主要内容的保持共产党员先进性教育活动的意见》（2004年11月）、《关于认真学习宣传贯彻党的十七大精神的通知》（2007年10月）、《关于在党员、干部、群众和青少年中开展中共党史学习教育的通知》（2011年1月）等。指导干部文化和业务教育的文件主要有《关于对大中型企业领导干部进行现代管理知识培训的通知》（1985年7月）、《关于加强干部中等专业教育的意见》（1986年12月）、《关于组织广大干部学习社会主义市场经济理论和基本知识的通知》（1994年3月）、《关于组织广大干部学习现代科学技术知识的通知》（1994年4月）、《关于组织广大干部学习利用外资基础知识的通知》（1995年5月）、《关于组织广大干部学习社会主义法律知识的通知》（1996年11月）、《关于在全国公务员中开展信息化与电子政务培训的通知》（2003年3月）、《关于在全国行政机关公务员中开展突发事件应对法培训的通知》（2008年6月）等。此外，国务院各部门还制定了一些指导本部门干部业务教育的重要文件。

二是关于不同类别干部教育的重要文件。其中规范党政领导干部教育的文件主要有《关于在职党外省部级领导干部学习纳入中央党校进修计划的通知》（1992年5月）、《关于印发〈省部级在职领导干部到中央党校学习进修计划〉的通知》（1993年12月）、《关于调整完善省部级在职领导干部脱产学习进修计划的通知》（1996年6月）、《关于进一步加强军地领导干部交叉培训工作的通知》（1997年8月）、《党政领导干部交流工作暂行规定》（1999年4月）、《关于改进县以上党和国家机关党员领导干部民主生活会的若干意见》（2000年4月）、《党政领导干部交流工作规定》（2006年8月）等。规范公务员教育的文件主要有《国家公务员培训暂行规定》（1996年6月）、《国家公务员职位轮换（轮岗）暂行办法》（1996年7月）、《"九五"公务员培训工作纲要》（1996年12月）、《2001年—2005年国家公务员培训纲要》（2006年9月）、《"十一五"行政机关公务员培训纲要》（2007年2月）、《公务员培训规定（试行）》（2008年6月）等。规范企业干部教育的文件主要有《"七五"期间全国大中型企业领导干部岗位职务培训规划要点》（1987年1月）、《1991—1995年全国企业干部培训规划要点》（1991年11月）、《关于对国营企业领导干部进行岗位任职资格培训的意见》（1992年4月）、《"九五"期间全国企业管理人员培训纲要》（1996年6月）、《"十五"期间全国企业经营管理人员培训纲要》（2001年7月）等。规范专业技术人员教育的文件主要有《企业科技人员继续教育暂行规定》（1987年10月）、《农业专业技术人员继续教育暂行规定》（1989年4月）、《全国专业技术人员继续教育"八五"规划纲要》（1991年12月）、《全国专业技术人员继续教育暂行规定》（1995年11月）、《全国专业技术人员继续教育"九五"规划纲要》（1996年12月）、《2003—2005年全国专业技术人员继续教育规划纲要》（2002年10月）、《关于加强专业技术人员继续教育工作的意见》（2007年6月）、《国家中长期人才发展规划纲要（2010—2020年）》（2010年6月）等。规范青年干部、少数民族干部培养教育的文件主要有《关于抓紧培养教育青年干部的决定》（1991年9月）、《关于进一步做好培养选拔少数民族干部工作的意见》（1993年12月）、《关于抓紧培养选拔优秀年轻干部的通知》（1995年1月）、《关于举办全国少数民族团干部培训班的通知》（2009年11月）等。规范基层干部、贫困地区干部培训的文件主要有《关于认真做好乡镇干部培训工作的通知》（1987年4月）、《1995年至2000年农村党员、基层干部实用技术和市场经济知识培训规划要点》（1995年5月）、《1996年—2000年全国贫困地区干部培训规划》（1996年8月）、《"十五"期间全国贫困地区扶贫开发干部培训规划》（2002年4月）、《关于加强和改进基层干部教育培训工作的意见》（2011年11月）等。

　　三是关于干部教育培训平台发展建设的重要文件。其中，规范党校、行政学院发展建设的文件主要有《关于实行党校教育正规化的决定》（1983年5月）、《关于加强党校工作的通知》（1990年9月）、《关于新形势下加强党校工作的意见》（1994年5月）、《关于国家行政学院办学工作若干意见》（1996年9月）、《关于面向21世纪加强和改进党校工作的决定》（2000年6月）、《国家行政学院职能配置、内设机构和人员编制规定》（2001年5月）、《中国共产党党校工作条例》（2008年10月）、《关于建立和规范高校干部培训基地的意见》（2009年10月）、《关于加强和改进新形势下国家行政学院工作的若干意见》（2009年12月）等。指导干部学院、社会主义学院建设的文件主要有《关于加强工交、财贸系统经济管理干部学院建设若干问题意见》（1985年4月）、《关于加强经济管理干部学院建设提高教学质量的通知》（1986年1月）、《关于中国浦东等三个干部学院职能配置、内设机构和人员编制方案及干部学院理事会秘书处职能配置、内设机构和人员编制方案的通知》（2003年8月）、《关于中国浦东干部学院、中国井冈山干部学院、中国延安干部学院教学工作意见（试行）》（2003年11月）、《社会主义学院工作暂行条例》（2003年11月）等。规范其他干部教育渠道的文件主要有《关于高等学校、中等专业学校举办干部专修科和干部培训班暂行办法的通知》（1980年8月）、《关于民族学院干部轮训转向正规培训的意见》（1983年7月）、《关于利用农业广播学校做好农村基层干部培训工作的意见》（1985年3月）、《关于高等学校在校外举办干部专修科的暂行规定》（1985

年4月）、《关于建立和规范高校干部培训基地的意见》（2009年10月）等。

四是关于干部学习制度、培训管理方面的重要文件，主要有《关于建立健全省部级在职领导干部学习制度的通知》（1989年12月）、《关于派遣团组和人员赴国外培训的规定》（1990年1月）、《关于加强企业干部培训工作管理，坚决制止对企业"乱办班、乱收费、乱发证"的通知》（1991年12月）、《关于派遣团组和人员赴国（境）外培训的暂行管理办法》（1993年10月）、《国家公务员出国培训暂行规定》（1995年9月）、《关于加强各部门及其所属单位办班管理的通知》（1994年7月）、《关于加强干部培训管理的若干规定》（1995年3月）、《关于实行国家公务员培训证书管理制度的通知》（1999年6月）、《关于加强和改进党委（党组）中心组学习的意见》（2000年9月）、《关于建立县级以上党政领导干部理论学习考核制度的若干意见》（2000年10月）等。

五是关于干部教育培训师资、教材、经费等方面的重要文件，主要有《关于中央级党政机关干部教育经费开支的暂行规定》（1983年4月）、《关于在全国地（市）、县委党校实行专业技术职务聘任制度的实施意见》（1987年5月）、《关于出国（境）实习培训团组集体开支的培训费标准和管理办法的暂行规定》（1994年5月）、《关于印发〈全国干部培训教材编审协调小组第一次工作会议纪要〉的通知》（1998年12月）、《关于党政领导干部和各类人才培训专项经费管理暂行办法》（2002年3月）、《关于认真贯彻江泽民同志〈序言〉精神，组织广大干部学习首批全国干部培训教材的通知》（2002年4月）、《关于浦东、井冈山、延安干部学院工资待遇有关问题的意见》（2005年1月）、《关于认真贯彻胡锦涛同志〈序言〉精神，组织广大干部学习第二批全国干部学习培训教材的通知》（2006年6月）等。

除了上述党中央、国务院发布的指导干部教育工作的文件，各地还发布了很多指导本地干部教育工作的文件，在此不一一列举。此外，干部教育作为加强党的建设的主要途径之一，作为国民教育的重要组成部分，党和国家关于党的建设和国民教育的政策法规对干部教育也有重要的指导意义。总而言之，党和政府通过制定和发布各种层次、各种类型的指导干部教育工作的重要文件，使干部教育的政策法规体系逐步建立起来，为我国干部教育事业科学发展提供了制度保障。

（二）适时调整干部教育的具体政策

党和政府发布的干部教育文件偏重于干部教育培训方面，而干部教育培训是干部教育实践的主要组成部分，所以干部教育培训方面的文件对干部教育整体具有指导意义。这些文件对干部教育培训的指导思想、工作原则、领导管理、培训对象、主要内容、方式方法、基本保障、考核评估、纪律监督等作出明确规定，构成了干部教育政策的主要内容。干部教育政策不是静止不变的，而是动态发展的，随着时代和实践的发展不断调整和完善。

干部教育培训的指导思想是干部教育培训的总纲，规定了干部教育培训的目标和方向，在干部教育培训工作中居于统领地位。马克思列宁主义、毛泽东思想和中国特色社会主义理论体系是党的指导思想，是党和国家一切工作的科学指南，也是干部教育培训的根本指针。1996年5月，中共中央印发的《1996年—2000年全国干部教育培训规划》就对干部教育培训的指导思想作了明确规定。随着中国特色社会主义理论体系的形成和党的建设事业的发展，干部教育培训指导思想的内容也不断丰富。2006年1月，中共中央颁布的《干部教育培训工作条例（试行）》第一章总则的第二条完整地阐述了干部教育培训的指导思想，包括基本要求、工作重点和目的，即"干部教育培训工作必须坚持以马克思列宁主义、毛泽东思想、邓小平理论和'三个代表'重要思想为指导，全面贯彻落实科学发展观，围绕党和国家工作大局，按照实事求是、与时俱进、艰苦奋斗、执政为民的要求，以增强执政意识、提高执政能力为重点，推动学习型政党、学习型社会建设，为全面建设小康社会、加快推进社会主义现代化提供思想政治保证、人才保证和智力支持"[①]。

干部教育培训的工作原则就是干部教育培训工作开展应当遵循的标准和规则。《1996年—2000年全国干部教育培训规划》提出，干部教育培训工作应遵循理论联系实际、分级分类培训、突出培训重点、保证培训质量的原则。《2001年—2005年全国干部教育培训规划》提出理论联系实际、注重培训质量、培训与使用相结合、坚持改革创新的工作原则。《干部教育培训工作条例（试行）》对干部教育培训工作原则的规定则更全面、科学，反映了时代发展的需要和干

① 中共中央文献研究室：《十六大以来重要文献选编》（下），中央文献出版社，2008，第225页。

部教育的规律，具有人文性、时代性、创新性的特点，即以人为本、按需施教、全员培训、保证质量，全面发展、注重能力，联系实际、学以致用，与时俱进、改革创新。

　　干部教育管理体制是指关于干部教育管理工作的机构设置、隶属关系、职责范围、权益划分的体系和制度，是干部教育体制的重要组成部分。党中央一直很重视对干部教育的领导和管理。改革开放新时期，随着干部教育培训规模和范围的不断扩大，建立干部教育管理体制，加强对干部教育工作的统一领导和宏观管理越加重要。1983年10月，在中央组织部下发的《全国干部培训规划要点》中明确提出，要建立必要的干部教育管理体制，中央和全国各省、自治区、直辖市要建立干部教育工作小组，中央国家机关各部委和全国各省、自治区、直辖市要尽快设立并健全干部教育管理机构，地、县也要设干部教育管理机构或设专人管理干部教育工作①。1984年12月，中央干部教育工作领导小组成立，由中央组织部、中央宣传部、国家经济委员会②、教育部、劳动人事部③等部门负责人组成，主要负责拟定干部教育工作的方针、政策和措施，制定和检查落实全国干部教育规划，协调各地区、各部门干部教育的分工与合作。之后，很多省区市也成立了干部教育工作领导小组。从1985年开始，党中央决定改革教育体制，中央简政放权，给地方和学校更多的办学自主权，干部教育管理体制也随之进行了相应的调整。《1996年—2000年全国干部教育培训规划》（以下简称《规划》）就提出要建立由中央组织部主管、中央和国家机关有关部委分工负责，中央、地方和部门分级分类管理的干部教育培训管理体制，并明确了中央、国家机关有关负责干部教育的综合管理部门的职责。《规划》还要求建立、健全宏观管理制度，建立干部教育联席会议制度；中央各部门举办以党政领导干部为对象的各类培训班、研究班继续实行计划申报制度；建立涉及干

---

　　① 中共中央组织部：《干部教育工作重要文献选编》（上），党建读物出版社，1999，第246-248页。

　　② 2003年3月，根据《第十届全国人民代表大会第一次会议关于国务院机构改革方案的决定》，组建商务部，不再保留国家经济贸易委员会。

　　③ 2008年3月11日，根据第十一届全国人民代表大会第一次会议审议通过的《国务院机构改革方案》，组建中华人民共和国人力资源和社会保障部，将人事部、劳动和社会保障部的职责整合划入该部，不再保留人事部、劳动和社会保障部。

部教育培训的法规、政策、改革措施和重大工作部署的事前通气协调制度①。1997年年底，全国干部教育联席会议制度建立起来。中央组织部、中央宣传部、中央党校、国家经贸委、人事部、国家行政学院等全国干部教育联席会议成员单位负责人定期开会研究干部教育的方针政策、全局性工作和重大事项，加强了对干部教育工作的整体部署和协调指导。进入21世纪，绝大多数省区市都成立了干部教育领导小组或建立了干部教育联席会议制度。

《干部教育培训工作条例（试行）》对建立什么样的干部教育管理体制，中央、地方有关部门以及干部所在单位有什么职责进一步作出规定：全国干部教育培训工作实行在党中央领导下，由中央组织部主管，中央和国家机关有关工作部门分工负责，中央和地方分级管理的体制。中央组织部履行全国干部教育培训工作的整体规划、宏观指导、协调服务、督促检查、制度规范职能。中央和国家机关有关工作部门按照职责分工，负责相关的干部教育培训工作，指导本系统的业务培训。地方各级党委领导本地区干部教育培训工作，贯彻执行党和国家干部教育培训工作的方针政策，把干部教育培训工作纳入本地区经济社会发展规划，研究部署本地区干部教育培训工作。地方各级党委组织部主管本地区干部教育培训工作，地方各级党委和政府有关工作部门负责相关的干部教育培训工作，干部所在单位按照干部管理权限，负责组织实施本单位的干部教育培训工作②。

党政领导干部及其后备干部一直是我国干部教育培训的重点对象，但随着社会主义现代化建设的全面展开，培训企业经营管理干部和各行业专业技术骨干的重要性逐渐凸显。于是，党中央要求在重视党政领导干部和年轻干部教育培训的同时，抓好各级各类干部的教育培训。《1996年—2000年全国干部教育培训规划》要求县以上党政领导干部参加学习培训，坚持做到每届任期内不少于三个月；大力抓好年轻干部的培养教育，逐步开展国家公务员培训工作；加强企业管理人员和各类科技人员培训；继续做好少数民族干部、妇女干部和非

---

① 中共中央组织部：《干部教育工作重要文献选编》（上），党建读物出版社，1999，第259-261页。

② 中共中央文献研究室：《十六大以来重要文献选编》（下），中央文献出版社，2008，第226-227页。

中共党员干部的培训工作①。

随着依法治国方略和西部大开发战略的实施,《2001年—2005年全国干部教育培训规划》对政法干部和西部地区干部的教育培训工作也提出了具体要求。《干部教育培训工作条例(试行)》第一次以中央党内法规的形式肯定了干部有接受教育培训的权利和义务,并提出干部教育培训的对象是全体干部,重点是县处级以上党政领导干部及其后备干部,干部应当根据不同情况参加在职期间的各类岗位培训、晋升领导职务的任职培训、从事专项工作的专门业务培训、新录(聘)用的初任培训以及其他培训。该试行条例还规定省部级、厅局级、县处级党政领导干部每五年应当参加党校、行政学院、干部学院或者经厅局级以上单位组织(人事)部门认可的其他培训机构累计三个月以上的培训;提拔担任领导职务的,确因特殊情况在提任前未达到教育培训要求的,应当在提任后一年内完成培训;其他干部参加脱产教育培训一般每年累计不少于十二天②。《2006—2010年全国干部教育培训规划》把干部教育培训对象明确划分为党政干部、企业经营管理人员和专业技术人员三大类,党政干部包括领导干部、后备干部、基层干部、女干部、少数民族干部、党外干部以及其他公务员,并强调要按照分级分类和全员培训的原则,抓好党政干部、企业经营管理人员和专业技术人员的教育培训。

干部教育培训的内容和方式方法服务于干部教育培训的目标和任务。为了培养造就社会主义现代化建设事业发展需要的高素质干部队伍,党和政府要求充实干部教育培训内容,创新方式方法,不断增强针对性和有效性。《干部教育培训工作条例(试行)》(以下简称《条例(试行)》)明确提出确定干部教育培训内容的基本依据、干部教育培训内容体系的构成以及培训方式,即干部教育培训应当根据经济社会发展需要,按照加强党的执政能力建设和先进性建设的要求,结合岗位职责要求和不同层次、不同类别干部的特点,以政治理论、政策法规、业务知识、文化素养和技能训练等为基本内容,并以政治理论培训

---

① 中共中央组织部:《干部教育工作重要文献选编》(上),党建读物出版社,1999,第256-257页。

② 中共中央文献研究室:《十六大以来重要文献选编》(下),中央文献出版社,2008,第227-228页。

为重点，综合运用组织调训与自主选学、脱产培训与在职自学、境内培训与境外培训相结合等方式，促进干部素质和能力的全面提高。《条例（试行）》还对政治理论、政策法规和业务知识培训的重点作了规定，并要求坚持和完善组织调训制度，建立健全干部在职自学制度，加强和改进境外培训工作，综合运用讲授式、研究式、案例式、模拟式、体验式等教学方法，推广网络培训、远程教育、电化教育，提高培训质量，增强教学、管理的信息化水平[1]。

《2010—2020年干部教育培训改革纲要》又进一步提出新的要求：完善培训内容体系，建立以培训需求为导向的培训内容更新机制，不断完善理论教育、知识教育、党性教育体系；创新培训方式方法，改进培训班次设置方式，推广专题研究、短期培训、小班教学；改进讲授式教学，推广研究式、案例式、体验式、模拟式教学；倡导异地培训、挂职培训、分段式培训；探索完善干部免职脱岗培训、后备干部个性化定制培训制度；探索跨地区、跨部门、跨学校的合作培训模式[2]。

干部教育培训机构是干部教育开展的基本渠道，加强干部教育培训机构建设，构建培训机构体系是搞好干部教育工作的必要举措。1983年5月，中共中央印发《关于实现党校教育正规化的决定》，要求实现党校教育正规化，建设具有中国特色的党校教育体系。2001年1月，中共中央印发的《2001年—2005年全国干部教育培训规划》中提出，要逐步形成有中国特色的适应政府工作需要的公务员培训教学体系，建立布局合理、分工明确、优势互补的培训网络体系。在原来的基础上，《干部教育培训工作条例（试行）》进一步明确规定，加强干部教育培训机构建设，构建分工明确、优势互补、布局合理、竞争有序的干部教育培训机构体系，充分发挥党校、行政学院和干部学院在干部教育培训中的主渠道作用。为了促进干部教育培训机构的发展，提高培训绩效，该条例还提出要建立干部教育培训机构准入制度，逐步形成由干部教育培训主管部门指导、公开平等、竞争有序的干部教育培训市场机制；实行干部教育培训项目管理制

---

[1] 中共中央文献研究室：《十六大以来重要文献选编》（下），中央文献出版社，2008，第228-230页。

[2]《中办印发〈2010-2020年干部教育培训改革纲要〉》，https：//www.gov.cn/jrzg/2010-08/17/content_1681885.htm，访问日期：2022年7月6日。

度，干部教育培训管理部门可以采取直接委托、招标投标等方式确定承担培训项目的教育培训机构①。此外，党中央还要求充分利用各种资源，拓宽培训渠道。

《全国干部培训规划要点》提出，扩大高等学校和中等专业学校招收干部学员的名额，建立各类电化教育中心，在广播电视大学举办干部进修学院或干部进修部，鼓励和提倡机关、企事业单位、社会团体分散办学，建立符合正规化要求的党政干部、行政管理干部、经济管理干部的自学高考制度②。随着改革开放的深入发展和全方位对外开放格局的形成，干部教育培训的国内外交流与合作日趋频繁。《2001年—2005年全国干部教育培训规划》提出要积极开辟国（境）外培训渠道，逐步确定一批中长期培训合作项目。《干部教育培训工作条例（试行）》也规定，高等学校、科研院所可以发挥自身优势，承担相关的干部教育培训任务，干部教育培训管理部门可以委托符合条件的社会培训机构和境外培训机构承担干部培训项目。随着网络信息技术的发展，《2010—2020年干部教育培训改革纲要》提出，加快建设干部教育培训网络平台，到2012年基本建成功能完备、资源共享、规范高效的干部网络培训体系。

教材、师资和经费是关系到干部教育培训水平和质量的三个基本要素，因此，党中央在对干部教育进行总体规划时一般都会对编写教材、培养教员和保证经费的问题作出明确指示。1980年2月，中央宣传部、中央组织部印发的《关于加强干部教育工作的意见》中就提出加强干部教育工作，必须抓紧解决选编教材和培养教员这两个重要问题。中央宣传部和国家出版局、国家科委、中央各部委、教育部分别负责编写马克思列宁主义基本理论教材、科技知识教材、各种专业教材和干部补习文化用的课本。各级党委要加强对政治理论和专业教师的培养教育工作，解决好他们的职称、政治和生活待遇等问题。干部教育经

①中共中央文献研究室：《十六大以来重要文献选编》（下），中央文献出版社，2008，第230–233页。

②中共中央组织部：《干部教育工作重要文献选编》（上），党建读物出版社，1999，第244–246页。

费应由各级财政部门列入财政预算，妥善安排，切实保证①。从20世纪80年代中期开始，我国逐步推行教师资格证书制度和职务聘任制度，教材开始由"国定制"改为"审定制"，地方部门、学校编写的教材通过审核也可以出版发行。《1996年—2000年全国干部教育培训规划》（以下简称《规划》）中明确提出，成立全国干部培训教材编审指导委员会，统筹规划教材的编审和评选，推荐优秀教材等工作，逐步建立适应干部需要、具有时代特色、内容规范实用的干部培训教材体系；建立一支专兼职相结合的高质量的师资队伍，建立教师培训进修制度和激励机制，搞好教学科研人员的专业技术职务评聘工作，确保质量，并使这一工作经常化、制度化。《规划》还提出要把干部培训经费列入各级财政计划，专款专用，并随着经济发展逐年有所增加，切实保证完成干部培训任务②。

《干部教育培训工作条例（试行）》（以下简称《条例（试行）》）进一步明确了干部教育培训教材和师资队伍建设的原则和目标，即按照素质优良、规模适当、结构合理、专兼结合的原则，建设高素质的干部教育培训师资队伍；适应不同类别干部教育培训的需要，着眼于提高干部的综合素质和能力，逐步建立开放的、形式多样的、具有时代特色的教材体系。在师资队伍建设方面，《条例（试行）》还规定实行专职教师职务聘任和竞争上岗制度，通过考核、奖惩和教育培训，加强专职教师队伍建设；建立专职教师知识更新机制，逐步建立符合干部教育培训特点的师资队伍考核评价体系；选聘实践经验丰富、理论水平较高的党政领导干部、企业经营管理人员、国内外专家学者担任兼职教师，充分发挥兼职教师的作用；建立全国各省、自治区、直辖市干部教育培训师资库，实现资源共享。在教材建设和经费保障方面，《条例（试行）》要求加强对干部培训教材编写、出版、发行、使用的管理和监督，全国干部培训教材编审指导委员会负责组织制订干部培训教材建设规划和教材大纲，审定全国干部培训教材；有关地方、部门和机构按照教材大纲的要求，可以编写符合需要、各

---

① 中共中央组织部：《干部教育工作重要文献选编》（上），党建读物出版社，1999，第158-159页。

② 中共中央组织部：《干部教育工作重要文献选编》（上），党建读物出版社，1999，第258-259页。

具特色的干部培训教材，并可选用国内外优秀出版物；干部教育培训经费列入各级政府年度财政预算，保证干部教育培训工作的需要，加强经费管理①。

对干部参加教育培训情况的考核、教育培训质量的评估和对主管部门、培训机构、干部所在单位及干部本人遵规守纪的监督，也是干部教育培训的重要工作，督促干部教育培训科学、有序、有效地开展。1980年印发的《关于加强干部教育工作的意见》中就提出，必须逐步建立干部学习考核制度，各级党校和专业干部学校学员结业要经过考试，合格者发给证书；短训班不适宜考试的要做学习鉴定；业余进修和在工作岗位的经常学习也要定期考核，学习考核的结果要记入干部档案，作为衡量干部是否胜任现职及提级的重要依据②。《2001年—2005年全国干部教育培训规划》不仅要求强化激励和约束机制，建立和完善干部学习档案，主管部门要定期检查，保证领导干部参加学习，把经过培训作为选用干部必须具备的资格，还提出要制订干部教育培训质量评估标准，建立质量评估制度，加强对干部教育培训基地的监督和办学质量的检查，逐步形成对学校办学行为和教学质量的监督机制及评价体系③。

在干部教育培训考核方面，《干部教育培训工作条例（试行）》（以下简称《条例（试行）》）明确规定，建立干部教育培训的考核和激励机制，将干部的教育培训情况作为干部考核的内容和任职、晋升的重要依据之一；干部教育培训考核的内容包括干部的学习态度和表现，掌握政治理论、政策法规、业务知识、文化知识和技能的程度以及解决实际问题的能力等；干部教育培训实行登记管理，建立和完善干部教育培训档案，如实记载干部参加教育培训情况和考核结果。

在干部教育培训评估方面，《条例（试行）》规定建立干部教育培训机构评估制度，制定科学合理的评估指标体系和规范简便的评估办法，加强对干部教

---

① 中共中央文献研究室：《十六大以来重要文献选编》（下），中央文献出版社，2008，第231–232页。

② 中共中央组织部：《干部教育工作重要文献选编》（上），党建读物出版社，1999，第159页。

③《按照"三个代表"要求认真做好新世纪的干部教育工作》，人民出版社，2001，第14–15页。

育培训机构的评估，评估的内容包括办学方针、培训质量、师资队伍、组织管理、基础设施、经费保障等。在干部教育培训监督方面，《条例（试行）》提出各级党委和政府及其有关工作部门、干部教育培训机构、干部所在单位和干部本人必须严格执行本条例，自觉接受组织监督、群众监督和社会监督，并对具体如何监督、违反规定如何惩处等问题作了详细规定①。

　　干部教育理论和政策是在改革开放新时期指导和推动干部教育实践的过程中发展起来的，并随着中国特色社会主义事业和干部教育事业的发展不断发展和完善。总而言之，干部教育理论与政策相辅相成，充分反映了党对干部教育事业发展方向的把握和对干部教育工作开展的具体要求，具有鲜明的时代性、实践性、创新性的特点。

第二节　干部教育实践的创新发展

　　根据改革开放新时期经济社会发展和干部队伍建设的需要，以有中国特色的干部教育理论和政策为指导，党和政府不断推进干部教育的科学化、制度化、规范化建设；建立了以党校、行政学院和干部学院为主渠道的干部教育培训机构体系；开展以全面提高干部素质和能力为目标的全方位教育；创新以干部为主体的教育方式，提高了干部的领导水平和执政水平。

一、构建以党校、行政学院和干部学院为主渠道的培训机构体系

　　干部教育培训机构是开展干部教育工作的平台和场所，搞好干部教育培训机构建设是干部教育事业发展的基础环节。改革开放新时期，党和政府大力建设干部教育培训机构体系，推动各级各类干部教育培训机构的正规化建设，为大规模教育培训干部、大幅度提高干部素质准备了条件。

---

　　① 中共中央文献研究室：《十六大以来重要文献选编》（下），中央文献出版社，2008，第233-235页。

（一）推进党校的正规化建设

党校是教育培训干部，培养党的理论队伍，学习、研究和宣传马克思列宁主义、中国化时代化的马克思主义的重要阵地，是干部加强党性锻炼的熔炉。中国共产党历来重视党校的发展建设，"文化大革命"之前，我国就形成了比较完整的党校教育体系；改革开放后，各级党校得以恢复和发展，党校教育体系重新建立起来。到1984年年底，全国已有中央、省、地、县四级党校2754所[①]。各级党校分工不同、上下衔接、互相配合，中央党校主要轮训省部级党员干部和地厅级正职党员干部；全国各省、自治区、直辖市委党校主要轮训地厅级副职和县处级正职党员干部；地（市）委党校主要轮训县处级副职党员干部和部分乡（镇）科级正职党员干部；县级党校主要轮训乡、村基层干部。上级党校负有对下级党校进行业务指导的职责，主要是对下级党校的教材编写、课题立项、学科建设、学位评定等工作进行协调和指导，帮助下级党校提高教学科研水平。

党校教育正规化，主要是指办学方式和课程设置的正规化。党的十二大明确提出各级党校要担负起对干部进行正规化培训的任务，进行正规化建设逐渐成为党校建设的着力点。1983年2月至3月，北京召开了第二次全国党校工作会议，研究了党校改革的问题，提出使党校尽快由短期轮训干部为主转向以正规化培训干部为主，逐步实现正规化的要求。1983年5月，中共中央发出《关于实现党校教育正规化的决定》，进一步强调了党校教育正规化的重大意义，要求各级党校在实现教育正规化中逐步做到有统一的班次、学制、课程内容、教材和考试考核制度。按照党中央的要求，各级党委采取各种措施加强党校工作，推动党校的正规化建设，使党校规模有所扩大，电化教学逐步推广，基础设施建设得到加强，办学条件明显改善。为了解决党校师资薄弱的问题，一批有实际工作经验和教学水平的干部、教师，以及一批来自高等学校的大学毕业生、研究生被选派和分配进入党校工作，促进了党校师资队伍的年轻化、专业化。1987年，党校的专职教师由1979年的1.2万人增加到近4万人，其中大专以上

---

① 中共中央组织部：《干部教育工作重要文献选编》（上），党建读物出版社，1999，第168页。

文化程度的专职教师占绝大部分①。各级党校普遍实行了专业技术职务聘任制度和相应的工资制度，并通过在职进修、短期培训、挂职锻炼、业务交流和承担科研课题等多种方式加强对专职教师的培养。

根据经济社会发展的需要，党校在坚持以马克思主义基础理论和党的方针政策为主课的同时，增设了外语、领导科学、电子计算机、经济管理等业务知识和现代科学文化知识课，增强了教学的针对性和实用性。除了各类短训班，中央和省级党校、大部分地市党校还举办了学制为1至3年的培训班、理论班，主要培养中青年后备干部和理论师资、理论骨干，并实行了考试、考核制度和学历制度。培训班、理论班和学制为半年至1年的进修班是党校的主体班次。培训班、理论班的主要任务是使学员通过系统学习具有相应的任职资格；进修班的主要任务是轮训在职干部，使在职干部的素质水平得到进一步提高。1985年和1986年两年中，全国有1万多名干部经过党校培训被充实到中央各部委和省、地、市、县的领导班子中②。一些有条件的党校还开办了分校、分部，如中央党校的校外分部从1980年到1987年为中央党、政、军机关及北京市培训干部达1.8万多人③。

1995年9月，中共中央发布了《中国共产党党校工作暂行条例》（以下简称《条例》），第一次以中央党内法规的形式对党校的各项工作进行了规范。《条例》共9章57条，对党校的重要地位、教育方针、基本任务、设置、领导体制、班次、学制、学历、教学工作、科研工作、队伍建设、基本保障等作了详细规定。《条例》提出：党校是在党委直接领导下培养党员领导干部和理论干部的学校，是党委的一个重要部门；党校以建设有中国特色社会主义理论和党的基本路线为指导，以研究社会主义现代化建设的实际问题为中心；教学以马克思主义基本理论为主课，党性教育是必修课；主体班次是进修班、培训班和理论班，

---

① 中共中央组织部：《干部教育工作重要文献选编》（下），党建读物出版社，1999，第708页。

② 陈凤楼：《中国共产党干部工作史纲》，党建读物出版社，2003，第256页。

③ 中共中央组织部：《干部教育工作重要文献选编》（下），党建读物出版社，1999，第613页。

主体班次的学历是干部任用的一个必备条件①。按照《条例》要求，各级党校深化教学改革，把学习马克思主义基本理论同增强党性锻炼结合起来，并适当加大了学习党的路线方针政策和经济、管理、科技、法律、历史等业务与文化知识的分量，逐渐形成教学基本框架相对稳定，与教学具体内容动态发展有机结合的教学模式，提高了教学水平。随着干部队伍整体文化水平的提高，党校培训班的学制缩短为1个月至2年，进修班学制缩短为2周至半年。党校还举办了围绕中央重大战略部署和地方党委中心工作进行集中研讨的研究班，学制为几天至2个月。根据参训单位和干部的实际需求，各类班次的内容和时间安排越来越灵活。按照专职为主、专兼结合的原则，党校进一步加强了师资队伍建设，逐步建立学习进修、实践锻炼、激励竞争、考核评价等专职教师培养机制，并选聘实践经验丰富、理论水平较高、善于课堂讲授的党政领导干部、企业管理人员、专家学者担任兼职教师。党校工作全面发展，进一步走上规范化、制度化的轨道。

2000年6月，中共中央作出《关于面向二十一世纪加强和改进党校工作的决定》，要求全党必须进一步提高对党校教育重要性的认识，并对新世纪加强和改进党校工作提出了具体要求。根据党中央提出的提高干部理论素养、增强世界眼光、战略思维、党性修养等基本要求，党校继续深化教学改革，提高教学质量，开设了马克思列宁主义基本问题、毛泽东思想基本问题、邓小平理论基本问题以及当代世界经济、当代世界科技、当代世界法制、当代世界军事、当代世界思潮、当代世界民族宗教等课程，形成了党校教学新布局。党校的基本建设进一步加强，各项规章制度日益健全，科研和管理工作不断改进，具有中国特色的党校教学体制、科研体制和管理体制逐步建立起来。党校的信息化建设也得到加强，逐步实现了教学科研和办公管理的现代化。1999年9月，中央党校校园网络和远程教学网络初步建成，上海、山东、海南、四川、重庆等省（直辖市）的市委党校网站也相继建成。到2003年8月底，全国党校已建立1845个网站，其中山东、江苏、广东、贵州的县级以上党校已全部建成。网络建设规模不断扩大，覆盖全国的党校远程教学网络开始形成，有利于党校系统

---

① 中共中央文献研究室：《十四大以来重要文献选编》（中），人民出版社，1997，第1443–1450页。

教学、科研资源共享，党校教育事业进入了一个新的发展阶段。

为适应中国特色社会主义事业发展的要求，进一步完善党校教育体系，推进党校工作的科学化、规范化、制度化，2008年10月，中共中央发布了《中国共产党党校工作条例》（以下简称《条例》），共11章60条。《条例》要求中央党校承担起县（市）委书记的轮训任务，全国各省、自治区、直辖市委党校承担起乡（镇）党委书记的轮训任务，这表明党中央提高了对县级领导干部和基层干部教育培训的重视程度。《条例》还规定党校的班次主要包括进修班、培训班、专题研讨班和师资培训班等，要加强对学员培训轮训情况的考核，考核学员的学习、党性修养、遵守校规校纪等情况①。各级党校贯彻《条例》精神，按照分类别、分层次的原则设置教学班次、教学内容和课程，进一步加强了教学的组织管理，职责明确、分工协作的教学实施和运行机制逐渐形成，学习考核体系和教学效果评估体系不断完善，教学设施、后勤服务设施也日趋完备。一些党校还开展了培训需求调研工作，通过召开座谈会、深度访谈、调查问卷等方式，广泛征求参训单位和干部对培训内容的意见和建议，尊重干部在教育培训中的主体地位，以短期班、研讨班为主，设置必修课和自主选修课，降低组织调训的难度。

改革开放新时期，党校在教育培训干部、提高干部素质方面做出了突出贡献。各种形式的短期培训班在干部教育中的地位和作用日益突出，党校的学历教育也有了很大发展。1981年，中央党校开始招收学位研究生，截至2008年7月已毕业2295名学位研究生，其中获得博士学位的有743人，获得硕士学位的有1552人。1993年，中央党校、北京市委党校等省级以上党校开始举办面向在职干部的在职研究生班。党校的研究生教育逐步形成规模，为国家培养了大批高素质的理论骨干和领导人才。1986年，中央党校成立的函授学院正式对外招生。1993年，中央党校函授学院开始在全国各地党校开设分院，并逐步形成中央党校函授总院、省级党校函授分院、市级党校函授学区，以及区县党校函授辅导站的四级办学体制。仅中央党校函授学院天津分院的函授本科班从1993年

---

① 国家行政学院政治学部：《中国共产党党内重要法规》，人民出版社，2016，第118-130页。

到 1995 年就有 5040 人毕业（其中领导干部 1500 人）[1]，1996 级注册学员有 2484 人，1997 级注册学员有 3387 人，1998 级注册学员达 4254 人[2]。很多干部通过进入党校学习，取得了专科、本科、研究生学历，提高了文化层次和知识水平。进入 21 世纪后，干部队伍年轻化、专业化趋势增强，学历层次提升，无须再通过党校函授教育进行补课。于是，2008 年，中央党校函授教育停止招生。随后，一些地方党校的函授教育也停办转型。

（二）成立国家和地方各级行政学院

行政学院是培训公务员，培养公共管理人员和政策研究人员，开展社会科学研究和决策咨询的机构，是政府的直属单位。随着我国建立国家公务员制度，成立公务员专门培训机构的工作也提上日程。1987 年 10 月，党的十三大决定实行国家公务员制度，筹办国家行政学院。1988 年，七届全国人大一次会议决定把筹建国家行政学院作为建立国家公务员制度的重要内容。国家行政学院于 1988 年开始筹建，1994 年正式成立。在此期间，1989 年，上海行政管理干部学院、广东行政管理干部学院改为行政学院，甘肃、安徽等省也相继成立了行政学院。但省级以下还没有设立行政学院，各地对行政学院的功能定位、办学方向、设置模式、领导体制等问题也处于探索的过程中。随着国家行政学院建成并投入使用，仿照我国党校机构体制，全国各省（市）和一些县纷纷成立了行政学院，覆盖全国的行政学院系统逐渐形成。各级行政学院的培训任务日益明确：国家行政学院主要培训部分省部级公务员、厅局级公务员和处级公务员；全国各省、自治区、直辖市人民政府设立的行政学院主要培训厅局级副职公务员、县处级正职公务员和乡（镇）长；设区的市级人民政府设立的行政学院主要培训县处级副职和乡科级正职公务员；县级人民政府设立的行政学院分院主要培训乡科级副职及其以下职级的公务员。上级人民政府设立的行政学院负有对下级行政学院进行业务指导的职责。

国家行政学院是国务院直属正部级事业单位，是培训中高级公务员的新型

---

① 王宝沅、李淑华、阮小庆主编《中共天津市委党校五十年（1949—1999）》，天津人民出版社，1999，第 96 页。

② 王宝沅、李淑华、阮小庆主编《中共天津市委党校五十年（1949—1999）》，天津人民出版社，1999，第 120 页。

学府，是培养高层次管理人才和政策研究人才的重要基地，发挥着公务员教育培训主阵地作用和政府参谋咨询的思想库作用。1995年4月，国务院办公厅下发《国家行政学院机构编制方案的通知》，明确了国家行政学院的主要职责、内设机构和人员编制。1996年6月，《国家公务员培训暂行规定》发布，要求对公务员进行初任培训、任职培训、专门业务培训和更新知识培训，并规定参加培训是国家公务员的权利与义务，国家公务员培训期间的学习成绩和鉴定作为任职、定级和晋升的重要依据之一。我国的公务员培训工作开始步入制度化、规范化的轨道。1996年9月，国务院发出《关于印发国家行政学院办学工作若干意见》的通知，对国家行政学院的办学方针、培训对象、培训目标、教学内容、教学方法、主体班次、师资建设等作了规定。不仅对国家行政学院，而且对地方行政学院的发展建设也具有重要指导意义。

各级行政学院紧密结合改革开放和现代化建设的实际，以政府工作为主题，对在职国家公务员进行基本理论、行政管理、经济管理、领导科学、法律法规及专门业务知识等方面的培训，设置的班次有学制为2至3个月的专题研讨班、任职培训班、进修班，学制为1周至1个月的初任培训班、师资培训班、知识更新培训班、青年干部培训班、专门业务培训班等，学制长短结合，以短期培训为主。行政学院还加强了学员的管理和思想政治工作，严格考核制度，给经考核合格者颁发证书。此外，大部分行政学院特别是市级以上行政学院也根据自身条件举办了专科、本科函授教育和研究生学位教育。

进入新世纪，为了进一步发挥国家行政学院在党和国家事业发展中的作用。2001年5月，国务院办公厅印发《国家行政学院职能配置内设机构和人员编制规定》（以下简称《规定》）。根据《规定》的要求，国家行政学院进行了职能调整：增加了对地方行政学院公务员培训工作的业务指导；对部分国有骨干企业领导人员进行培训；接受香港、澳门特别行政区政府委托培训高级公务员；加强了对政府系统优秀中青年司级（厅地市级）和处级（市、县级）国家公务员培训的职能，培训规模不断扩大，培训质量持续提升。2003年，经国务院学位委员会批准，国家行政学院与北京大学开始合作培养公共管理硕士（MPA）专业学位研究生，以获得大学本科及以上学历的全国各省区市、中央和国家机关各部委具有发展潜力的市厅级、正县处级领导干部为主要招生对象，学制为

2至3年，开辟了我国干部教育培训的新途径。截至2009年7月，共有664名来自中央国家机关和各地政府机关的优秀中青年干部接受了公共管理专业的学位在职教育，其中330名学员通过论文答辩，获得了MPA学位。

2009年12月，国务院下发《关于加强和改进新形势下国家行政学院工作的若干意见》（以下简称《意见》）。按照《意见》要求，国家行政学院全面推进教学培训创新，健全学籍制度、学员档案管理制度、学习制度和考勤制度等学员管理制度，建立教学效果考核评估体系；在已开发的1000多门专题课程基础上，实现年度培训班次的课程更新率超30%，逐步形成分类科学、层次合理、长短结合、多元互补的培训班次格局，并不断扩大培训规模，提高培训质量。据统计，从1994年正式建院到2009年，国家行政学院累计举办培训班1194期，培训5.7万余人次。从1995年开始到2009年，还累计举办独具特色的港澳公务员培训班229期，培训7000余人次，为实现"一国两制"的方针，推动香港和澳门的繁荣发展作出贡献[①]。2010年11月23日，国家行政学院博士后科研工作站举行了挂牌仪式，开始与中国人民大学合作开展博士后培养工作，首批选取公共行政管理、产业升级、应急管理、公务员培训、社会管理等5个方向招收博士后研究人员。

虽然行政学院发展很快，但随着公务员文化水平的普遍提高，对公务员的学历教育弱化，而且行政学院的培训对象主要是政府部门的各级干部，与党校的培训职能有重叠；很多政府部门的公务员培训都没放在行政学院进行，使一些行政学院长期处于"饥饿"状态，造成资源的浪费。因此，党的十六大以来，行政学院与党校的办学资源整合，大部分省、市、县行政学院与同级党校合并办学，实行"一个机构，两块牌子"的模式。行政学院利用党校各种比较成熟的培训资源，进一步提高了培训质量。2009年12月，国务院印发《行政学院工作条例》（以下简称《条例》），共10章54条，第一次以国家法规的形式对各级行政学院的指导思想、遵循方针、主要职责、培养目标、设置、领导体制、教学培训、科学研究、决策咨询和学员管理等内容作出详细规定，推动了行政学院的制度化、正规化建设。《条例》提出，行政学院工作以增强公务员素质和行

---

① 刘奕湛：《胸怀壮志报国，永做人民公仆——写在国家行政学院成立15周年之际》，《新华每日电讯》2009年12月26日第1版。

政能力、提高公共行政管理水平为目标，开展教学培训、科学研究、决策咨询；教学培训是行政学院的中心工作，应当坚持按需施教的方针，以提高公务员素质和行政能力为核心，以公仆意识、政府管理、依法行政作为教学培训的重点；应当加强对学员的考核，把学员的思想、学习、遵守院规院纪等情况提交给学员派出单位的组织人事部门，作为学员考核的内容和任职、晋升的依据之一①。贯彻《条例》精神，各级行政学院立足政府工作需要，举办了主题鲜明、特色突出的培训班，如上海行政学院围绕市委、市政府的工作部署，加强了城市规划与管理、金融中心建设、航运中心建设、现代服务业、应急管理等方面的培训，受到学员普遍欢迎，出现了"跑学要学"的局面。国家行政学院、很多省级行政学院和一些有条件的地市级行政学院，还与国（境）外的一些大学、公务员培训机构等签订了长期合作协议，开办了国（境）外培训班，对促进行政学院自身的发展建设，提高公务员的世界眼光和专业素质起到了重要作用。

（三）发展各类干部学院，形成国家级干部培训基地新格局

改革开放后，干部院校如雨后春笋般建立起来，到1983年全国已有各类干部院校6000多所②。由于经济的发展和经济体制改革的不断深入，迫切需要大批各级各类管理干部和专业人才，一些部门开始着手创建管理干部学院。1983年5月，国务院批转教育部等部门《关于成立管理干部学院问题的请示》，对管理干部学院的性质、规格、要求、审批程序等作出规定。1983年10月，中共中央组织部印发《全国干部培训规划要点》，提出要加强干部院校的建设，逐步实现干部院校教育正规化。1985年4月，国务院批转国家经委《关于加强工交、财贸系统经济管理干部学院建设若干问题意见》，进一步明确了经济管理干部学院的办学方针、任务、专业设置、学制、教学内容、教学方法、考试方法、领导管理等内容。按照上述要求，中央和地方纷纷举办管理干部学院。到1985年10月底，我国工业交通、财政贸易系统先后成立经济管理干部学院92所，据

①《中华人民共和国国务院行政法规汇编（2009）》，人民出版社，2010，第352-356页。

② 中共中央组织部：《干部教育工作重要文献选编》（上），党建读物出版社，1999，第242页。

1985年初统计，已培训各类经济管理干部3万多人①。几乎所有大的行业、部门都建立了管理干部学院、进修学院等干部培训机构，政法、工商、财贸等行业的干部院校还延伸到地、市一级，甚至县一级。原有的干部院校也得到进一步充实和提高，改进了教学设备，提高了教学水平，扩大了办学规模，加快了正规化办学的步伐。

20世纪80年代，管理干部学院以学历教育为主、岗位职务培训为辅，对学员进行对口培养，由单位推荐，经考试择优录取，毕业后由原单位根据工作需要分配适当工作。从90年代开始，管理干部学院不断改进培训内容、方式方法，越来越重视在职干部的岗位职务培训，根据本行业、本部门的需要，开办1周至2个月左右的各种短期培训班。为了保证生源，学历教育面向社会招生。截至1998年，全国已有164所管理干部学院，先后培养大专、本科及在职研究生等学历生30多万人，岗位培训累计达21.5万人次②。

党的十六大以来，党中央作出大规模培训干部、大幅度提高干部素质的战略部署。2002年12月，全国组织工作会议强调要对党的十六大以后新进入各级领导班子的党员干部特别是领导干部进行大教育、大培训，并提出要抓紧在上海浦东、江西井冈山、陕西延安建设3个干部教育培训基地。2003年初，中央组织部从本系统、中央党校、国家行政学院等单位抽调人员，组成两个工作组，分别负责中国浦东干部学院、中国延安干部学院、中国井冈山干部学院办学方案的设计工作。这3所干部学院于2003年6月相继开工建设，于2005年3月建成并正式开学。中国浦东、延安、井冈山干部学院是中央组织部管理的中共中央直属事业单位，是国家级干部教育培训基地，承担党政领导干部、企业经营管理者、专业技术人员和军队干部的培训任务。这3所干部学院教学设施先进，充分利用和挖掘自身独特的政治历史资源优势，并把资源优势转化为教学优势，逐渐形成了特色鲜明的教学模式。在教学布局上，中国浦东干部学院把中国特色社会主义信念、改革发展的理论与实践、领导干部的能力和素质作为主要内

---

① 中共中央组织部：《干部教育工作重要文献选编》（下），党建读物出版社，1999，第650-651页。

② 范久宇：《论管理干部学院的三大功能》，《中国成人教育》1998年第10期，第10-11页。

容；中国井冈山干部学院、中国延安干部学院把党的优良传统、党性党风和国情教育作为主要内容。它们都以学制为1周至2个月的短期培训班和专题研究班为主要班次，采用"菜单式"选课、"模块式"组课的方式，根据不同培训对象的岗位要求和个性需求设置课程，并随着时代和社会的发展，不断丰富完善课程库。例如，中国浦东干部学院设置的特色课程有"领导人公众形象设计""突发事件与危机处理机制""领导沟通与谈判技巧""政府官员国际礼仪""领导人个性倾向及心理健康"等。这3所干部学院教学设施先进，现场教学点和社会实践点建设不断取得新进展，为党和国家培训了大批干部。

2006年1月，中国大连高级经理学院在大连理工大学正式成立，是经中共中央批准成立的又一所国家级干部培训基地。学院主要承担国有企业和金融机构的领导班子成员及其后备领导人员、战略后备人员，全国企业培训基地的领导成员和骨干教师的教育培训，并承接委托的项目，开展科学研究、国际合作交流。学院开办的班次有1周至1个月不等的专题研讨班、发展提高班、培训机构领导和师资研讨班以及委托培训班等；开设了中国化时代化的马克思主义、党性教育、国有企业改革与发展、时政热点、宏观形势、企业管理提升等方面的课程。此外，还开办了MBA、EMBA等工商管理类学历班。中国大连高级经理学院与中共中央党校、国家行政学院、中国浦东干部学院、中国井冈山干部学院、中国延安干部学院共同构建起一个分工明确、优势互补的国家级干部培训基地新格局，为干部教育培训工作的开展提供了高水平、高质量的平台，标志着党的干部教育事业迈上了一个新台阶。

（四）建立干部培训高校基地，发展社会主义学院

高等学校在学科建设、专业课程、师资力量等方面有优势，能够承担一些新理论、新知识、新技能的干部培训任务，也是干部教育培训的重要生力军。改革开放后，很多高等学校陆续开办了干部专修科和培训班，到1984年底，全国已有300多所高等学校开设了学制为2年的干部专修科。党和政府有计划地选送优秀中青年干部到高等学校进行以管理专业为重点的系统培训。到1983年底，全国仅工业交通、财政贸易系统就有13万名干部大学专科毕业，并依托高等学校代培本科生、研究生数百人[1]。20世纪90年代，我国高等学校开始举办

---

① 柏林、许崇正主编《干部教育学概论》，安徽教育出版社，1988，第185页。

工商管理硕士（MBA）学位教育，至今已有很大发展，为培养高素质的工商管理人才做出了重要贡献。进入21世纪，高等学校逐步开展公共管理硕士（MPA）学位教育，这对提高公务员的专业化水平起到了积极推动作用。除了学历教育，一些高等学校还承担了对干部进行岗位职务培训、专题培训等短期培训任务。1985年下半年至1987年初，党和政府选择了23所高等学校对1485名大中型企业领导干部进行了岗位职务培训[①]。

2009年10月，为了进一步加强和规范在高校培训干部的工作，更好地利用高校优质教育资源，中央组织部、教育部联合下发了《关于建立和规范高校干部培训基地的意见》，确定北京大学、清华大学、中国人民大学、北京师范大学、哈尔滨工业大学、复旦大学、西安交通大学、浙江大学、南京大学、四川大学、南开大学、武汉大学、中山大学13所大学为首批全国干部培训高校基地。自成为全国干部培训高校基地以来，四川大学将一幢有教室30多间，可同时容纳2500位学员的教学楼改造成干部培训教学楼，根据干部的培训需求，设计了通用知识类、订单式和专题类三大培训模块，包括"后发经济学""低碳经济与可持续发展""区域发展与产业转移""民族与宗教""危机传播管理""灾害应急管理""地方政府创新"等课程。清华大学面向全国积极开展干部培训，建立起多层次、专业化、广覆盖的干部教育培训体系，截至2013年，累计培训17万人次[②]。全国各省区市也纷纷建立省级高校培训基地，截至2012年，达140多所。干部培训高校基地大多在学校层面成立了领导小组，由校党委书记任组长或党委书记、校长共同担任组长，以学科建设引领，发挥基础研究优势，突出专业课程特色，不断提高培训质量，逐渐发展成为干部教育培训的重要阵地。

干部教育不仅包括党员干部教育，也包括党外干部教育。社会主义学院是中国共产党领导的统一战线性质的政治学院，是培训民主党派、无党派人士和统一战线其他方面代表人士以及统战工作干部、理论研究人才的基地；是学习、研究和宣传马克思主义、党的路线方针政策特别是党的统一战线理论、方针政

[①] 中共中央文组织部：《干部教育工作重要文献选编》（下），党建读物出版社，1999，第449页。

[②]《全国教育系统干部培训视频会发言材料》，http://www.moe.gov.cn/jyb_xwfb/gzdt_gzdt/moe_1485/201305/t20130516_152062.html，访问日期：2022年8月1日。

策的阵地，也是党和国家干部教育培训体系的重要组成部分。改革开放前，全国各地就成立了上百所社会主义学院。"文化大革命"期间社会主义学院停办，改革开放后又受到重视，中央社会主义学院和全国各省、自治区、直辖市以及具备条件的市级社会主义学院得以恢复和发展。1997年，为了适应向港澳台同胞和海外侨胞传播中华文化的需要，经中央统战部批准，中央社会主义学院加挂"中华文化学院"牌子。之后，很多地方社会主义学院经批准也加挂了地方中华文化学院牌子，开展以爱国主义为宗旨、以中华文化为主要内容的教育、研究和对外交流活动。为了推进社会主义学院的规范化建设，2003年11月，中央统战部印发《社会主义学院工作暂行条例》（以下简称《条例》），第一次以中央党内法规的形式对社会主义学院的指导思想、工作方针、基本任务、设置、领导体制、班次、学制、教学工作、科研工作、中华文化教育、办学保障等内容作了规定。《条例》明确提出，中央统战部领导中央社会主义学院党组，指导中央社会主义学院工作。全国各省（自治区、直辖市）、副省级城市和市（地、州、盟、区）社会主义学院分别由同级党委领导、党委统战部负责指导和管理。社会主义学院的主体班次是进修班、培训班和研究班，应纳入各级党委的干部培训规划。在各级党委统战部的指导和管理下，各级社会主义学院坚持社会主义办学方向，不断改革创新，提高教学质量，充分发挥统一战线人才培养基地、理论研究基地、方针政策宣传基地的作用，为巩固和发展爱国统一战线作出贡献。

此外，很多部门、行业培训机构、国有企业培训机构也根据本部门、本行业的工作需要有序开展干部教育培训，提高了办学质量和水平。除了专业干部教育培训机构，科研院所、广播电视大学、业余大学、函授学院、职业技能培训机构等也在干部教育培训中发挥了重要补充作用。尤其是在进入21世纪之前，很多干部文化水平低，需要通过学习提高学历层次。据统计，1983年年底，全国通过广播电视大学、业余大学、函授学院、自学考试等方式学习的干部有140万人[①]。

综上所述，各级各类干部教育培训机构积极贯彻落实党中央的要求，大力

---

① 中共中央组织部：《干部教育工作重要文献选编》（上），党建读物出版社，1999，第168页。

加强课程体系和师资队伍建设，不断提高办学质量和效益，科学化、制度化、规范化水平大大提升，以党校、行政学院和干部学院为主渠道，分工明确、优势互补、布局合理、规范有序的干部教育培训机构体系逐渐形成。

二、开展以全面提高干部素质和能力为目标的全方位教育

理论教育、思想政治教育、文化和业务教育一直是中国共产党干部教育的主要组成部分，但在不同的历史时期，随着时代和社会的发展，培养目标和主要任务的调整，干部教育的具体内容和侧重点也会发生变化。改革开放新时期，国内外形势风云变幻、严峻复杂，党面临着各种各样的执政考验，要求干部不但要有较高的政治理论、文化和业务素质，还要具备引领和推动中国特色社会主义经济建设、政治建设、文化建设、社会建设和生态文明建设的能力。因此，以全面提高干部素质和能力为目标，干部的理论教育、思想政治教育、文化和业务教育都得到加强。

（一）加强理论教育，提高干部的理论水平

马克思主义科学理论是人们认识世界和改造世界的科学理论，是我们立党立国、兴党兴国的根本指导思想。中国共产党历来重视干部的理论教育，并将用马克思主义中国化时代化最新成果武装干部头脑作为干部教育的首要任务。改革开放新时期，广大干部只有掌握马克思主义理论，特别是马克思主义中国化时代化最新成果，才能坚定正确的政治方向，更好地认识和把握共产党执政规律、社会主义建设规律、人类社会发展规律，提高运用科学理论分析和解决实际问题的能力。因此，党和政府在干部中广泛开展马克思列宁主义、毛泽东思想和中国特色社会主义理论体系教育活动。

由于"文化大革命"十年动乱的破坏，干部的理论教育遭到严重挫折，致使80%左右的干部缺乏系统的马克思主义基本理论知识，这是造成党内思想上、作风上和组织上严重不纯的重要原因之一。因此，1984年6月，中央宣传部颁布《关于干部马列主义理论教育正规化的规定》（以下简称《规定》），提出要在1990年前基本完成对干部进行系统理论教育的任务，改革干部理论教育，实行考试、考核和学历制度，实现干部理论教育的正规化。《规定》将马克思列宁主义基本理论的学习根据干部工作性质和文化程度的不同划分为甲、乙、丙三级。甲级：具有高中以上文化程度的县级以上领导干部及其后备干部，县级以上机关、单位从事政治工作的干部和从事意识形态工作的专业人员，应系统学习马克思主义哲学、政治经济学、科学社会主义和中国革命与建设的基本问题；乙级：具有高中以上文化程度的专业技术干部、业务管理和行政管理干部，应学习马克思主义概论、中国革命与建设的基本问题；丙级：具有初中文化程度的干部，学习现在高中或中专的政治理论课程——辩证唯物主义常识和政治经济学常识①。按照《规定》的要求，党校、干部院校和一些高等学校、中等专业学校开办了全科或单科的马克思列宁主义理论进修班，对干部进行多种层次、多种规格的培训。还有很多干部通过在职自学和电大、业大、函授等社会办学的方式学习理论知识。总之，大部分干部通过各种方式学习了《规定》要求的理论课程，而且有相当一部分干部通过了省级以上党校、属于大专院校建制学校的考试、考核或高等教育自学考试，取得了所学理论科目的大专结业证书，提高了马克思主义理论水平。

20世纪80年代末90年代初，国内外形势风云突变，国际共产主义运动遭遇了严重挫折，"历史终结论""中国崩溃论"甚嚣尘上，给广大干部、群众带来思想上的冲击，很多干部对社会主义、共产主义是不是世界历史发展的大趋势，社会主义制度有没有优越性和生命力，我国社会主义究竟能不能坚持下去和如何坚持下去等问题产生了疑虑。

为了帮助干部解疑释惑，坚定理想信念，1990年10月，中央宣传部、中央组织部下发《关于组织各级干部深入学习社会主义理论的意见》，要求以中央宣传部组织编写的《关于社会主义若干问题学习纲要（试用本）》为主要教材，结合批判资产阶级自由化，结合我国改革和建设的历史经验，结合干部思想和工作的实际，深入开展干部的社会主义理论教育。按照党中央的要求，到1991年年底，各级干部都比较系统地接受了一次社会主义理论教育。党政部门县级以上干部分期、分批地到党校学习了《关于社会主义若干问题学习纲要（试用本）》，马克思、恩格斯、列宁的部分著作，毛泽东、邓小平的有关著作，以及改革开放以来的重要文献。没有进党校学习的干部也采取"小集中"办班等形

---

① 中共中央组织部：《干部教育工作重要文献选编》（上），党建读物出版社，1999，第262-265页。

式进行了学习。同时，各地还加强了党委中心组的理论学习工作。这次大规模的集中培训使广大干部加深了对科学社会主义基本原理的理解，增强了建设中国特色社会主义事业的信心和决心，取得了良好成效。1991年6月，中央宣传部、中央组织部又发出《关于组织党的各级干部学习中共党史和马克思主义党的建设理论的通知》，要求各级党委从1991年7月至1992年第三季度组织党的各级干部，特别是县处级以上干部认真学习中国共产党的历史和无产阶级政党建设的理论。各级党校和有条件的干部院校采取短期轮训的方式，组织干部学习了马克思、恩格斯、列宁的有关著作，还有《毛泽东选集》（第二版）、《邓小平文选》、江泽民在建党70周年纪念大会上的讲话、中央党史研究室编写的《中国共产党的七十年》、《中国共产党历史》（上卷），以及中宣部理论局组织编写的《马克思主义党的建设理论学习纲要》。在干部理论教育讲师团的协助下，通过"小集中"办班的方式，干部的在职学习也得到加强。经过集中学习，广大干部对党的历史和光荣传统有了更深的了解，进一步加深了对党的感情，坚定了社会主义、共产主义的信仰。

党团结带领全国人民在开辟中国特色社会主义道路的过程中，不断推进马克思主义中国化时代化，形成了中国特色社会主义理论体系。中国特色社会主义理论体系是党和国家的指导思想，是党做好各项工作、推进中国特色社会主义事业的理论武器和行动指南。因此，开展中国特色社会主义理论体系教育，用马克思主义中国化时代化的最新成果武装干部是干部理论教育的重中之重。为了使广大干部学好邓小平理论，中共中央文献编辑委员会编辑了《邓小平文选（1975—1982年）》《邓小平文选（1938—1965年）》，分别于1983年7月、1989年5月出版发行，并于1994年10月增订出版了第二版，分别改称《邓小平文选》第二卷、第一卷。1993年10月，《邓小平文选》第三卷也正式出版。随着《邓小平文选》三卷的相继出版发行，党中央先后印发《关于全党学习〈邓小平文选〉的通知》《关于学习〈邓小平文选〉第三卷的决定》《关于学习〈邓小平文选〉第一、二卷的通知》《关于在全党深入学习邓小平理论的通知》，对党员、干部学习邓小平理论教育的工作作出安排和部署。各级党委按照党中央的要求，采用党校培训、党委中心组学习、讲师团辅导以及广播、电视、报刊等各种形式，广泛地组织、引导干部联系改革开放以来的实践，研读《邓小平文选》，在全党掀起学习邓小平理论的一个又一个高潮。各级党校普遍举办了学习邓小平理论的研讨班，如中央党校从1993年10月至1994年5月连续举办了4期省部级领导干部学习《邓小平文选》第三卷理论研讨班，有180多人参加①。党委中心组理论学习制度、干部在职自学制度、脱产进修制度和理论学习考核制度不断完善，脱产培训、中心组学习和在职自学三位一体的理论学习新格局逐渐形成。通过学习，广大干部加深了对什么是社会主义、怎样建设社会主义这个基本理论问题的理解，增强了全面贯彻党的基本路线的自觉性和坚定性。

2000年2月，江泽民到广东考察工作时提出了"三个代表"重要思想。11月30日，中央办公厅印发《关于在农村开展"三个代表"重要思想学习教育活动的意见》，在县级以下干部中掀起了学习"三个代表"重要思想的热潮。这次学习教育活动从2000年12月开始到2002年5月基本结束。学习材料有《农村干部学习"三个代表"重要思想文件汇编》《邓小平理论通俗读本》《农村政策简明读本》和《农村基层干部读本》。参加活动的主要是乡镇、县（市）部门、村和乡镇站所的领导班子及基层干部，共1520万人②。党的十六大把"三个代表"重要思想确立为党的指导思想之一，并写入党章。为了兴起学习贯彻"三个代表"重要思想的新高潮，2003年6月，中共中央先后发出《关于印发〈"三个代表"重要思想学习纲要〉的通知》和《关于在全党兴起学习贯彻"三个代表"重要思想新高潮的通知》。中央宣传部组织编写了《"三个代表"重要思想学习纲要》（以下简称《纲要》）。《纲要》自2003年6月出版发行以来，各地积极征订和购买，第一周发行总数就突破了300万册。中央举办了新进中央委员会的委员、候补委员和新任全国人大代表、全国政协委员学习"三个代表"重要思想和贯彻十六大精神研讨班，随后又连续举办了10期，共有1500名省部级领导干部参加的学习贯彻"三个代表"重要思想专题研讨班。党校、行政学院和干部院校以江泽民《论"三个代表"》《论党的建设》等重要著作和《"三个代表"重要思想学习纲要》为主要教学材料，对全国54万多名县处级以上领导干部进行了集中轮训。2003年11月，党中央作出编辑出版《江泽民文选》的决定。2006年8月，《江泽民文选》在全国出版发行。同年9月，中央组织部颁布

① 李小三主编《中国共产党干部教育简史》，中共党史出版社，2009，第284页。

② 李小三、吴黎宏：《干部教育研究》，党建读物出版社，2006，第111页。

《关于在各级干部中开展〈江泽民文选〉学习培训工作的通知》。中央举办了省部级主要领导干部学习《江泽民文选》的专题研讨班。党校、行政学院和干部院校把《江泽民文选》作为重要教学内容，纳入各主体班次的教学计划，并举办了专门学习《江泽民文选》的班次；各级党委（党组）理论学习中心组也把《江泽民文选》作为学习重点，组织干部进行学习。

2003 年 7 月，胡锦涛提出以人为本，全面、协调、可持续的科学发展观。党的十七大将这一战略思想作为党的指导思想写入党章，并作出在全党深入开展学习实践科学发展观活动的战略部署。2008 年 9 月，中共中央下发《关于在全党开展深入学习实践科学发展观活动的意见》，对开展学习实践活动的重大意义、指导思想、目标要求、主要原则、具体安排、主要任务等作了明确规定。为了配合活动的开展，中央宣传部组织编写了《科学发展观学习读本》，作为党员、干部深入学习领会科学发展观的必读书目。此外，《毛泽东邓小平江泽民论科学发展》《科学发展观重要论述摘编》《深入学习实践科学发展观活动领导干部学习文件选编》也是干部学习的重要材料。这次学习实践活动，按照党员干部受教育、科学发展上水平、人民群众得实惠的总要求，坚持解放思想、突出实践特色、贯彻群众路线、正面教育为主的原则，在各级党组织的指导下，分为学习调研、分析检查、整改落实三个阶段有序推进。党校、行政学院和干部学院也都举办了各种研讨班，组织干部深入学习科学发展观。这次学习实践活动，从 2008 年 9 月正式启动，自上而下分三批进行，到 2010 年 2 月底基本结束，共有 370 多万个党组织、7500 多万名党员参加。这次活动使干部贯彻落实科学发展观的自觉性、坚定性普遍增强，领导和推动科学发展的能力普遍提高，有力地推动了中央惠民利民政策的落实。活动期间，各地党组织为群众办实事、好事 1780 万件，解决党员、干部党性党风党纪方面群众反映强烈的突出问题 140 多万个，得到了社会各界的支持和认可；各地党组织还修订各类规章制度 250 多万项，进一步完善了推动科学发展的体制机制①。

（二）强化思想政治教育，提高干部的思想政治素质

干部的思想政治教育主要包括党性党风党纪教育、党的路线方针政策教育、国情和形势教育、道德品质教育。开展思想政治教育是党的优良传统和政治优

①《中华人民共和国简史》，人民出版社、当代中国出版社，2021，第 331 页。

势，是增强党员、干部拒腐防变和抵御风险的能力，使党员、干部始终保持先进性、发挥先锋模范作用的必要举措。改革开放新时期，开放程度的不断扩大和社会主义市场经济的发展给党的建设带来新的生机和活力的同时，个人至上、金钱至上、唯利是图、奢侈享乐等错误的价值观和腐朽的生活方式也滋长起来，从思想上、作风上和组织上侵蚀着党员、干部，影响着党的凝聚力、战斗力和党同人民群众的关系。因此，强化干部的思想政治教育比以往任何时候都更为必要。

"文化大革命"结束后，随着拨乱反正的深入开展，如何评价"文化大革命"、毛泽东和毛泽东思想成为政治生活中的重大问题。1981年6月，党的十一届六中全会通过《关于建国以来党的若干历史问题的决议》（以下简称《决议》），对中华人民共和国成立以来党的重大历史事件特别是"文化大革命"作出了正确总结，科学评价了毛泽东的历史地位及毛泽东思想的基本内容和指导意义，标志着党在指导思想上的拨乱反正胜利完成。7月，中共中央转发中央宣传部《学习〈关于建国以来党的若干历史问题的决议〉的通知》，要求各级党委以各级领导干部特别是县以上领导干部为重点，采取办学习班等形式，引导党员、干部结合全会公报和胡耀邦在庆祝党成立60周年大会上的讲话认真学习《决议》，将思想统一到《决议》的基本结论上来，不要纠缠历史细节，进行群众性的争论，层层追究责任。广大党员、干部通过学习分清了历史是非，统一了思想认识，增强了贯彻执行十一届三中全会以来党的路线方针政策的自觉性。

经过几年的恢复和整顿，党的状况有了很大改善，但由于"十年内乱"的流毒尚未完全肃清，加之各种剥削阶级思想的腐蚀又有所蔓延，党内依然存在思想不纯、作风不纯、组织不纯的问题。为了实现党风的根本好转，党的十二大决定从1983年下半年开始，用3年时间分期分批对党的作风和党的组织进行一次全面整顿。1983年10月，党的十二届二中全会通过《中共中央关于整党的决定》，对整党工作做了安排、部署。为了加强对这次整党工作的领导，党中央成立了整党工作指导委员会。《党员必读》《十一届三中全会以来重要文献简编》《毛泽东同志论党的作风和党的组织》和《邓小平文选》是整党的学习文件，思想教育贯穿整党工作的始终；在认真学习文件、提高思想认识的基础上，开展批评和自我批评，分清是非、纠正错误、纯洁组织，是整党的基本方法。整党从中央到基层组织，从领导班子、领导干部到党员群众，自上而下、分期分批开展：第一期，从1983年冬到1984年年底，中央各部委、全国各省区市和解放军各总部、各军兵种、各大军区一级的领导机关，共159个单位、38.8万多名党员参加，其中高级干部较多；第二期，从1984年冬开始，主要整顿地、县两级单位党组织，纠正利用职权谋取私利等新的不正之风，以增强党性、加强纪律性为重点；第三期，从1985年11月到1987年4月中旬，主要整顿农村党组织，共有约2800万党员参加①。这次整党不仅对不合格的党员做了组织处理，纯洁了党员、干部队伍，而且清理了"左"倾思想的影响，遏制了党内各种不正之风，使干部增强了党性，改进了领导作风，树立了"领导就是服务"的观念。

20世纪80年代末90年代初，东欧剧变、苏联解体，我国受大环境影响也发生了政治风波，这使党中央深刻地认识到加强思想政治教育的紧迫性和重要性。1989年7月，中央政治局通过《关于加强宣传、思想工作的通知》，要求各级党组织高度重视和加强宣传思想工作，切实反对资产阶级自由化，真正让社会主义思想占领意识形态阵地。1989年秋至1990年春，各级党组织对参与政治风波的党员、干部进行了清查并妥善处理，对中央和地方单位的党员重新登记，并在全党开展了"做合格共产党员"的教育活动。之后，马克思主义党建学说和中共党史的学习教育在党员、干部中广泛开展，爱国主义、集体主义、艰苦奋斗以及遵纪守法等方面的教育也得到加强。

随着改革开放的不断深入，为了使干部的思想政治素质适应形势任务发展的要求，1998年11月，中共中央印发《关于在县级以上党政领导班子、领导干部中深入开展以"讲学习、讲政治、讲正气"为主要内容的党性党风教育的意见》，决定在全国县级以上党政领导班子和领导干部中，深入进行以"讲学习、讲政治、讲正气"为主要内容的党性党风教育。这次教育活动以邓小平理论和党的十五大精神为指导，分为思想发动、学习提高，自我剖析、听取意见，交流思想、开展批评，认真整改、巩固成果4个阶段，采取自上而下的办法，分级分批进行。党的十五大报告和《中国共产党章程》，毛泽东、邓小平、江泽民有关"讲学习、讲政治、讲正气"的论述，《党政领导干部选拔任用工作暂行条

---

① 李小三主编《中国共产党干部教育简史》，中共党史出版社，2009，第264页。

例》《中国共产党党员领导干部廉洁从政若干准则（试行）》等有关文件是干部的学习内容。

各级党委（党组）先动员和组织干部认真学习文件，进行思想动员，接着引导干部找出领导班子特别是自己在党性党风和工作上存在的主要问题，并发动和组织本单位干部、群众，对领导班子及每个成员进行民主评议，然后集中几天时间召开会议，开展实事求是的批评和自我批评，最后针对反映出的主要问题，集中分析研究，落实整改措施，系统总结经验，巩固学习成果。在整改阶段，很多地方、单位还按照中央的要求开展了"回头看"活动，巩固"三讲"教育成果。"三讲"教育前后历时3年，参加的党政领导干部达70多万人，其中省部级领导班子成员2100多人，地（市）厅（局）领导班子成员5万多人，县（市）领导班子成员和处级干部53万多人，县（市）纪委和组织部、宣传部及公检法机关领导干部11万多人①。这次集中教育使党政领导干部提高了学习理论知识、同党中央保持高度一致的自觉性，是党加强干部思想政治教育的创造性探索，是整风运动在新形势下的新发展。

1993年，中共中央作出加大反腐败斗争力度的重大决策。随着反腐败斗争的深入开展，干部的廉政教育也得到加强，并逐渐经常化、制度化。1994年10月，中共中央纪委、监察部②发布了《党风廉政教育工作纲要》，要求各级纪检监察机关在党委和政府的统一领导下，坚持"预防为主，教育为主"的方针，同组织、宣传、文化等部门密切配合，同干部教育培训机构联系、合作，富有成效地开展党风廉政教育，为实现廉政教育工作制度化、规范化奠定了基础。中纪委监察部宣教室还编写了《反腐倡廉教育讲话》《反腐倡廉教育领导干部读本》，作为干部廉政教育的基本教材。党校、行政学院等干部教育培训机构也将廉政教育纳入教学计划，对新任干部进行廉政教育。

2002年11月，党的十六大提出要在全党开展以实践"三个代表"重要思想为主要内容的保持共产党员先进性的教育活动。2004年11月，中共中央发布了《关于在全党开展以实践"三个代表"重要思想为主要内容的保持共产党员先进

---

① 李小三主编《中国共产党干部教育简史》，中共党史出版社，2009，第286-287页。

② 2018年3月，第十三届全国人民代表大会第一次会议审议通过了宪法修正案，设立中华人民共和国国家监察委员会，不再保留监察部，并入国家监察委员会。

性教育活动的意见》，对活动开展作了详细部署。这次活动按照从县及县以上党政机关和部分企事业单位，到城市基层和乡镇机关，再到农村和部分党政机关的顺序分3批进行，分为学习动员、分析评议、整改提高3个阶段在全体党员中开展。各级党委（党组）首先采取个人自学、专题辅导和上党课等多种形式，组织党员、干部认真学习《保持共产党员先进性教育读本》，重点学习党章；然后对照党章规定的党员义务和党员领导干部的基本条件，按照"两个务必"和"八个坚持、八个反对"的要求，组织党员、干部进行自我剖析，并广泛征求群众意见，召开专题组织生活会，在党员之间进行民主评议，开展批评与自我批评；最后针对反映出来的问题，制订整改措施，落实整改责任，开展整改工作。为了加强组织领导，党中央成立了保持共产党员先进性教育活动领导小组，很多地方、单位也成立了相应的领导机构和工作机构，建立了领导责任制、党员领导干部联系点制度和督查制度。

2005年，中央保持共产党员先进性教育活动领导小组先后下发了《第二批保持共产党员先进性教育活动指导意见》《第三批保持共产党员先进性教育活动指导意见》，推动了第二批、第三批党员先进性教育活动的开展。这次活动从2005年1月开始到2006年6月基本结束，共有350多万个基层党组织、近7000万名党员参加，各级党组织和广大党员、干部与困难群众结成帮扶对子1347万个①。广大党员、干部接受了教育，进一步增强了学习实践"三个代表"重要思想的自觉性、坚定性和全心全意为人民服务的宗旨观念，树立了科学发展观和正确的政绩观，改进了思想作风，涌现出以"人民的忠诚卫士"任长霞、"人民的好公仆"郑培民等为代表的一大批先进党员干部。2006年6月，中央办公厅印发了《关于加强党员经常教育的意见》《关于做好党员联系和服务群众工作的意见》《关于加强和改进流动党员管理工作的意见》和《关于建立健全地方党委、部门党委（党组）抓基层党建工作责任制的意见》，把这次先进性教育活动的成功经验以中央文件的形式确定下来，为建立保持党员先进性的长效机制作了积极探索。

为了推进党风廉政建设，党中央先后颁布了《中国共产党党内监督条例（试行）》《中国共产党纪律处分条例》《中国共产党巡视工作条例（试行）》

---

① 《中华人民共和国简史》，人民出版社、当代中国出版社，2021，第329页。

《党政领导干部选拔任用工作责任追究办法（试行）》等一系列法规，不断完善反腐倡廉制度体系。2005年1月，中共中央印发《建立健全教育、制度、监督并重的惩治和预防腐败体系实施纲要》，把加强反腐倡廉教育作为建立健全惩治和预防腐败体系的基础环节纳入党的宣传教育总体部署。按照党中央的要求，干部廉政教育以党课、集训、报告、讲演、影视、广播、报刊、展览等多种形式广泛开展，引导干部学习相关的规章制度，坚持马克思主义的世界观、人生观、价值观和正确的权力观、地位观、利益观，常修为政之德、常思贪欲之害、常怀律己之心。例如，2009年，山东省委召开全省领导干部警示教育大会，组织干部集体观看《欲之祸》《忏悔录》两部廉政教育警示片；很多地方在关押腐败罪犯的监狱设立了警示教育基地，有计划地组织干部到基地参观，听取腐败罪犯"现身说法"。2008年7月，中央纪委监察部启动第一批全国廉政教育基地命名工作。一些地方以此为契机，开展省级廉政教育基地评选推荐工作，积极建设廉政教育基地，并举办了各种参观学习活动。2010年，中央纪委监察部命名第一批50个全国廉政教育基地，中共一大会址、井冈山革命博物馆、毛泽东同志纪念馆等入选，为党员、干部廉政教育的深入开展提供了有力的支持。

干部道德品质的好坏，不仅关系到党和政府的形象、威信，而且对全社会的道德风尚具有重要示范和导向作用。2006年3月，胡锦涛提出"八个为荣、八个为耻"的社会主义荣辱观，是对新时期社会主义道德的系统总结，也是当代中国最基本的价值取向和行为准则。随后，中央组织部下发《关于认真学习贯彻胡锦涛总书记树立社会主义荣辱观重要讲话精神的通知》，要求把社会主义荣辱观教育作为领导干部教育培训和领导班子思想政治建设的重要内容。各级党委（党组）按照党中央的要求，把学习贯彻党章和党的先进性教育紧密结合，组织干部学习社会主义荣辱观，督促干部提高道德修养，发扬热爱祖国、热爱人民、勤劳勇敢、团结互助、诚实守信等中华民族的传统美德，做"践行社会主义荣辱观"的积极实践者，用自己的模范言行和人格力量为群众做表率。

2006年10月，党的十六届六中全会提出要建设社会主义核心价值体系，社会主义核心价值体系的基本内容包括马克思主义指导思想、中国特色社会主义共同理想、以爱国主义为核心的民族精神和以改革创新为核心的时代精神、社会主义荣辱观。2008年12月，中共中央宣传部编写的《社会主义核心价值体系学习读本》（以下简称《读本》）面向社会发行。各级党委将《读本》作为党委（党组）中心组重要学习材料和深入学习实践科学发展观活动的重要内容，组织干部深入学习、讨论，并积极开展宣讲活动。例如，海南省开展宣讲近2000场；贵州省组织讲师团和理论宣讲员宣讲100多场。广大干部、群众纷纷表示，通过学习《读本》牢固树立了中国特色社会主义共同理想，坚定了中国特色社会主义信念，增强了民族自信心、自豪感，加深了对改革创新时代精神的认识，增强了分清荣辱、明辨善恶的能力①。2010年4月，中共中央办公厅转发《中央组织部、中央宣传部关于在党的基层组织和党员中深入开展创先争优活动的意见》，创建先进基层党组织、争当优秀共产党员活动在党的基层组织和党员中广泛开展。数十年如一日学雷锋做好事的"当代雷锋"鞍山集团职工郭明义，退休后回家乡义务植树造林22年的原云南省保山地委书记杨善洲的典型事迹广为流传。各地党组织和党员、干部积极向先进人物学习，在为人民群众办好事中密切党群干群关系。

（三）注重文化和业务教育，提高干部的文化素养和业务能力

改革开放新时期，科技进步日新月异，知识爆炸式地增长，民众要求日益多元化，工作日益复杂化，干部要履行好岗位职责，不但要具备较高的理论水平和思想政治素质，还要精通专业知识和技能，掌握经济、管理、科技、法律、互联网、哲学、历史、外交、文学、艺术等方面的基本知识，不断完善知识结构，提高业务工作能力。因此，干部的文化和业务教育也很受重视，教育的具体内容随着时代和社会的发展不断充实、丰富。

改革开放初期，干部的文化、业务水平普遍较低。为了提高干部的学历层次，党校、干部院校、普通高校、中等院校，以及电视学校、广播学校、业余学校等都承担了干部学历教育的任务。从1982年到1987年，干部通过上述渠道取得大专学历的达115万多人，取得中专学历的有62万多人，取得高中学历的有56万多人，普遍提高了文化水平②。根据经济社会发展的需要，党校、干部院校增设了经济、管理、法学、计算机、外语等业务知识和现代科学文化知识

---

① 魏武：《入耳·入脑·入心——各地涌动学习〈社会主义核心价值体系学习读本〉热潮》，《人民日报》2009年8月14日，第4版。

② 李小三主编《中国共产党干部教育简史》，中共党史出版社，2009，第266页。

课。按照"干什么学什么，缺什么补什么"的原则，各部门普遍加强了对本系统干部的教育培训尤其是业务培训，部门干部院校和培训机构的干部培训班、进修班，业务课程占到总学时的70%以上。

从1978年到1992年，各级党委组织部门和政府农业部门对4万名县级以上的农业领导干部进行了以农业科学技术和现代化农业经济管理知识为主要内容的培训，干部学习的课程有中国革命和建设基本问题、领导科学和管理科学基础、农村商品经济知识、乡镇企业管理、农业系统工程基础、计算机原理及其应用等[1]。从1981年到1985年，全国有790万名各级各类经济管理干部参加了社会主义经济理论、党的方针政策和管理基本知识的普及性轮训，以及厂长（经理）国家统考前的培训[2]。从1986年到1990年，各级国家行政机关人事干部参加马克思列宁主义基本理论学习、岗位培训、结合经济工作开展的各种专项业务知识培训、外向型人才培训等达52000人次，其中岗位培训的主要科目有公共行政管理、宏观经济管理、行政法律法规、人事管理等[3]。从1987年到1990年年底，各地纪委举办各种类型的培训班6000余期，培训纪检干部近40万人次，干部学习的专业课程有法学概论、中外监察制度、纪检概论、党内违纪案件检查教程、纪检条规建设等[4]。通过参加各种学习培训，干部的文化素质和业务水平有了很大的提高，基本上适应了现代化建设的需要。

党的十四大以来，为了使干部掌握市场经济、现代科技、外经外贸、法律等方面的新知识，1994年至1996年，党中央连续下发《关于组织广大干部学习社会主义市场经济理论和基本知识的通知》《关于组织广大干部学习现代科学技术知识的通知》《关于组织广大干部学习利用外资基础知识的通知》和《关于组织广大干部学习社会主义法律知识的通知》。根据党中央的要求，各级党校、干

---

① 中共中央组织部：《干部教育工作重要文献选编》（下），党建读物出版社，1999，第411页。

② 中共中央组织部：《干部教育工作重要文献选编》（下），党建读物出版社，1999，第448-449页。

③ 中共中央组织部：《干部教育工作重要文献选编》（下），党建读物出版社，1999，第362页。

④ 中共中央组织部：《干部教育工作重要文献选编》（下），党建读物出版社，1999，第354页。

部院校和培训中心，以党的有关理论、政策为指导，以《什么是社会主义市场经济》《现代科学技术基础知识》《中国利用外资基础知识》《社会主义法制建设基本知识》为基本教材，纷纷举办骨干培训班、专题研究班，对干部进行社会主义市场经济理论与基本知识、现代科学技术基础知识、利用外资基础知识、社会主义法制建设基本知识的培训。随着党的十五大确立依法治国的基本方略，干部法制教育进一步得到加强。在1996年至2000年的"三五"普法期间，中央、国务院各部委和全国各省区市坚持把各级领导干部作为全民普法的重点对象，举办了法律讲座300多场次，参加学习的省部级干部1.3万人次，厅局级领导干部19万人次，干部的法制观念普遍增强，干部依法行政、依法管理的能力普遍提高①。

从2000年下半年开始，为了培养干部的战略思维和世界眼光，各级党校开设了当代世界经济、当代世界科技、当代世界法制、当代世界军事、当代世界思潮、当代世界民族宗教等课程。根据国家重大战略部署和干部岗位职责需要确定研究专题，时代性、针对性、实用性强的专题研究班受到干部的欢迎，并且日益发展。党的十六大召开之前，党中央先后举办了面向省部级干部的金融、财税、国有企业改革、国际形势与WTO等专题研究班28期，培训省部级干部1700人次。干部的分级分类培训进一步落实，成绩显著。1996年至2000年间，全国共培训各级各类干部3700多万人次，其中省部级、地厅级和县处级干部共1.27万多人，国有重点骨干企业领导干部1600多人。很多企业根据实际需要，采取多种形式，开展企业内部培训，取得了良好成效。企业管理干部和科技人员的培训蓬勃开展，1989年至2002年，全国共培训5338万人次②。党外干部、女干部、少数民族干部和贫困地区干部的教育培训工作也得到加强。各级各类干部更新、充实知识，转变思想观念，驾驭市场经济和履行岗位职责的能力得到很大提高。

随着国家公务员制度逐步建立，公务员培训日益规范，全面实行了新录用公务员的初任培训，逐步推行了晋升领导职务的任职培训，积极开展了专门业

---

① 李小三、吴黎宏：《干部教育研究》，党建读物出版社，2006，第74页。
② 李小三、吴黎宏：《干部教育研究》，党建读物出版社，2006，第74页。

务培训和更新知识培训，仅2001年参加各类培训的公务员就达200多万人次①。国家人事部于1996年6月发布《国家公务员培训暂行规定》，国家公务员局于2008年6月印发《公务员培训规定（试行）》，以国家法规的形式对公务员培训的分类、方式和管理等作出明确规定，推动了公务员培训的制度化、正规化建设。《公务员培训规定（试行）》指出，公务员培训分为初任培训、任职培训、专门业务培训和在职培训，培训内容除了政治理论、政策法规、廉政教育外，还包括依法行政、公务员法和公务员行为规范、机关工作方式方法等基本知识和技能、领导科学与所任职务相关的业务知识、专业知识和技能培训。党的十六大以来，全国各级机关以建设高素质、专业化公务员队伍为目标，不断加大公务员的培训力度。截至2007年9月，已圆满完成全国600多万名公务员的轮训任务。为了培养西部干部人才，更好地贯彻落实西部大开发战略，广泛开展公务员对口培训，委托北京、天津、上海等8个东部省市为西部地区举办培训班，2002年至2007年，共培训骨干公务员6800余人次②。服务于党的执政能力建设和政府的中心工作，公务员培训的内容具有很强的时代性、实用性的特点。例如，为提高公务员应对入世挑战和科学行政的能力，建设服务型政府，进行WTO基本知识培训和公共管理核心内容培训；为提高公务员依法行政的能力，建设法治政府，开展学法用法活动和依法行政培训；为使公务员掌握现代网络技术，提高政府工作的信息化水平，进行信息化与电子政务培训；为增强公务员应对突发事件的能力，提高政府的应急管理水平，开展应对突发事件能力培训。

2005年10月，党的十六届五中全会提出，要按照生产发展、生活富裕、乡风文明、村容整洁、管理民主的要求，扎实推进社会主义新农村建设。为了提高干部建设社会主义新农村的政策水平和实践能力，从2006年4月到2007年1月，中共中央党校、国家行政学院、中国浦东干部学院、中国井冈山干部学院和中国延安干部学院连续举办了50期"建设社会主义新农村"的专题培训，全国5474名县（市、区、旗）委书记、县（市、区、旗）长、新疆生产建设兵团的团（场）政委、团（场）长参加了培训。除了党政干部培训，企业经营管理

① 李小三主编《中国共产党干部教育简史》，中共党史出版社，2009，第282页。

② 李小三主编《中国共产党干部教育简史》，中共党史出版社，2009，第314-315页。

人员和专业技术人员的教育培训也广泛开展。据统计，从2003年到2006年，全国参加各类脱产培训的党政干部约1900万人次、企业经营管理人员约1100万人次、专业技术人员约3300万人次①。

教材是教学思想、教学内容的重要载体，编写高质量的教材是搞好干部教育工作的基础。虽然改革开放后，各地区、各部门在干部培训教材建设方面做了大量工作，编写了很多质量较高的教材和读本，但是教材系统性不够，存在重复编写与严重短缺并存等的问题。为了增强教材的科学性、系统性，2002年2月，全国干部培训教材编审指导委员会组织数百位著名专家学者和领导干部，历时两年多编写成的首批全国干部培训教材出版发行，江泽民为教材作了《序言》。这套教材包括《马克思列宁主义基本问题》《毛泽东思想基本问题》《邓小平理论基本问题》《社会主义市场经济概论》《社会主义法制理论读本》《工商管理概论》《公共行政概论》《从文明起源到现代化——中国历史25讲》《21世纪干部科技修养必备》《古今文学名篇》《汉语语言文字基本知识读本》《中国艺术》，共12本。

2006年6月，全国干部培训教材编审指导委员会组织编写的第二批全国干部学习培训教材出版发行，胡锦涛作序。2011年7月，全国干部培训教材编审指导委员会组织编写的第三批全国干部学习培训教材——以案例集撰写为主要形式的科学发展主题案例教材出版发行，胡锦涛作序。这套教材包括《自主创新》《城乡规划与管理》《社会主义新农村建设》《生态文明建设与可持续发展》《金融发展与风险防范》《民生保障与公共服务》《社会服务与管理》《基层民主建设》《突发事件应急管理》《公共事件中媒体运用和舆论应对》，共10本。这3批教材主题鲜明、内容丰富、讲解翔实，具有较强的时代性、系统性和可读性的特点，是适合广大干部学习的好教材。干部教育培训机构把它们作为基本教材，各部门、各单位也根据工作需要组织干部学习，对提高干部的知识化、专业化水平有很大的促进作用。

总而言之，干部的理论教育、思想政治教育、文化和业务教育全面开展，提高了干部的理论水平、思想政治素质、文化素养和工作能力，干部的革命化、

①《十六大以来我国干部教育培训工作跃上历史新台阶》，https://www.gov.cn/jrzg/2007-08/06/content_707931.htm，访问日期：2022年8月1日。

年轻化、知识化、专业化水平大大提高，基本满足了推进改革开放和社会主义现代化建设的需要。

三、创新以干部为主体的教育方式方法

干部教育内容的多样化，决定了干部教育方式方法也必须多样化。干部教育方式方法是干部教育的基本要素之一，干部教育效果在很大程度上取决于方式方法的选择。改革开放新时期，干部的学历水平不断提升，以集中调训、课堂讲授为主的传统教育方式方法已经不能满足干部学习和发展的需要。因此，为了适应教育内容多样化、干部需求多元化的形势，以干部为主体，党不断改革创新培训机构培训、党委（党组）中心组学习、实践锻炼等方式及其方法，增强干部教育的吸引力、针对性和实效性。

（一）改进培训机构培训的方式方法

通过干部教育培训机构培训干部一直是干部教育的主要方式。改革开放以来，各级各类干部教育培训机构学习了西方国家的一些有益做法，以参训干部为中心，着眼于提高干部的素质和能力，对培训方式方法不断进行探索和创新，逐渐形成了组织调训与自主选学、脱产培训与在职培训、境内培训与境外培训相结合的培训方式，并能够灵活运用讲授式、研讨式、案例式、模拟式、体验式、访谈式、行动学习等多种教学方法。

以谁掌握参训的选择权为依据，培训机构培训可以分为组织调训和自主选学。组织调训是指干部教育管理部门按计划抽调干部到指定培训机构参加学习，是党教育培训干部的一种传统方式，具有计划性、强制性、集中性等特点。自主选学是指在干部教育管理部门的指导下，干部可以自主选择培训机构、内容和时间的一种培训方式，因能满足干部个性化、多样化、差异化的学习需求而受到欢迎。进入21世纪后，内蒙古、江苏、吉林、四川、湖南、天津等省（自治区、直辖市）陆续开展了干部自主选学试点工作。例如，四川省从2004年开始推行自主选学，省委组织部通过广泛需求调研、上下沟通反馈、专家精心研判等步骤，精选确定10个门类、40余个专题、300多门课程的选学菜单，涵盖经济、政治、文化等各个领域，参加培训的人数大幅提升。截至2009年9月，省级部门干部参加自主选学培训就达17万人次，仅头两年的培训量就是过去10

年的总和①。2010年3月底，由中央组织部会同中央直属机关工委、中央和国家机关工委开展的中央和国家机关司局级干部自主选学试点工作正式启动。自主选学凸显了"三多两活"的特点——名校多、名家多、内容多，方式活、时间活。课程可选：4学时的讲座有42门，用时3到5天包含40学时左右的专题班有43个，含课程357门，可以自主组合选够学时。学校可选：中央党校、国家行政学院、国防大学、北京大学、清华大学、中国人民大学、北京师范大学，这7所院校各具特色、各有优势。时间可选：有工作日有休息日，有半天有全天，全为走读。原计划15家试点单位参加选学的人数为2039人，但有的干部完成了组织调训任务，还自愿参加自主选学，因此，实际参加选学的有2065人。据课后进行的测评统计，干部们对课程的满意度均超过了90%②。

根据是否放下业务工作来划分，培训机构培训又可分为脱产培训和在职培训。组织调训多为脱产培训，干部们暂时放下业务工作，到培训机构进行集中学习的脱产培训有利于干部集中时间和精力，静下心来认真、系统地学习，但不可避免地会对工作产生一定的影响。改革开放之初，党中央规定党政领导干部每工作3年参加半年脱产培训，后来随着干部文化、专业素质的普遍提高，改为每工作5年参加不少于3个月的脱产培训。党的十六大以来，各地组织部门加大了调训干部的力度，组织干部有计划地参加各种脱产培训，全国县处级以上领导干部基本上都能达到5年内累计脱产培训3个月以上的要求。但是各级领导干部工作任务繁重、业务繁忙，脱产学习时间有限，因而利用业余时间学习新知识、新技能的在职培训也是干部教育培训的主要方式。各部门、各单位在工作之余对干部进行的短期培训，干部为了获得更高学历或者考取各种专业资格证书，在不耽误工作的情况下参加培训机构的各种学习培训都属于干部在职培训。

境内培训和境外培训是依据培训机构培训的空间范围来划分的。经济全球化的发展促进了教育国际化，我国在逐步融入世界经济体系的过程中，干部教

---

① 刘裕国：《怎么学可以个性化 学不学不能个性化》，《人民日报》2009年9月14日第10版。

② 刘晓鹏、温素威、董宏君：《走进干部"自主选学"课堂》，《人民日报》2010年5月28日第5版。

育也逐渐与国际接轨，呈现出国际化的发展趋势。要培养干部的国际视野、战略眼光、创新意识和管理能力，选送干部到境外学习的境外培训是不错的选择。1990年至1993年，我国共选派了5.5万多名各类技术人员和不同层次的管理人员赴30多个国家和地区进行培训，其中一部分参训人员广交国际友人，回国后走上了重要的领导岗位，扩大了对外经贸合作；还有些参训人员把国外学到的技术用于工农业生产第一线，取得了显著的经济效益和社会效益[1]。因为效果较好，境外培训成为一种潮流。从1992年开始，新加坡的南洋理工大学面向我国干部开办1周至3个月的短期培训班，课程以中文授课，内容包括经济管理、企业管理和公共管理。截至2010年，来自中央机关、中央企业和各省的参训干部达8000多人。英国的剑桥大学、牛津大学，美国的哈佛大学肯尼迪政府学院、耶鲁大学等境外著名大学也开设了面向我国干部的培训项目；我国还与外国联合开展了一些干部培训项目。2002年1月，国务院发展研究中心、哈佛大学肯尼迪政府学院以及清华大学公共管理学院共同举办了"公共管理高级培训班"，截至2007年，共有大约300名来自中央部委以及地方政府的高级干部在哈佛大学肯尼迪政府学院接受了为期3个月的培训。2006年，中央组织部牵头的"全球公共政策高级培训项目"，由北京大学、美国哥伦比亚大学、巴黎政治学院、伦敦经济学院等4所国际知名大学联手举办，为期5年，每期2个月，参加培训的是我国厅局级领导干部[2]。2007年，《决策》杂志对北京、上海、广东、安徽、江苏、山东等省（直辖市）机关中有出国培训经历的官员进行调查，其中厅级干部42位，处级干部22位。60%的受访者表示出国培训收获颇多，能够有效改进工作，还有40%的受访者表示感受很多，只是有些经验不太适合国内[3]。虽然境外培训受到干部青睐，但是也存在一些问题，比如有些公司、学会、培训中心等以营利为目的，打着"培训"旗号组团出国，收费高、效果差；有些培训团组目的不明确，计划不落实，名为培训，实为观光等。因此，国家有关部门先后发布了《关于派遣团组和人员赴国外培训的规定》《关于派遣团组和人

---

① 中共中央组织部：《干部教育工作重要文献选编》（下），党建读物出版社，1999，第568页。

② 李小三主编《中国共产党干部教育简史》，中共党史出版社，2009，第291页。

③ 林生菊：《官员出国培训调查》，《决策》2007年Z1期，第30页。

员赴国（境）外培训的暂行管理办法》《国家公务员出国培训暂行规定》等，加强了对干部境外培训的规范和管理。

干部教育培训机构在培训干部的过程中，普遍遵循了理论联系实际、因材施教、政治性和学理性相统一、传授知识和发展能力相结合等原则，不但对传统的教学方法做了改进，而且借鉴一些西方的新式教学方法，以学员为主体、以教师为主导，由传统的灌输式向启发式转变，由单向交流向多元互动转变。

讲授式教学法是传统的最基本的教学方法，应用最为广泛。这种教学方法以教师为主导，教师通过语言、板书或电子课件系统地、连贯地向学员传授知识，信息传输率比较高，适用于大量理论知识和专业知识的学习。课堂讲授的质量在很大程度上取决于教师的语言表达能力和知识水平，要求教师坚持科学性、思想性、系统性和逻辑性的原则。改革开放后，电化教育的推广，视听技术、影视技术和计算机技术在课堂上的广泛应用，给讲授式教学增添了生机和活力，而且教师在讲课过程中普遍穿插提问、答疑、讨论等环节，启发学员的思维，调动学员的积极性，也避免了"满堂灌"，使讲授式教学有了新的发展。

研讨式教学法以学员研究问题为主、教师讲授知识为辅，让学员通过自主学习、调查、研究、讨论找到解决问题的办法。从20世纪90年代开始兴起的干部专题研讨班大多采用的就是这种方法。干部教育培训机构对研讨式教学的实现形式进行了有益的探索，比较成功的形式有课堂研讨式教学、学员课题组活动、学员研讨交流、学员论坛等，均受到了学员的好评。研讨式教学的基本步骤是教师先提出研究题目和要求，学员围绕题目进行认真准备，然后在此基础上教师组织学员研究讨论，最后教师归纳总结。学员准备是否充分、讨论是否热烈是影响教学效果的关键因素。研讨式教学有利于激发学员的学习兴趣，提高学员的学习能力、战略思维能力、创新能力和分析解决实际问题的能力。

案例式教学法是把实际工作或生活中的一些真实事例加以典型化处理形成的案例作为教材，让学员运用学到的理论知识对这些案例进行分析、讨论，从中概括出理性认识的一种教学方法。案例式教学充分体现了理论联系实际的教学原则，案例设计、教师引导和学员参与是教学过程中的三个关键因素。其基本步骤是教师把精选的案例分享给学员，学员认真阅读形成解决问题的思路，然后教师引导学员深入分析、讨论，最后教师进行点评。案例式教学始于美国哈佛大学，通过推广迅速传播到世界其他地方，被认为是一种成功的教育方法。哈佛商学院MBA教育的课程多采用案例式教学，促使学员像主管经理一样去思考，为他们日后进入领导层打下坚实基础。在我国的干部教育培训机构中，案例教学也得到推广，如中国浦东干部学院在2010年初已经开发了"突发危机事件的新闻处置与预案设计""瓮安事件危机处置"等57门案例课程，积极开展案例教学。

模拟式教学法是指模拟具体工作情景，使学员们身临其境，扮演不同的角色，相互配合，随机处理遇到的各种情况和问题的一种培训方法。这种教学法有助于激发学员的潜能，增强他们的应变能力、沟通协调能力和团队合作能力，从而培养他们的综合领导才能。进入21世纪后，一些干部教育培训机构采用了这种教学方法，并使之日益完善。例如，天津市委党校借助配有有线和无线通信系统、指挥辅助决策系统、综合视讯显示系统等现代设施的天津市防灾应急指挥中心，研究开发了公共危机管理模块培训项目，取得了良好的培训效果。该项目的基本流程是：首先，组织学员学习应对突发事件的基本理论和基本知识，使学员掌握公共危机管理理论、管理机制及处理原则等；其次，让学员分别扮演区县指挥组、抢险抢修指挥组、治安交管指挥组、消防防化指挥组、救护防疫指挥组、物资保障指挥组、宣传教育组指挥长的角色，模拟演练在市指挥部的统一领导下，在自己的岗位上开展抗震救灾工作的情景；最后，在演练结束后，专家对学员的表现逐一进行点评并提出改进意见。

体验式教学法是指通过创造实际的或重复经历的情境和机会，呈现或再现、还原教学内容，使学员在亲历的过程中理解并建构知识、激发情感、发展能力的教学方法。目前，很多干部教育培训机构都采用了这种教学方法。例如，中国浦东干部学院组织学员到上海新天地学习考察怎样兼顾历史文物保护与城市建设，到浦东新区感受、体验浦东的开发开放等；中国井冈山干部学院模拟井冈山斗争时期的场景，组织学员徒步负重走完一段"朱毛挑粮小道"，让他们亲身体验和感受革命年代红军创业的艰辛。学员们反映，这些体验式课程让他们心灵受到震撼，思想得到升华，在潜移默化中增长了见识，接受了教育。

（二）开创党委（党组）中心组学习、网络培训的方式方法

中国共产党一直很重视干部的在职学习。改革开放新时期，为了适应改革开放和社会主义现代化建设的新形势新要求，党积极探索干部在职学习的新方式方法。

党历来重视领导干部的理论学习。早在延安时期，党中央就成立了中央学习组，后来又成立学习总委员会，毛泽东亲自担任主任，各解放区也成立了相应的领导干部学习组织。中华人民共和国成立后，党中央发出多个文件，进一步加强和规范领导干部的理论学习。改革开放后，各级党委积极探索并形成了领导干部在职理论学习的新形式——党委中心组学习。1993年11月，中共中央作出《关于学习〈邓小平文选〉第三卷的决定》，要求中央和地方"认真抓好各级党委中心组的学习"，党委中心组学习在党中央的正式文件中得以明确。此后，党委中心组普遍建立起来。党委中心组主要由党政领导班子成员组成，通过集体学习研讨、个人自学、专题调研等形式学习党的理论、党章党规、党的路线方针政策等。1995年6月，中央宣传部、中央组织部召开了第一次全国性的省部党委（党组）中心组理论学习经验交流会，会后印发了《省部党委（党组）中心组理论学习经验交流会纪要》，对各地各部门进一步加强和改进党委（党组）中心组学习提出了明确要求，促进了党委（党组）中心组学习的健康发展。2000年9月，中央组织部、中央宣传部印发《关于加强和改进党委（党组）中心组学习的意见》，提出要切实加强对党委中心组学习的领导，形成一级抓一级、层层抓落实的领导责任制和工作机制，建立学习考勤、学习档案和考核制度，加强对干部学习的管理。2008年9月，中共中央办公厅又印发《关于进一步加强和改进党委（党组）中心组学习的意见》，要求把深入学习贯彻中国特色社会主义理论体系作为中心组学习的首要任务，集体学习每个季度不少于1次，党委（党组）书记是中心组学习的第一责任人，进一步推动了党委（党组）中心组学习的制度化、规范化、常态化建设。

进入21世纪，网络信息技术的发展为干部在工作之余利用网络在线学习创造了有利条件，网络培训成为干部教育的重要方式。1995年，中央党校建立了全国党校系统卫星远程教学网络，开展远程互动教学，提供数字图书馆、教学课件等资源。2003年6月，党中央成立了全国农村党员干部现代远程教育试点

工作领导协调小组，从2003年至2006年底开展了农村党员干部现代远程教育试点工作。根据党中央的部署，山东、湖南、贵州、辽宁、浙江、新疆等省（自治区）在农村建立了党员干部现代远程教育接收站点，加强了农村基层干部教育工作。至2005年年底，山东省已经在全省8万多个村庄全部建设完成了农村党员干部现代远程教育接收站点，很多党员、干部和农民群众利用站点的流媒体节目点播、流媒体节目直播、在线浏览网页等方式进行学习，提高了理论素养和农业技术水平。2007年，党中央决定在全国普遍开展农村党员干部现代远程教育工作，干部网络培训在全国发展起来。北京、山东、宁夏、安徽等省（自治区、直辖市）纷纷建立干部学习网站，干部可以不受时间、地点的局限，随时上网进行学习交流并获得学分。很多市、县也成立了干部学习网站，并加强了管理。例如，安徽省巢湖市开展了"万名干部网上求学大行动"，建立了网络培训管理中心统一审核、录入学员档案信息，实行动态管理，保证培训质量。2010年3月至11月中旬，巢湖市在线学习的干部达9976人，每天上线学习的有500多人，人均学习22小时，其中在线学习时间最长的达158学时[1]。在中央和地方的共同努力下，农村党员干部教育平台、党校远程教育系统、干部学习网站等层出不穷，为广大干部特别是基层干部学习提供了便捷的渠道。为了让全国干部都能比较便利地进行线上学习，2012年9月，国家级干部网络学习和管理平台——中国干部网络学院正式开通。

（三）创新干部实践锻炼的方式方法

实践是检验真理的唯一标准，也是将理论知识内化为素质和能力的根本途径。中国共产党历来重视在实践中锻炼培养干部，各部门、各单位以及干部教育培训机构组织干部考察、调研、业务实习等都是对干部的实践锻炼；通过干部交流、到基层锻炼等方式在工作岗位上磨炼干部也是干部实践锻炼的主要方式。

干部交流主要是指各级党委（党组）及其组织（人事）部门按照干部管理权限，通过调任、转任（包括轮岗）、挂职锻炼等方式对干部的工作岗位进行调整。按性质可以分为培养锻炼性交流、回避性交流、任职期满交流，其中培养

---

[1]《安徽巢湖创新"五学"机制推进干部网络培训》，http://www.chinadaily.com.cn/dfpd/jiandang90nian/2011-01/18/content_12357409.htm，访问日期：2022年8月7日。

锻炼性交流有利于干部开阔视野、增长才干、端正作风，是在工作实践中教育培养中青年干部的有效形式。早在1942年，中央军委就在军队干部之间开展了交流活动。1962年9月，党的八届十中全会通过了《关于有计划有步骤地交流各级党政主要领导干部的决定》，提出要定期对全国各级党政主要领导干部有计划地进行交流，并把干部交流作为干部管理工作的一项根本制度。

1990年7月，中共中央作出《关于实行党和国家机关领导干部交流制度的决定》，明确规定从中央、国家机关各部委和全国各省、自治区、直辖市一级做起，实行各级党和国家领导干部的交流制度。1991年9月，中共中央作出《关于抓紧培养教育青年干部的决定》，提出对于有培养前途的青年干部要有目的地选派他们到基层去任职锻炼，对于要进入党政机关的应届大学毕业生要尽量分配到基层去工作或先到基层进行锻炼，对青年领导干部要有计划地进行交流或轮换，要把干部下基层锻炼和在多个部门、多个工作岗位间交流或轮换的表现情况作为干部任用的重要依据之一[①]。按照党中央的要求，干部交流、到基层锻炼的活动在全国各地广泛开展。截至1993年7月，中央、国家机关和全国各省区市的县级以上党政机关先后组织了12万多名青年干部下基层锻炼，县级以上党政机关对7万多名青年干部进行了交流或轮岗。有些省区市还特意安排干部到条件比较艰苦、工作难度比较大的地方去锻炼，如重庆市从市级党政机关、市属企业单位，以及中央和省属在编单位中选派了1500名干部到县（市、区）农村基层挂职，其中80%是到边远地区和乡镇企业工作。下派干部在基层积极开展工作，先后有250人受到县（市、区）表彰[②]。

为了保障干部交流工作有序开展，党和政府通过一系列法律法规对其进行规范。1993年8月，国务院发布的《国家公务员暂行条例》对公务员交流的范围、形式、程序等设专章进行规范，干部交流开始走上法制化的轨道。1996年7月，国务院人事部印发《国家公务员职位轮换（轮岗）暂行办法》，对公务员实行职位轮换制度作出明确规定。1999年4月，中央办公厅印发《党政领导干部交流工作暂行规定》（以下简称《暂行规定》），对党政领导干部交流的指导

---

① 中共中央文献研究室：《十三大以来重要文献选编》（下），人民出版社，1993，第1674-1676页。

② 陈凤楼：《中国共产党干部工作史纲》，党建读物出版社，2003，第274页。

思想、对象、范围、组织实施、纪律等作了详细规定，进一步推动了干部交流的制度化、规范化建设。2005年4月，第十届全国人大常委会第十五次会议通过《中华人民共和国公务员法》，公务员交流从此有了明确的法律条文规定；2006年8月，中共中央办公厅发布《党政领导干部交流工作规定》，对原来的《暂行规定》进行了完善。根据这些法律法规，并结合实际情况，各部门、各单位也制定了相应的规章制度。

进入21世纪，干部的年龄结构、知识结构和专业结构明显优化，呈现出年轻化、知识化、专业化的发展趋势，但是来源比较单一，大部分来自高校应届毕业生，有基层工作经历的比较少。据2009年中央组织部统计，中央和国家机关司局级干部中来自高校应届毕业生的比例高达44.6%。从对31个中央和国家机关的统计调查来看，处级干部中具有2年以上基层一线工作经历的占40%，科级及以下的仅占19%①。因此，党的十七届四中全会强调，要有计划地安排年轻干部到艰苦地区、复杂环境、关键岗位砥砺品质、锤炼作风、增长才干。2009年12月，中央办公厅印发《2010—2020年深化干部人事制度改革规划纲要》，提出要完善干部交流回避制度，加大重要部门、关键岗位、东中西部地区干部交流力度，推进上下级机关干部交流，加强民族地区干部交流。2010年6月至12月，中央组织部集中组织了中央和国家机关与全国各省区市中青年干部的双向交流任职，按照"进一出一、进出平衡"和"平级调动、统筹安排"的原则，来自54个部委的60多名中青年干部前往地方履新，同时全国各地也有60多名厅局级干部到中央和国家机关任职；一些省、市、县（市、区）也组织了中青年干部双向交流任职。交流任职是深化干部人事制度改革、战略性培养年轻干部的重要举措，比挂职更能够使干部融入工作，使他们在履职尽责中锻炼成长。

为了培养干部的国际视野、公共服务意识，提升干部的领导管理水平，有的地方还选派干部去国外顶岗实习或挂职锻炼。北京市东城区和韩国首尔市钟路区是友好城区，从2003年开始，东城区和钟路区会选派公务员到对方的政府部门挂职。截至2009年，东城区有3名公务员到钟路区城市管理、公共服务等

①《中央和国家机关与地方中青年干部双向交流综述》，https://www.gov.cn/jrzg/2011-01/16/content_1785722.htm，访问日期：2022年8月7日。

部门挂职，每人挂职时间为半年。2006年，四川省选派5名地方干部进入美国佐治亚州和明尼苏达州政府部门顶岗实习（美方称为"影子工作"），担任经济发展厅厅长助理、公共服务委员会委员助理等职务，干部像影子一样全程跟随厅长（委员、主任）参与各项工作，近距离体验美国政府的运行。去国外顶岗实习或挂职锻炼的干部回国后都表示，通过亲身参与政务工作，更加深刻地体会和学习了西方国家的施政理念、公共管理技术和经验，对思想观念和工作实践都产生了的影响，但这种教育方式需要大量资金支持，所以仅在小范围内采用。

此外，干部要参加"三会一课"等党组织活动，接受教育。党还利用宣讲团辅导、报刊、广播、电视等渠道开展党员、干部教育工作，在整个社会营造良好的学习氛围。

综上所述，改革开放和社会主义现代化建设新时期，根据党和国家事业发展的需要，干部教育围绕中心、服务大局、与时俱进、改革创新，建立了有中国特色的理论体系和政策法规体系，初步形成了分工明确、优势互补、布局合理、规范有序的培训机构体系，全面开展理论教育、思想政治教育、文化和业务教育，并不断创新以干部为主体的教育方式方法，培养造就了适应新时期新要求、具备推进社会主义现代化建设能力的德才兼备的干部队伍，为加强党的执政能力建设和先进性、纯洁性建设，推动中国特色社会主义事业的发展提供了思想政治保证和智力支持。

第四章　新时代干部教育
新局面的开创

党的十八大以来，中国特色社会主义进入新时代，世界之变、时代之变、历史之变前所未有。以习近平同志为核心的党中央统筹中华民族伟大复兴战略全局和世界百年未有之大变局，高度重视干部教育工作，在改革开放新时期形成的有中国特色的干部教育理论和实践的基础上，以坚定理想信念宗旨为根本，以全面增强执政本领为重点，坚持实践导向、问题导向、效果导向，加强顶层设计，不断推进干部教育理论创新、制度创新、实践创新。干部教育取得显著成就，进入高质量发展的新阶段。

第一节　干部教育理论和政策的守正创新

干部教育实践的发展离不开干部教育理论和政策的指导。要全面建成小康社会进而全面建成社会主义现代化强国，培养造就政治过硬、适应新时代要求、具备推进中国式现代化建设本领的干部队伍，需要干部教育高质量发展、开创新局面。这就要求干部教育理论和政策在原来的基础上因时而进、因势而新。

一、习近平总书记关于干部教育的重要论述

根据党和国家发展建设的新形势新要求，紧紧围绕新时代干部教育如何高质量发展的重要课题，习近平总书记将马克思主义干部教育理论与我国的干部教育实际相结合，与中华优秀传统文化相结合，创造性地提出一系列新理念新思想新战略，涉及干部教育的战略地位、根本任务、重要原则、培训对象、主要内容和基本途径等方面，进一步推动了马克思主义干部教育理论中国化时代化。

（一）干部教育是"先导性、基础性、战略性工程"

党的十八大以来，我国进入实现中华民族伟大复兴的关键时期。面对严峻复杂的国内外形势，要完成新时代的历史使命，习近平总书记强调："面对复杂多变的国际形势和艰巨繁重的国内改革发展稳定任务，关键在党，关键在人。关键在党，就要确保党在发展中国特色社会主义历史进程中始终成为坚强领导核心。关键在人，就要建设一支宏大的高素质干部队伍。"对于培养什么样的高素质干部队伍，2015年12月，习近平总书记在全国党校工作会议上提出，要"培养造就一支具有铁一般信仰、铁一般信念、铁一般纪律、铁一般担当的干部队伍"[①]。2022年10月，他在党的二十大报告中进一步提出，"全面建设社会主义现代化国家，必须有一支政治过硬、适应新时代要求、具备领导现代化建设能力的干部队伍"[②]。培养造就担当民族复兴重任的高素质干部队伍是干部教育的主要任务和历史使命。所以，习近平总书记早在担任中央政治局常委、国家副主席时就强调，"干部教育培训工作是干部队伍建设的先导性、基础性、战略性工程"[③]。

国家的发展建设事业离不开干部教育。在每个历史时期，党都通过干部教

---

① 中共中央文献研究室：《习近平关于全面从严治党论述摘编》，中央文献出版社，2016，第139-140页。

② 党的二十大报告辅导读本编写组编著《党的二十大报告辅导读本》，人民出版社，2022，第59页。

③《习近平在全国干部教育培训工作会议上强调 以改革创新精神做好新一轮大规模培训干部工作》，《人民日报》2008年7月17日第1版。

育培养造就了大批德才兼备的干部，团结带领全国各族人民迎来了从站起来、富起来到强起来的伟大飞跃。正如习近平总书记所说，"我们党历来重视抓全党特别是领导干部的学习，这是推动党和人民事业发展的一条成功经验"①，"没有全党大学习，没有干部大培训，就没有事业大发展"②。面对当今世界百年未有之大变局，面对进行伟大斗争、伟大工程、伟大事业、伟大梦想的波澜壮阔实践，要推进马克思主义学习型政党、学习大国建设，要坚持和发展中国特色社会主义，以中国式现代化全面推进强国建设、民族复兴伟业，都需要通过干部教育"增强干部队伍适应新时代党和国家事业发展要求的能力"③。鉴于此，2023年8月底，习近平总书记主持中央政治局会议，审议了《干部教育培训工作条例》《全国干部教育培训规划（2023—2027年）》，会上再次强调干部教育培训是建设高素质干部队伍的先导性、基础性、战略性工程，在推进中国特色社会主义伟大事业和党的建设新的伟大工程中具有不可替代的重要地位和作用④。

（二）着力培养忠诚干净担当的高素质干部

干部教育的目标就是培养德才兼备的干部，德才兼备在不同的历史时期有着不同的要求。进入新时代，干部特别是领导干部的学历都比较高，文化和业务素质较好，但是面临的困难、挑战和诱惑增多，所以习近平总书记很看重干部的政治素质。2013年6月，习近平总书记在全国组织工作会议上提出"信念坚定、为民服务、勤政务实、敢于担当、清正廉洁"的好干部标准，并指出"成长为一个好干部，一靠自身努力，二靠组织培养"⑤。2018年7月，他在全国组织工作会议上进一步提出要"着力培养忠诚干净担当的高素质干部"，把干部标准凝练为"忠诚干净担当"的六字方针，并要求"建立源头培养、跟踪培

①《习近平谈治国理政》，外文出版社，2014，第401页。

②《习近平为第五批全国干部学习培训教材作序 要求加快推进马克思主义学习型政党学习型大国建设》，《人民日报》2019年3月1日第1版。

③《习近平为第五批全国干部学习培训教材作序 要求加快推进马克思主义学习型政党学习型大国建设》，《人民日报》2019年3月1日第1版。

④《中共中央政治局召开会议审议〈干部教育培训工作条例〉〈全国干部教育培训规划（2023-2027年）〉》，《光明日报》2023年9月1日第1版。

⑤《习近平谈治国理政》，外文出版社，2014，第412、416页。

养、全程培养的素质培养体系"①。好干部标准明确了干部对党、对群众和对自己本职工作应尽的责任，赋予了好干部新的时代内涵，既是干部自我净化、自我完善、自我革新、自我提高的目标，也是党教育培养干部的方向。此外，习近平总书记还要求干部"信念坚、政治强、本领高、作风硬"②，做到"心中有党、心中有民、心中有责、心中有戒"③。

由于国内外形势变幻莫测，经济社会发展快，改革发展稳定任务重，人民对生活品质的要求提高等原因，干部中存在不同程度的能力不足、"本领恐慌"的问题。所以，要成为能担当新时代责任使命的好干部，还需要提高各方面的本领和增强各方面的能力。2017年10月，在党的十九大报告中，习近平总书记明确提出"全面增强执政本领"，具体来说就是要增强学习本领、政治领导本领、改革创新本领、科学发展本领、依法执政本领、群众工作本领、狠抓落实本领、驾驭风险本领④。新时代，面对复杂形势和艰巨任务，必须进行具有许多新的历史特点的伟大斗争。鉴于此，在党的十九大报告提出的"八大本领"基础上，党的十九届四中全会进一步要求各级领导干部"发扬斗争精神，增强斗争本领"⑤把"八大本领"发展为"九大本领"。2020年10月，在中央党校（国家行政学院）中青年干部培训班开班式上，习近平总书记还提出"七大能力"，要求"干部特别是年轻干部要提高政治能力、调查研究能力、科学决策能力、改革攻坚能力、应急处突能力、群众工作能力、抓落实能力"⑥。此外，面对广泛而深刻的社会变革，习近平总书记在党的二十大报告中提出，要"不断提高战略思维、历史思维、辩证思维、系统思维、创新思维、法治思维、底线思维

① 习近平：《在全国组织工作会议上的讲话》，人民出版社，2018，第16页。

② 《习近平谈治国理政》第三卷，外文出版社，2020，第518页。

③ 《习近平谈治国理政》第二卷，外文出版社，2017，第45页。

④ 《习近平谈治国理政》第三卷，外文出版社，2020，第53-54页。

⑤ 《〈中共中央关于坚持和完善中国特色社会主义制度、推进国家治理体系和治理能力现代化若干重大问题的决定〉辅导读本》，人民出版社，2019，第9页。

⑥ 《习近平在中央党校（国家行政学院）中青年干部培训班开班式上发表重要讲话强调年轻干部要提高解决实际问题能力 想干事能干事干成事》，《人民日报》2020年10月11日第1版。

能力"①。这"九大本领""七大能力"以及"七大思维"丰富了好干部标准，为新时代干部教育提出了更高的要求并指明了发展方向。

（三）坚持问题导向、改革创新，严以治校、严以治教、严以治学

习近平总书记认为，问题是时代的声音，科学认识、正确解决面临的问题，就能把社会不断推向前进，在干部教育中要坚持理论联系实际的马克思主义学风，就要坚持问题导向。由于西方文化的渗透，历史虚无主义、新自由主义、"历史终结论""普世价值论"等错误思潮的传播，一些干部对东欧剧变、苏联解体后社会主义的发展前景，党在历史上犯过的"左"倾和右倾错误，中国特色社会主义制度的优越性，还有"普世价值""宪政民主"的欺骗性等问题认识不清楚。面对百年未有之大变局，还有些干部对国内外政治经济形势、国家治理和全球治理的发展趋势、我国经济发展新常态、高压反腐的必要性等问题理解不到位。鉴于此，习近平总书记在2015年召开的全国党校工作会议上强调，要"注重回答普遍关注的问题，注重解答学员思想上的疙瘩，反对主观主义、教条主义、形式主义，防止空对空、两张皮"②。在党内开展的集中学习教育活动中，习近平总书记经常要求党员、干部要切实解决思想认识和实际工作中存在的问题，指出中国共产党之所以打不倒、压不垮，就是因为"勇于推动自我革命，始终坚持真理、修正错误，敢于正视问题、克服缺点，勇于刮骨疗毒、去腐生肌"③。强调问题导向，是习近平总书记对干部教育理论联系实际原则在新时代的新发展。

习近平总书记非常重视干部教育的改革创新。早在2008年7月召开的全国干部教育培训工作会议上，时任中央政治局常委、国家副主席的习近平就强调："必须适应形势任务的发展变化坚持与时俱进，始终把改革创新作为提高教育培训质量和效益的不竭源泉。"这是改革开放30多年来干部教育培训发展的宝贵经验之一。各级党委要"继续解放思想、坚持改革创新、更加扎实工作，推动

---

① 党的二十大报告辅导读本编写组编著《党的二十大报告辅导读本》，人民出版社，2022，第19页。

② 习近平：《在全国党校工作会议上的讲话》，《求是》2016年第9期，第3-13页。

③《习近平谈治国理政》第三卷，外文出版社，2020，第541页。

干部教育培训工作有一个新的大改进、大提高"①。2015年12月，在全国党校工作会议上，习近平总书记要求各级党校要锐意改革，不断推动教学科研、管理服务、人才队伍、学风校风等各方面工作的创新。对于教育的针对性实效性不够、管理不严格等问题，他还提出要坚持严以治校、严以治教、严以治学，把校风建设作为作风建设的重点，严格遵守党校校规、校纪。要坚持高标准办学，把质量立校作为党校工作的重要抓手，努力提高教学科研质量。要健全和完善科学有效的制度，坚持以制度管人、用制度管事，以内部管理水平不断提高为质量立校提供制度保障②。

（四）抓住"关键少数"，培养好年轻干部

俗语道"上梁不正下梁歪"，领导干部就是干部队伍、党员队伍中的"上梁"，对全党乃至全社会都有风向标的作用。所以，习近平总书记多次强调："要把我们党建设好，必须抓住'关键少数'。"③新时代，国内外形势严峻复杂，各种可预见和难预见的风险挑战明显增多，以中国式现代化全面推进中华民族伟大复兴任务艰巨，对干部尤其是各级领导干部的素质能力提出更高的要求。2018年1月，在新进中央委员会的委员、候补委员和省部级主要领导干部学习贯彻习近平新时代中国特色社会主义思想和党的十九大精神研讨班开班式上，习近平总书记要求领导干部必须做到信念过硬、政治过硬、责任过硬、能力过硬、作风过硬，广泛开展调查研究，真心实意向人民学习，自觉进行自我反省、自我批评、自我教育，把"三严三实"贯穿于全部工作生活中④。此外，他还要求领导干部要"加强理论修养，深入学习马克思主义基本理论，学懂弄通做实习近平新时代中国特色社会主义思想"，"加强斗争历练，增强斗争本领，永葆斗争精神"等⑤。习近平总书记不仅要求党校（行政学院）抓好领导干部教育培训，还要求在党内集中学习教育活动中各级领导干部要以上率下，带头深入学

---

① 《习近平在全国干部教育培训工作会议上强调 以改革创新精神做好新一轮大规模培训干部工作》，《人民日报》2008年7月17日第1版。

② 习近平：《在全国党校工作会议上的讲话》，《求是》2016年第9期，第3–13页。

③ 《习近平谈治国理政》第三卷，外文出版社，2020，第72页。

④ 《习近平谈治国理政》第三卷，外文出版社，2020，第72页。

⑤ 《习近平谈治国理政》第三卷，外文出版社，2020，第223页。

习，带头运用批评和自我批评的武器，带头坚持真理、修正错误①。在他的倡导下，中央政治局身体力行、率先垂范，各级领导干部也积极参加学习培训活动，推进了学习型政党、学习型大国的建设。

年轻干部是党和国家事业发展的希望，重视培养年轻干部是党的优良传统。习近平总书记也特别重视对年轻干部的培养，强调"培养选拔优秀年轻干部是一件大事，关乎党的命运、国家的命运、民族的命运、人民的福祉，是百年大计"②。他明确提出："要加强年轻干部教育管理监督，教育引导年轻干部成为党和人民忠诚可靠的干部。"③他还亲力亲为，经常为中共中央党校（国家行政学院）中青年干部培训班学员上"开学第一课"，讲授成长成才之道。习近平总书记要求年轻干部发扬"挤"和"钻"的精神，多读书、读好书，结合工作需要学习，"在常学常新中加强理论修养，在真学真信中坚定理想信念，在学思践悟中牢记初心使命，在细照笃行中不断修炼自我，在知行合一中主动担当作为"，"做到信念坚、政治强、本领高、作风硬"④。

此外，习近平总书记要求抓好各级各类干部的教育培训，做好培养选拔基层干部、女干部、少数民族干部和党外干部的工作。

（五）突出理论教育和党性教育，加强能力培训

习近平总书记很重视干部的理论教育、党性教育和能力培训，强调要突出理论教育和党性教育，同时提出"理论教育、党性教育和能力培训是不可分割的有机整体"，要"努力使理论教育更加系统深入、党性教育更加触及灵魂、能力培训更加精准高效"⑤。

政治上的坚定源于理论上的清醒。中国共产党之所以能够历经艰难困苦不断创造新的辉煌，很重要的一个原因就是坚持用科学理论武装党员、干部的头脑。所以，习近平总书记说："运用马克思主义基本原理指导中国的事情是我们

---

① 《习近平谈治国理政》第三卷，外文出版社，2020，第535页。

② 《习近平谈治国理政》第三卷，外文出版社，2020，第518页。

③ 《习近平谈治国理政》第四卷，外文出版社，2022，第552页。

④ 《习近平谈治国理政》第三卷，外文出版社，2020，第518页。

⑤ 习近平：《在中央党校建校90周年庆祝大会暨2023年春季学期开学典礼上的讲话》，《求是》2023年第7期，第3—10页。

的看家本领。"① "干部要成长起来，必须加强马克思主义理论武装。"②他明确提出，"在干部教育培训中，理论教育是根本"③，必须高度重视，坚持以马克思主义理论教育为主课。引导和督促干部努力学习马克思列宁主义，学习毛泽东思想、邓小平理论、"三个代表"重要思想、科学发展观，学习习近平新时代中国特色社会主义思想，读原著、学原文、悟原理，带着问题学、联系实际学，掌握贯穿其中的辩证唯物主义和历史唯物主义的世界观、方法论，"用经典涵养正气、淬炼思想、升华境界、指导实践"④。他还强调，"要把马克思主义中国化最新成果作为理论教育中心内容"，提高干部的"战略思维能力、辩证思维能力、综合决策能力、驾驭全局能力"⑤。

习近平总书记认为，"理想信念就是共产党人精神上的'钙'，没有理想信念，理想信念不坚定，精神上就会'缺钙'，就会得'软骨病'"⑥。所以，他非常重视干部的党性教育，提出在干部教育培训中，"党性教育是关键"⑦。2015年12月，在全国党校工作会议上，他要求各级党校要把党性教育作为教学的主要内容，深入开展理想信念教育、党的宗旨教育，深入开展党史国史教育、革命传统教育，深入开展道德品行教育、法治思维教育、反腐倡廉教育，把党章和党规党纪学习教育作为党性教育的重要内容。加大工作力度，安排足够时间，形成党性教育课程体系，改进教育方式方法，提高党性教育实效⑧。2017年10月，习近平总书记在党的十九大报告中提出，"为中国人民谋幸福，为中华民族谋复兴"⑨是中国共产党人的初心和使命，新时代党的建设要"把党的政

---

① 习近平：《在全国党校工作会议上的讲话》，《求是》2016年第9期，第3-13页。

②《习近平谈治国理政》第三卷，外文出版社，2020，第518页。

③《习近平在全国干部教育培训工作会议上强调 以改革创新精神做好新一轮大规模培训干部工作》，《人民日报》2008年7月17日第1版。

④《习近平谈治国理政》第三卷，外文出版社，2020，第75页。

⑤ 习近平：《在全国党校工作会议上的讲话》，《求是》2016年第9期，第3-13页。

⑥《习近平谈治国理政》，外文出版社，2014，第15页。

⑦《习近平在全国干部教育培训工作会议上强调 以改革创新精神做好新一轮大规模培训干部工作》，《人民日报》2008年7月17日第1版。

⑧ 习近平：《在全国党校工作会议上的讲话》，《求是》2016年第9期，第3-13页。

⑨《习近平谈治国理政》第三卷，外文出版社，2020，第1页。

治建设摆在首位"①。之后，在党性教育中，政治忠诚、政治纪律和政治规矩教育受到比以往更多的重视。2023 年 8 月底，习近平总书记主持召开的中央政治局会议强调，要坚持把政治训练贯穿干部成长全周期，教育引导干部树立正确的权力观、政绩观、事业观，提高政治判断力、政治领悟力、政治执行力。为了加强党员、干部的党性教育，习近平总书记大力倡导在党内先后开展了党的群众路线教育实践活动、"三严三实"专题教育、"两学一做"学习教育、"不忘初心、牢记使命"主题教育、党史学习教育、党纪学习教育等集中学习教育活动。

在新时代，干部要更好地履职尽责，不仅要政治过硬，还得本领高强。2016 年 7 月，习近平总书记在庆祝中国共产党成立 95 周年大会上指出："各级领导干部要加快知识更新、加强实践锻炼，使专业素养和工作能力跟上时代节拍，避免少知而迷、无知而乱，努力成为做好工作的行家里手。"②2023 年 3 月，在中央党校建校 90 周年庆祝大会上，他要求党校重视干部的能力培训，合理设置专业课程，帮助干部弥补知识缺陷、经验弱项、能力短板，提高专业化水平和工作能力③。法治培训也属于干部履职能力培训的范畴。习近平总书记很重视干部的法治培训，为了解决干部中存在法治意识淡薄、有法不依、执法不严甚至徇私枉法等问题，推进全面依法治国，他要求各级党委加强干部的法治培训，完善学法制度，组织干部学习宪法以及与自己的工作密切相关的法律法规，培养干部的法治素养，教育引导干部特别是领导干部"做尊法学法守法用法的模范"④。

此外，知识培训与履职能力培训密切相关、相辅相成，而且在新时代，新知识层出不穷，知识更新周期不断缩短。所以，习近平总书记还要求干部要有知识、本领不够的危机感，以时不我待的精神多读书学习，"干什么学什么、缺什么补什么"，学习经济、政治、文化、社会、生态、国际等各方面的基础知

---

①《习近平谈治国理政》第三卷，外文出版社，2020，第 48 页。

②《习近平谈治国理政》第二卷，外文出版社，2017，第 45 页。

③ 习近平：《在中央党校建校 90 周年庆祝大会暨 2023 年春季学期开学典礼上的讲话》，《求是》2023 年第 7 期，第 3-10 页。

④《习近平谈治国理政》第二卷，外文出版社，2017，第 126-127 页。

识，学习做好本职工作需要的新知识新技能，"不断完善履职尽责必备的知识体系"①。

（六）加强党校建设，注重在实践中锻炼干部

习近平总书记认为，"党校事业是党的事业的重要组成部分"，建立党校体系专门教育培训干部是党的"政治优势"②。为了适应党和国家面临的新形势新任务，开创党校工作的新局面，2015年12月，习近平总书记主持召开了全国党校工作会议，提出党校要坚持把"党校姓党"全面贯穿工作始终，把抓党的理论教育和党性教育作为工作重心；实施"名师工程"，着力培养政治强、业务精、作风好的知名教师；坚持高标准办学，把质量立校作为重要抓手，努力提高教学科研质量。他还要求"坚持党委办党校、党委管党校、党委建党校"，加强和改善党委对党校工作的领导，帮助党校解决基地建设、师资培养、经费保障等方面的问题，特别是县级党校运转难维持、人才难稳定、教研难开展等问题③。2023年8月底，习近平总书记主持的中央政治局会议进一步提出，要扎实做好干部教育培训的基础保障，发挥好党校（行政学院）干部教育培训主渠道主阵地作用，加强政治把关，持续下大气力抓好师资队伍建设，勤俭规范办学④。此外，习近平总书记也很重视干部学院、社会主义学院、干部教育培训高校基地等其他干部教育培训机构的发展建设，并要求用好实践教研基地、社会培训机构和境外培训机构等优质教育资源，进一步拓宽干部教育途径。

在工作实践中锻炼干部是培养干部的好方式，也是干部教育的优良传统。习近平总书记经常勉励干部特别是年轻干部加强实践锻炼，特别是到艰苦的地方去磨炼意志、增长才干。他说："越是条件艰苦、困难大、矛盾多的地方，越能锤炼人。干部要深入基层、深入实际、深入群众，在改革发展的主战场、维护稳定的第一线、服务群众的最前沿砥砺品质、提高本领。"⑤敢于斗争、善于

---

① 《习近平谈治国理政》第四卷，外文出版社，2022，第535页。

② 习近平：《在全国党校工作会议上的讲话》，《求是》2016年第9期，第3-13页。

③ 习近平：《在全国党校工作会议上的讲话》，《求是》2016年第9期，第3-13页。

④ 《中共中央政治局召开会议审议〈干部教育培训工作条例〉、〈全国干部教育培训规划（2023—2027年）〉》，《光明日报》2023年9月1日第1版。

⑤ 《习近平谈治国理政》，外文出版社，2014，第417页。

斗争是中国共产党的鲜明品格。党依靠斗争走到今天，也要依靠斗争赢得未来。国内外各种敌对势力不会让中华民族伟大复兴的中国梦顺利实现，维护国家和人民利益的各种斗争是长期的、复杂的。所以，习近平总书记提出："年轻干部要自觉加强斗争历练，在斗争中学会斗争，在斗争中成长提高，努力成为敢于斗争、善于斗争的勇士。"①

总之，习近平总书记关于干部教育的重要论述提升了干部教育的战略地位，明确了新时代干部教育的使命任务，强调问题导向和从严管理，突出理论教育和党性教育，反映了新时代干部教育高质量发展的要求和特点，具有时代性、科学性、实践性、开创性的鲜明特质。这些论述进一步深化了对干部教育规律的认识，创造性地发展了马克思主义干部教育理论，丰富了马克思主义党建学说，是新时代干部教育发展的根本遵循和行动纲领。

二、干部教育政策的不断完善

根据习近平总书记关于干部教育的重要论述，结合干部教育高质量发展的实际需要，在改革开放新时期干部教育政策法规的基础上，党和政府制定并发布了一系列关于干部教育的规范性文件，进一步充实和完善了有中国特色的干部教育政策法规体系，推进了干部教育的科学化、制度化、规范化建设。

（一）制定并完善规范干部教育的重要文件

为了适应新时代的新任务新要求，2015年10月，中共中央对《干部教育培训工作条例（试行）》进行修订后，颁布了《干部教育培训工作条例》。将《干部教育培训工作条例（试行）》中的"第四章内容与方式"分为两章，删除了"第八章监督与纪律"，但把其中一些内容放入其他章节中。该条例分总则，管理体制，教育培训对象，教育培训内容，教育培训方式方法，教育培训机构，师资、课程、教材、经费，考核与评估，附则共9章62条，是新时代开展干部教育培训工作的根本遵循和行动指南。

2017年10月，党的十九大提出"习近平新时代中国特色社会主义思想"，并将其确立为党的指导思想。为了充分体现以习近平同志为核心的党中央关于干部教育培训工作的新精神新要求，将干部教育培训工作中探索形成的新成果、

①《习近平谈治国理政》第四卷，外文出版社，2022，第80页。

好做法上升为制度规范，党中央对《干部教育培训工作条例》的相关条款进行了充实和完善，并于2023年9月公布。新修订的《干部教育培训工作条例》（以下简称《条例》）增加了"第九章纪律与监督"，条文新增7条、整合删减6条，共10章63条。《条例》的修订和实施，对干部教育培训全面学习贯彻习近平新时代中国特色社会主义思想，培养造就适应新时代要求的德才兼备的干部队伍具有重要指导意义。为了加强对干部教育培训的整体规划和部署，党中央还先后制定并印发了《2013—2017年全国干部教育培训规划》《2018—2022年全国干部教育培训规划》《全国干部教育培训规划（2023—2027年）》，以5年为1个周期对全国干部教育培训的指导思想、目标任务、基本原则、主要措施、领导管理等作出详细规定，指导干部教育培训工作的顺利开展。

除了对干部教育做出整体安排部署的指示文件，党中央、国务院还制定了很多规范干部教育某个方面具体工作的条例、规定、决定、意见、通知等，这些文件内容详细、措辞严谨、覆盖面广、可操作性强。根据文件内容的不同，大致可以分为以下5类（下列文件后面的时间是该文件的发布时间）。

一是关于干部教育内容方面的重要文件。其中指导干部理论教育的文件主要有：《关于认真学习宣传贯彻党的十八大精神的通知》（2012年11月）、《关于学习〈胡锦涛文选〉的决定》（2016年9月）、《关于认真学习宣传贯彻党的十九大精神的决定》（2017年11月）、《关于认真组织学习〈习近平谈治国理政〉第二卷的通知》（2017年11月）、《关于认真组织学习〈习近平谈治国理政〉第三卷的通知》（2020年7月）、《关于认真组织学习〈习近平谈治国理政〉第四卷的通知》（2022年7月）、《关于认真学习宣传贯彻党的二十大精神的决定》（2022年10月）、《关于学习〈习近平著作选读〉第一卷、第二卷的通知》（2023年4月）、《关于在全党深入开展学习贯彻习近平新时代中国特色社会主义思想主题教育的意见》（2023年4月）、《关于巩固拓展学习贯彻习近平新时代中国特色社会主义思想主题教育成果的意见》（2024年2月）等。指导干部党性教育的文件主要有：《关于在全党深入开展党的群众路线教育实践活动的意见》（2013年5月）、《关于在干部教育培训中进一步加强和改进党性教育的意见》（2013年10月）、《关于在干部教育培训中加强理想信念和道德品行教育的通知》（2014年7月）、《关于在县处级以上领导干部中开展"三严三实"专题教育方案》（2015

年4月）、《关于在全体党员中开展"学党章党规、学系列讲话，做合格党员"学习教育方案》（2016年2月）、《关于推进"两学一做"学习教育常态化制度化的意见》（2017年3月）、《关于在"不忘初心、牢记使命"主题教育中开展专项整治的通知》（2019年7月）、《关于在全党开展党史学习教育的通知》（2021年2月）、《党史学习教育工作条例》（2024年2月）等。此外，国务院各部门还制定了一些指导本部门干部履职能力培训的重要文件。

二是关于不同类别干部教育的重要文件。其中规范领导干部教育的文件主要有：《县以上党和国家机关党员领导干部民主生活会若干规定》（2016年12月）、《关于建立领导干部应知应会党内法规和国家法律清单制度的意见》（2023年8月）等。规范公务员教育的文件主要有：《"十三五"行政机关公务员培训纲要》（2016年12月）、《公务员培训规定》（2019年11月）等。规范青年干部教育的文件主要有：《关于组织参加"根在基层"2016年中央国家机关青年干部调研实践活动的通知》（2016年5月）等。规范专业技术人员教育的文件主要有：《专业技术人员继续教育规定》（2015年8月）、《关于加强新时代高技能人才队伍建设的意见》（2022年10月）、《关于进一步加强青年科技人才培养和使用的若干措施》（2023年8月）等。

三是关于干部教育培训平台发展建设的重要文件。其中指导干部教育培训机构发展建设的文件主要有：《关于加强和改进新形势下党校工作的意见》（2015年12月）、《中国共产党党校（行政学院）工作条例》（2019年10月）、《社会主义学院工作条例》（2018年12月）、《关于党性教育培训机构规范管理和质量提升的意见》（2021年10月）等。规范其他干部教育渠道的文件主要有：《关于利用党员教育信息传媒平台做好党的群众路线教育实践活动学用工作的通知》（2013年7月）、《关于严格规范领导干部参加社会化培训有关事项的通知》（2014年7月）、《干部网络培训业务管理通用要求》（2020年7月）等。

四是关于干部学习制度、培训管理方面的重要文件，主要有：《关于在干部教育培训中进一步加强学员管理的规定》（2013年3月）、《因公短期出国培训费用管理办法》（2014年2月）、《中央和国家机关培训费管理办法》（2016年12月）、《中国共产党党委（党组）理论学习中心组学习规则》（2017年1月）、《干部教育培训学员管理规定》（2019年11月）、《关于进一步提高党委（党组）理论学习中心组学习质量的意见》（2023年9月）等。

五是关于干部教育培训教材、课程等方面的重要文件，主要有：《关于全国干部教育培训好课程推荐目录的通知》（2017年8月）、《学习贯彻习近平新时代中国特色社会主义思想全国好课程推荐目录的通知》（2020年1月）、《干部网络培训——专题班规范》（2020年7月）、《关于印发全国干部教育培训好教材好课程推荐目录的通知》（2022年3月）等。

此外，各地还制定了一些指导本地干部教育工作的文件，在此不一一列举。总之，党和政府制定和发布了很多指导干部工作的规范性文件，使有中国特色的干部教育政策法规体系更加健全，为干部教育实现高质量发展提供了制度保障。

（二）充实和完善干部教育的具体政策

新时代，党和政府制定的干部教育方面的政策繁多，涉及干部教育培训的指导思想、工作原则、领导管理、培训对象、主要内容、方式方法、基本保障、考核评估、纪律监督等方面。总的方针政策主要体现在党中央印发的《干部教育培训工作条例》和《全国干部教育培训规划》中。

2015年颁布的《干部教育培训工作条例》明确了干部教育的战略地位，提出"干部教育培训是建设高素质干部队伍的先导性、基础性、战略性工程，在推进中国特色社会主义伟大事业和党的建设新的伟大工程中具有不可替代的重要作用"，要求干部教育培训深入贯彻习近平总书记系列重要讲话精神，紧紧围绕"四个全面"的战略布局，以坚定理想信念、增强执政意识、提高执政能力为重点，把"三严三实"要求贯穿干部教育培训全过程，培养造就信念坚定、为民服务、勤政务实、敢于担当、清正廉洁的好干部[①]。2017年10月，党的十九大把习近平新时代中国特色社会主义思想确立为党和国家的指导思想。为了适应新形势新要求，2023年修订的《干部教育培训工作条例》对干部教育培训指导思想和目标任务的规定进行了完善，提出："干部教育培训工作必须高举中国特色社会主义伟大旗帜，坚持马克思列宁主义、毛泽东思想、邓小平理论、'三个代表'重要思想、科学发展观，全面学习贯彻习近平新时代中国特色社会主义思想，深入贯彻习近平总书记关于党的建设的重要思想，认真落实新时代

[①]《干部教育培训工作条例》，人民出版社，2015，第1-2页。

党的建设总要求和新时代党的组织路线，深刻领悟'两个确立'的决定性意义，增强'四个意识'、坚定'四个自信'、做到'两个维护'，把深入学习贯彻习近平新时代中国特色社会主义思想作为主题主线，以坚定理想信念宗旨为根本，以全面增强执政本领为重点，高质量教育培训干部，高水平服务党和国家事业发展，为以中国式现代化全面推进中华民族伟大复兴提供思想政治保证和能力支撑。"①

关于干部教育培训工作应遵循的原则，2015年颁布的《干部教育培训工作条例》在《干部教育培训工作条例（试行）》的基础上增添了"服务大局""以德为先""分类分级""依法治教"等新要求，提出应服务大局，按需施教；以德为先，注重能力；分类分级，全员培训；联系实际，学以致用；与时俱进，改革创新；依法治教，从严管理②。2023年修订的《干部教育培训工作条例》根据党中央关于干部教育培训工作的新理念新要求，进一步完善了干部教育培训的工作原则，如强调干部教育培训工作应当"旗帜鲜明讲政治""始终保持正确政治方向"，增加了"政治统领"并将其放在首位；要求"突出党的创新理论武装和党性教育"，将"以德为先"改为"育德为先"；提出在创新的同时"继承和发扬干部教育培训优良传统和作风"，将"改革创新"改为"守正创新"。修订后，干部教育培训工作应当遵循的原则表述为：政治统领，服务大局；育德为先，注重能力；分类分级，全面覆盖；联系实际，学以致用；与时俱进，守正创新；依规依法，从严管理。这更加符合新时代的需要和干部教育规律。

全国干部教育培训工作实行在党中央领导下，由中央组织部主管，中央和国家机关有关工作部门分工负责，中央和地方分级管理的体制。在管理体制方面，2015年颁布的《干部教育培训工作条例》在《干部教育培训工作条例（试行）》的基础上添加了一些新内容。例如，随着干部教育联席会议制度的普遍落实，明确提出全国干部教育联席会议成员单位，地方各级干部教育领导小组或者联席会议成员单位按照职责分工，负责相关的干部教育培训工作；为避免多头调训、重复培训，规定党委和政府工作部门抽调下级党委和政府领导班子

①《中共中央印发〈干部教育培训工作条例〉》，《人民日报》2023年10月16日第1、6版。

②《干部教育培训工作条例》，人民出版社，2015，第3-4页。

成员参加培训，必须报同级干部教育培训主管部门审批，抽调下级党委管理的干部参加本系统、本行业培训，应当以书面形式提前通知下级党委组织部门等①。为了充分体现干部教育培训在党的建设中的重要地位，更好地贯彻落实全面从严治党的战略方针，2023年修订的《干部教育培训工作条例》增加了地方各级党委把干部教育培训工作纳入本地区党的建设整体部署的规定内容。

在培训对象方面，党中央关于抓"关键少数"，开展分级分类培训的要求得到贯彻。2015年发布的《干部教育培训工作条例》指出，干部教育培训的重点是"县处级以上党政领导干部和优秀中青年干部"，干部应当根据不同情况参加贯彻落实党和国家重大决策部署的集中轮训、党的基本理论和党性教育的专题培训、新录（聘）用的初任培训、晋升领导职务的任职培训、在职期间的岗位培训、从事专项工作的专门业务培训等②。2018年11月，中共中央印发的《2018—2022年全国干部教育培训规划》明确提出要"优化分类分级培训体系"，并对党政领导班子成员、机关公务员、企业领导人员、事业单位领导人员、专业技术人员、年轻干部、基层干部的教育培训作出明确规定，尤其强调加强对各级各类领导干部的教育培训③。2023年修订的《干部教育培训工作条例》（以下简称《条例》）将干部教育培训的重点表述为"县处级以上党政领导干部和优秀年轻干部"，并把"党的理论教育和党性教育的专题培训"放在干部教育培训的首位。将公务员培训和干部参加网络培训等集中培训的时间考虑在内，《条例》还明确规定，省部级、厅局级、县处级党政领导干部和四级调研员及相当层次职级以上的公务员，经组织选调，应当每5年参加党校（行政学院）、干部学院等干部教育培训机构脱产培训以及干部教育培训主管部门认可的其他集中培训，累计不少于3个月或者550学时；乡科级党政领导干部和一级主任科员及相当层次职级以下公务员，应当每年参加干部教育培训主管部门认可的集中培训，累计不少于12天或者90学时④。

①《干部教育培训工作条例》，人民出版社，2015，第4-6页。
②《干部教育培训工作条例》，人民出版社，2015，第7页。
③《中共中央印发〈2018-2022年全国干部教育培训规划〉》，https：//www.gov.cn/zhengce/202203/content_3635343.htm，访问日期：2023年7月6日。
④《中共中央印发〈干部教育培训工作条例〉》，《人民日报》2023年10月16日第6版。

在培训内容方面，习近平新时代中国特色社会主义思想和党性教育越来越受重视。与《干部教育培训工作条例（试行）》相比，2015年颁布的《干部教育培训工作条例》将党性教育从政治理论教育中分离出来，将原属于政策法规培训的党的路线方针政策教育纳入政治理论教育范畴，要求以理想信念、党性修养、政治理论、政策法规、道德品行教育培训为重点，并注重业务知识、科学人文素养等方面的教育培训[①]。《2018—2022年全国干部教育培训规划》中突出强调要"把学习贯彻习近平新时代中国特色社会主义思想摆在干部教育培训最突出的位置"，并对全面深入开展习近平新时代中国特色社会主义思想主题教育培训提出具体要求。2023年修订的《干部教育培训工作条例》将党的路线方针政策教育纳入党的理论教育，将理想信念、道德品行教育纳入党性教育，将党中央的重大决策部署、法律和政策法规教育纳入履职能力培训，提出干部教育培训以深入学习贯彻习近平新时代中国特色社会主义思想为主题主线，以党的理论教育、党性教育和履职能力培训为重点，注重知识培训，全面提高干部素质和能力。在突出党性教育的同时，优化整合干部教育内容，表述更简洁明了、科学完善。随着党中央提出新时代党的建设要把政治建设摆在首位，以理论教育和党性教育为重点的政治训练备受重视。2023年10月，中共中央印发的《全国干部教育培训规划（2023—2027年）》明确提出强化政治训练，把政治训练贯穿干部成长全周期[②]。

在培训方式方法方面，网络培训和新式教学方法更受关注，充分体现了时代发展的新要求。2013年9月，中共中央印发《2013—2017年全国干部教育培训规划》，要求加强脱产培训、拓展网络培训，并在附件中对不同类别干部每年要达到的调训率、参训率和人均脱产培训学时数，以及网络培训要达到的覆盖率和人均年学时数制订了量化指标[③]。2015年颁布的《干部教育培训工作条例》提出，脱产培训以组织调训为主，坚持和完善党委（党组）中心组学习制度，

---

① 《干部教育培训工作条例》，人民出版社，2015，第9-10页。

② 《中共中央印发〈全国干部教育培训规划（2023—2027年）〉》，《人民日报》2023年10月17日第10版。

③ 《〈2013—2017年全国干部教育培训规划〉印发》，https://www.gov.cn/jrzg/2013-09/28/content_2497241.htm，访问日期：2023年7月6日。

完善网络培训制度，建立兼容、开放、共享、规范的干部网络培训体系。《2018—2022年全国干部教育培训规划》提出，探索运用论坛教学、访谈教学、翻转课堂、行动学习等方法，鼓励和支持干部运用网络培训、专题讲座等形式进行基础性知识的学习。2023年修订的《干部教育培训工作条例》明确提出，干部教育培训以脱产培训、党委（党组）理论学习中心组学习、网络培训和在职自学等方式进行，并将访谈式、行动学习列入教学方法。

在培训机构建设方面，强调严格管理，提高办学质量。《2013—2017年全国干部教育培训规划》（以下简称《规划》）提出，要加强各级党校、行政学院、干部学院主渠道建设，积极推进市、县两级党校（行政学院）办学体制改革；加强各级社会主义学院建设，不断提高办学质量；大力推进部门、行业干部教育培训机构优化整合，提升专业化办学水平；鼓励部门、行业培训机构合作办学，实现优质培训资源共享。《规划》还要求对名为干部培训机构实为宾馆、度假村的现象进行清理整顿，严格资质审核和质量把关；引导、规范社会培训机构参与干部教育培训，继续利用境外优质教育培训资源，改进境外培训工作。2015年颁布的《干部教育培训工作条例》在《干部教育培训工作条例（试行）》的基础上增加了加强社会主义学院建设，充分发挥现场教学基地作用，干部教育培训机构应当以教学为中心，深化教学改革等新要求①。2023年修订的《干部教育培训工作条例》（以下简称《条例》）将"竞争有序"改为"规范有序"，要求构建分工明确、优势互补、布局合理、规范有序的培训机构体系，加强干部教育培训机构的规范管理。《条例》还明确提出干部教育培训机构主要包括：党校（行政学院）、干部学院、社会主义学院、部门行业培训机构、国有企业培训机构、干部教育培训高校基地，并对它们的职能分别作出规定，要求它们严格落实意识形态工作责任制，加强校风教风学风建设。

在师资、教材、经费等方面，对教师政治素质的要求提高，更加关注教育资源均衡发展的问题。2015年颁布的《干部教育培训工作条例》将"政治合格"加进建设高素质师资队伍的原则中，并放在第一位，提出从事干部教育培训工作的教师必须对党忠诚、政治坚定，严守纪律、严谨治学，不得传播违反党的理论和路线方针政策、违反中央决定的错误观点。该条例还规定要建立专

---

① 《干部教育培训工作条例》，人民出版社，2015，第13-14页。

职教师的实践锻炼制度，建立健全县级以上党政领导班子成员特别是主要领导干部上讲台制度；加强培训经费管理，厉行节约，勤俭办学，提高经费使用效益；加大对革命老区、民族地区、边疆地区、贫困地区干部教育培训支持力度，推动优质培训资源向基层延伸倾斜①。根据干部教育培训实践发展的需要，2023年修订的《干部教育培训工作条例》将师资队伍建设"政治合格"的原则改为"政治过硬"，提出注重专职教师队伍建设，创新引才育才机制，逐步建立职称评审制度；开发具有政治性、思想性、权威性、指导性、可读性的干部学习培训教材，全国干部培训教材编审指导委员会也要负责全国干部学习培训教材编写等工作，干部教育培训主管部门和干部教育培训机构应当严格把关教材的审核等。

在考核、评估和监督方面，内容越来越完善，纪律监督受到重视。2015年发布的《干部教育培训工作条例》对干部教育培训考核与评估的规定进行了完善，提出要对干部的"党性修养和作风养成"情况进行考核，干部教育培训考核不合格的，年度考核不得确定为优秀等次，健全跟班管理制度，加强对干部学习培训的考核与监督；加强对干部教育培训项目及课程的评估。干部教育培训项目评估由项目委托方组织实施，项目评估的内容包括培训设计、培训实施、培训管理、培训效果等，干部教育培训课程评估由教育培训机构组织实施，课程评估的内容包括教学态度、教学内容、教学方法、教学效果等②。根据干部教育培训多以培训班形式开展的实际情况，2023年修订的《干部教育培训工作条例》（以下简称《条例》）将"干部教育培训项目评估由项目委托方组织实施"的表述改为"干部教育培训主办单位负责对干部教育培训班次进行评估"。为了加强对干部教育培训的管理和监督，《条例》还进一步提出要对干部"遵规守纪"情况进行考核，开展干部教育培训工作情况应当作为领导班子考核、巡视巡察和选人用人专项检查的内容，并就如何对干部教育培训主管部门、培训机构和教师、干部所在单位和干部本人执行《条例》的情况进行监督以及违反规定如何处理等设专章作了说明。

总之，这些干部教育政策体现了党中央关于干部教育工作的新精神、新要

①《干部教育培训工作条例》，人民出版社，2015，第16-19页。
②《干部教育培训工作条例》，人民出版社，2015，第20-21页。

求，吸收了干部教育实践中积累的新经验、新成果，为干部教育制度体系的发展建设奠定了基础，为干部教育开创新局面提供了基本保障。

第二节　干部教育实践的突破性进展

根据党中央关于干部教育工作的新思想新要求，坚持政治统领、服务大局、与时俱进、守正创新，党和政府不断推进高标准、严要求的干部教育培训机构和网络平台建设，开展以坚定理想信念宗旨为根本的全面系统教育，改进了以"入脑入心入行"为目标的教育方式方法，使干部教育取得突破性进展。

一、推进高标准、严要求的干部教育培训机构和网络平台建设

干部教育培训机构和网络平台是党开展干部教育工作的重要阵地。为了高质量教育培训干部、高水平服务党和国家事业发展，党和政府始终坚持依规依法、从严管理、高标准办学，大力推进干部教育培训机构和网络平台的规范化建设。

（一）推动干部教育培训机构高标准办学

党校是党教育培训干部的主渠道、主阵地。2015年12月，为了解决干部能力欠缺、"本领恐慌"等问题，全面提升干部的能力素养，更好地推进国家治理体系和治理能力现代化，中共中央下发《关于加强和改进新形势下党校工作的意见》（以下简称《意见》）。《意见》要求党校坚持"党校姓党"根本原则，坚定政治方向，坚持实事求是、质量立校、从严治校；把党的理论教育和党性教育作为教学首要任务，突出它们的主课地位，创新优化党的理论教育和党性教育方式；紧紧围绕教学展开科研工作，积极推进新型智库建设，加大对外交流力度等①。截至2016年，全国共有省级党校34所、副省级党校15所、市地级党校360多所、县级党校近2500所。一些党政部门、国有企业、部队、高等学校

---

① 《中共中央关于加强和改进新形势下党校工作的意见》，人民出版社，2015，第4-17页。

等也开设了党校。在党中央和地方各级党委的领导和支持下，各级党校把"党校姓党"全面贯穿党校工作的始终，突出理论教育和党性教育的主业主课地位，加强智库建设，建立了科学合理的师资考核评价体系，推行教师竞争竞聘上岗，提高科研水平，扩大培训规模，培训人数屡创新高。

以中央党校为例，从2015年开始，中央党校在每个主体班次都设置了专门的党性教育单元，学习《中国共产党章程》《中国共产党廉洁自律准则》《中国共产党纪律处分条例》等党内法规，"中国共产党奋斗历程与优良传统""中国共产党老一辈革命家人格风范""当代领导干部道德建设"等专题课也相继开设。从2013年到2016年7月，中央党校各类主体班次培训学员达31370人，是之前近8年的培训总量①。2015年底，中央党校被列入全国新型高端智库建设试点单位，在推进智库建设的同时更加重视国际交流合作，在国际上宣传中国思想和发展经验。截至2016年，中央党校已与世界上50多个国家和地区的有关政府部门、政党机构、著名智库、知名大学、跨国企业建立了合作关系。

为了解决市、县级党校师资力量不足、办学水平不高等问题，中央党校和全国各省、区、市委党校加强了对下级党校的指导，定期开展师资培训和业务交流，支持下级党校的学科建设、课程设置、科研立项、学位评定、队伍建设等工作，帮助它们提高办学质量和教学科研水平。各地也积极推进市、县级党校办学体制改革，探索采取市辖区党校与市委党校联合办学、县级党校加挂市委党校分校牌子等模式，通过制定规范化建设指标体系、进行办学质量评估等办法，加强市、县级党校建设。

行政学院也是干部教育培训的主渠道，主要培训公务员，培养公共管理人员和政策研究人员。党的十八大以来，行政学院开放办学进一步发展，培训方式方法不断丰富，培训人数增多。例如，国家行政学院在全国范围内开发中华优秀传统文化和中国经济社会发展成就实景教学点，创建动漫、主题沙龙、"讲好中国故事"讲者库和故事库等，还到国外援建培训机构。截至2017年，行政学院已与89个国家和地区的239个机构、20个国际组织建立了联系，累计为全

---

① 《2013年以来中央党校各类主体班次培训学员逾3万人》，http：//www.xinhuanet.com/politics/2016-07/06/c_1119176268.htm，访问日期：2023年7月9日。

世界159个国家培训国外公务员10281人次①。

2018年3月，为了加强党对干部教育培训工作的集中统一领导，根据党中央关于深化党和国家机构改革的部署，中央党校和国家行政学院的职能整合，组建了新的中央党校（国家行政学院），实行一个机构两块牌子。地方党校（行政学院）机构改革也于2019年3月底前陆续完成。党校和行政学院合并重组后，整合了双方优质教学资源，壮大了师资队伍，在教学内容和方式方法上相互取长补短，实现了强强联合，进入了一个新的发展阶段。2019年10月，为了更好地推进新时代党校（行政学院）的发展建设，中共中央发布了《中国共产党党校（行政学院）工作条例》（以下简称《条例》）。《条例》共13章70条，对党校（行政学院）的重要地位、指导思想、基本原则、培训目标、领导体制、班次、学制、教学工作、科研工作、开放办学、学员管理、队伍建设等各个方面都作了详细规定。根据党中央对党校（行政学院）职能的新要求新定位，《条例》提出党校（行政学院）是党领导的培养党的领导干部的学校，是党委的重要部门；要以培养造就忠诚、干净、有担当的高素质专业化干部队伍为主要目标；发挥干部培训、思想引领、理论建设、决策咨询的作用；坚持党校姓党、实事求是、质量立校、改革创新、从严治校的原则。关于班次和学制，《条例》规定党校（行政学院）的班次主要包括进修班、培训班、理论研修班、专题研讨班和师资培训班等；进修班学制一般不少于1个月，中青年干部培训班学制根据级别从1个月至4个月不等，专题研讨班学制一般不少于5天。《条例》还吸收了党校（行政学院）在办学实践中形成的一些成熟做法，规定党校（行政学院）在教学上应当坚持以学习习近平新时代中国特色社会主义思想为中心内容和首要任务，突出党的理论教育和党性教育的主业主课地位；加强在线学习平台建设，积极发展网络培训，推行线上、线下相结合的混合教学模式；建立健全师资准入和退出机制、师资考核评价体系、职称评审和岗位聘用办法，有序推行教师竞聘上岗，形成有效的人才激励机制等②。《条例》是新时代党校（行政学院）工作的基本遵循，它的贯彻落实进一步提高了党校（行政学院）工

---

① 《国家行政学院已为世界159个国家培训公务员10281人次》，

https：//www.gov.cn/xinwen/2017-12/15/content_5247490.htm，访问日期：2023年7月9日。

② 《中国共产党党校（行政学院）工作条例》，人民出版社，2019，第4—26页。

作的科学化、制度化、规范化水平。

中国浦东干部学院、中国井冈山干部学院和中国延安干部学院经过多年发展，成为我国干部教育培训机构体系中不可或缺的骨干力量。截至2014年8月底，3所干部学院编写基本教材、案例教材、音像教材等各类教材100多种，开发现场教学点、社会实践点500多个，形成课堂讲授、现场体验、社会实践等特色课程2000多门，举办各类培训班近4000期，培训各级各类领导干部和优秀人才近22万人次①。近年来，3所干部学院积极贯彻党中央对干部教育培训工作的新要求、新部署，持续开展"办学质量年""管理年"活动，以抓好习近平新时代中国特色社会主义思想主题教育培训为首要任务，将党的理论教育、党性教育与履职能力培训相结合，充分利用自身优势打造高水平培训班次，办学质量和管理水平不断提升。例如，中国浦东干部学院连续多年举办"社会治理""新闻发言人""长江经济带""案例教学"等班次，并将学员最急需的、行业最前沿的课程安排进去。训前做好教学需求调研、专家审议教学方案、教学委员会审定教学计划三个环节的工作；训中开展教学指导、召开学员座谈会、进行教学质量问卷评估等活动；训后召开教学情况分析会，编制教学质量月报系统分析教学质量。之后，还将学员反馈的意见、建议作为下一个班次教学设计的参考，形成了计划、执行、检查、改进的质量管理闭环②。此外，这3所干部学院和中央党校（国家行政学院）、中国大连高级经理学院等国家级干部教育培训机构每年还为各地区、各部门培训骨干教师，为新疆、西藏、青海、宁夏、云南、贵州等省（自治区）及东北地区的干部举办专题班次，充分发挥了示范引领作用。

社会主义学院是培训民主党派、无党派人士和统一战线其他方面代表人士以及统战工作干部、理论研究人才的重要基地。为了加强社会主义学院的规范化建设，2018年12月，中共中央对《社会主义学院工作暂行条例》进行了修订，并印发了《社会主义学院工作条例》（以下简称《条例》）。《条例》规定，中央社会主义学院是中央统战部管理的党中央直属事业单位，地方社会主义学

①《依靠学习走向未来——写在中国浦东、井冈山、延安三所干部学院办学10年之际》，https://www.gov.cn/xinwen/2014-10/30/content_2772434.htm，访问日期：2023年7月9日。

②高伟：《打造高水平班次 促进高质量办学》，《学习时报》2024年7月12日第3版。

院是本级党委直属事业单位，由本级党委统战部门指导和管理；社会主义学院的班次分为主体班次和委托班次，主体班次为纳入本级党委统一战线教育培训规划的进修班、培训班、专题研讨班和国情研修班，委托班次为党委和政府以及民主党派、工商联组织、相关单位委托举办的班次；社会主义学院应当根据形势和任务的要求，不断充实和更新教学内容，优化以政治共识教育为核心、以文化认同教育为基础、以能力素质培养为重点的教学布局①。贯彻《条例》要求，各级社会主义学院规范办学，加强课程体系建设，提高了教学水平，扩大了培训规模，为坚持和完善中国新型政党制度，巩固和发展新时代爱国统一战线作出了重要贡献。例如，近年来，中央社会主义学院累计开发新课200多门，培育"中国共产党与中华民族伟大复兴""中华文化核心要义：大一统"等核心课程108门，基本形成适应大统战工作格局、覆盖统一战线各领域的课程体系。2022年，启动线上培训，建成网络社会主义学院；截至2023年，共举办各类班次2000多期，累计培训学员超过10万人次。

我国各地都有一些承载党的光辉历史和宝贵精神的遗址。党的十八大以来，为了使这些历史资源更好地为干部党性教育服务，一大批党性教育干部学院建立起来。为了规范党性教育干部学院的办学行为，中央组织部推动全国各省区市党委对党性教育干部学院进行全面摸排、优化整合。2019年4月，中央组织部办公厅下发《关于印发干部党性教育基地备案目录的通知》，太行山干部学院、小平干部学院、遵义干部学院、南梁干部学院等64家党性教育基地被列入省（部）级党委（党组）批准的干部党性教育基地备案目录，2022年经教学质量评估扩展至72家，实行动态目录管理的干部党性教育基地备案制度逐步建立起来。为了进一步推动党性教育干部学院规范管理、提高办学质量，2021年10月，中央办公厅印发《关于党性教育培训机构规范管理和质量提升的意见》（以下简称《意见》）。随后，中央组织部召开视频工作会议，对各地、各部门落实《意见》精神作了安排部署，要求严格审批程序、严控数量规模，确保干部教育培训机构规范有序。在各级党委的领导和推动下，党性教育干部学院很快发展起来，加强了规范管理并不断提高办学水平。例如，古田干部学院以党性党风党纪教育为主题主线，充分利用古田会议旧址群、才溪乡调查纪念旧址等现场

①《十八大以来常用党内法规》，人民出版社，2019，第218-223页。

教学点，开设了理想信念、党的宗旨、红色廉政、红色医风等特色专题课。2018年至2020年，党性教育干部学院承办省内外班次达1552期，培训了10.02万人次[①]。但是，有一些党性教育干部学院也存在师资力量不足、教学水平不高等问题，还需要继续加强各方面建设。

为了促进干部教育培训机构从严治校、从严治教、从严治学，中央组织部会同中央党校（国家行政学院）对省级党校（行政学院）进行评估，会同教育部对全国干部教育培训高校基地进行评估，以评促改、以评促建。2018年11月，中共中央印发《2018—2022年全国干部教育培训规划》，明确提出全面推进干部教育培训机构办学质量、项目质量、课程质量评估的工作。在2022年前，对省市县三级党校（行政学院）评估一遍，推动了各地干部教育培训机构评估和提质增效工作的广泛开展。为了加强师资队伍建设，各级各类干部教育培训机构完善教师知识更新和实践锻炼制度，通过业务培训、"名师带徒"、集体备课、挂职锻炼等方式加强对中青年骨干教师的培养，并通过公平竞课、择优上课等方式推动教师不断提高教学水平。同时，落实意识形态工作责任制，对教师讲课、发表文章、参加会议、接受采访等提出明确要求，进行审核把关。为了加强对干部学员的管理，2013年3月，中央组织部印发了《关于在干部教育培训中进一步加强学员管理的规定》，针对干部教育培训中的"小圈子"、公费宴请等不正之风作出9条具体规定。中央组织部还经常到干部教育培训机构督查学风，严肃处理违规违纪的干部学员，专项清理整顿了一些领导干部参加的不合理的高收费社会培训项目。各级组织人事部门也加强了对干部教育培训机构和干部学员的监督、管理。例如，山西省对培训机构、干部学员进行巡查，处理和通报违规违纪的机构和学员；内蒙古自治区采用签订承诺书、半封闭管理、实名通报等方式，加强了对学员的管理[②]。

（二）加强干部网络培训体系建设

网络信息技术的发展，推动了教育的变革和创新，线上学习成为一种潮流。

[①]《发挥红色资源优势 践行铸魂育人使命——古田干部学院办学实践与探索》，《学习时报》2021年1月25日，第8版。

[②] 赵兵：《党的十八大以来干部教育培训跃上新台阶》，《人民日报》2017年8月1日第4版。

线上学习可以突破时空限制，具有实时性、灵活性、交互性等特点，能更好地满足干部自主化、差异化、个性化的学习需求。为了建设高容量、高水平、高效能的干部网上大学校，2012年9月，国家级干部网络学习和管理平台——中国干部网络学院正式开通；该平台初期供中央和国家机关司局级干部学习使用，后不断扩展覆盖面，建设成能够满足全国所有干部在线学习的平台。现有党校（行政学院）分院、浦东分院、企业分院和基层专区4个分院学习平台，课程分为党的理论教育、党性教育、履职能力培训和知识培训4大板块。该平台具有在线学习、课程共享、交流互动、教学考评、培训管理等多种功能，可以开展定制培训、专题培训、衔接培训和干部选学，在很大程度上缓解了干部教育培训发展不平衡的问题，促进了优质教育资源共享。学员可由统一门户进入，一个账号通学中国干部网络学院及各分院的优质资源，十分便捷。很多省市、部委也成立了干部网络培训机构，通过举办网络专题班、网络直播课开展干部教育培训。2018年11月，中共中央印发《2018—2022年全国干部教育培训规划》，明确提出"统筹整合网络培训资源，建设兼容、开放、共享、规范的全国干部网络培训体系"，进一步推动了干部网络培训平台体系的发展。

2019年1月，中央宣传部主管的立足全体党员、面向全社会的"学习强国"学习平台上线，在PC端有"学习新思想""环球视野""学习文化"等17个板块，180多个一级栏目；在手机客户端有"学习""视频学习"2个板块，38个频道，汇集了大量可免费观看的公开课、图书、期刊、电影、歌曲等资料，成为党员干部和群众日常学习党的理论、历史、路线方针政策以及各种科学文化知识的主要平台之一。从2020年年底开始，"学习强国"电视端在各地陆续上线，进入有线电视网。2024年4月，"学习强国"互联网电视端"强国TV"在中国互联网电视平台上线运行，满足了广大党员干部和人民群众多样化学习场景的需求。

干部教育培训机构也积极建设干部网络培训平台，开展线上线下结合的混合式培训，推动干部教育培训数字化转型。以中国大连高级经理学院为例，2016年8月，学院自主建设"中大院e学堂"网络培训平台，2021年3月更名为国企学习网络学院，面向国有企业经营管理人员提供网络培训服务。2018年11月，按照中央组织部要求，学院建设的中国干部网络学院企业分院平台正式开通。2021年6月，学院建设的培训乡镇（街道）、村（社区）党政基层干部的中国干部网络学院基层专区正式上线。学院聚焦"前沿理论、最新形势、实践案例、操作技巧"四大维度，按照"学者讲理论、部委讲政策、专家讲形势、企业讲实践"的思路遴选师资，开发网络精品课2000多门，形成了特色鲜明的网络培训课程体系。2021年，学院网络培训平台学员规模突破了200万人[①]。2022年4月，学院首个在线直播国际公开课项目"2022年世界一流国际公开课"线上开班，邀请国内外知名专家学者、企业家线上授课、交流，搭建中国企业家与世界一流企业家、专家学者交流的长线学习平台，第一季参训学员就达10万人。同年8月，主要培训国有企业国际化人才和境外员工的"国企学习"网络学院（国际）平台正式开通。网络培训规模不断扩大，发展成为学院干部教育培训的主要组成部分。

为了规范干部网络培训，2020年7月，国家市场监督管理总局和国家标准化管理委员会联合发布公告，批准《干部网络培训业务管理通用要求》《干部网络培训—专题班规范》等10项国家标准正式发布。2023年10月，中共中央印发《全国干部教育培训规划（2023—2027年）》，要求出台干部网络培训学时管理办法，探索建立平台之间学时互认机制；加强干部网络学习成效考核，规范网络学习行为；组织开展平台建设、运行情况评估等，进一步推动网络培训的规范化建设。很多地方、部门也对干部网络培训提出明确要求并加强了管理。以中国干部网络学院为引领，全国各省（自治区、直辖市）和部门行业网络培训平台为支撑，各单位网络培训平台为补充，互联互通、开放共享的干部网络培训平台体系初步形成。干部网络培训规模不断扩大，干部教育数字化水平不断提高，干部教育进入"互联网+"时代。

综上所述，新时代，各级各类干部教育培训机构坚持从严治校、从严治教、从严治学，办学质量和水平有了很大提升；全国范围内互联互通、开放共享的干部网络培训平台体系初步形成，为高质量教育培训干部提供了基本条件和重要保障。

---

①《中国大连高级经理学院网络平台学员规模突破200万》，https://www.cbead.cn/info/4454/5653.htm，访问日期：2023年8月1日。

二、开展以坚定理想信念宗旨为根本的全面系统教育

新时代，国内外形势发生了广泛而深刻的变化，要应对"四大考验"、克服"四种危险"，推进国家治理体系和治理能力现代化，推进中国式现代化，要求干部不但要有较高的理论水平、政治素质、履职能力和文化素养，还要具备改革创新、推动发展、依法行政、服务群众、化解风险等本领。因此，以坚定理想信念宗旨为根本，以全面增强执政本领为重点，在突出干部的理论教育和党性教育的同时，广泛开展履职能力培训、知识培训。

（一）用党的创新理论武装头脑，加强理论教育

用党的创新理论武装干部头脑是干部教育的一贯做法，也是党的优良传统。党的十八大以来，以习近平同志为主要代表的中国共产党人推进马克思主义中国化时代化实现新的飞跃，创立了习近平新时代中国特色社会主义思想，深入学习贯彻习近平新时代中国特色社会主义思想是新时代干部教育的首要任务。

为了让广大干部群众了解习近平总书记重要讲话精神，2014年，外文出版社出版了《习近平谈治国理政》。2016年，"学党章党规、学系列讲话，做合格党员"学习教育活动在全国党员、干部中广泛开展，及时跟进学习习近平总书记重要讲话，并指导实践、推动工作，成为各级党组织开展学习活动的主要内容。2017年10月，党的十九大提出"习近平新时代中国特色社会主义思想"并将其确立为党的指导思想。同年11月，《习近平谈治国理政》第二卷出版。为了帮助党员、干部、群众深入学习习近平新时代中国特色社会主义思想，2018年11月，中央宣传部会同教育部制作了《习近平新时代中国特色社会主义思想三十讲》的课件，课件图文并茂、制作精良，在人民网、新华网、求是网、中国文明网及教育部网站发布，可以免费下载。2019年6月，中央宣传部组织编写的《习近平新时代中国特色社会主义思想学习纲要》出版发行，内容全面系统、讲解翔实，是深入学习贯彻习近平新时代中国特色社会主义思想的重要辅导书。2020年、2022年，《习近平谈治国理政》第三卷、第四卷相继出版发行。2023年4月，中央文献编辑委员会编辑的《习近平著作选读》第一卷、第二卷由人民出版社出版。为了推动党员、干部、群众认真学习习近平总书记的著作，随着这些著作的出版，中央办公厅先后转发了中央宣传部、中央组织部《关于

认真组织学习〈习近平谈治国理政〉第二卷的通知》《关于认真组织学习〈习近平谈治国理政〉第三卷的通知》《关于认真组织学习〈习近平谈治国理政〉第四卷的通知》《关于学习〈习近平著作选读〉第一卷、第二卷的通知》等文件，要求各级党组织及时组织好党员、干部学习习近平总书记的著作。各级党校、行政学院、干部学院将习近平总书记的著作纳入培训教学内容，教育引导干部在学懂弄通做实上下功夫。深入学习贯彻习近平新时代中国特色社会主义思想不仅成为各级党组织教育党员、干部的首要任务，也成为干部教育培训机构和网络平台教育培训干部的主题主线，既有开展专题培训，又贯穿于教学布局、教材内容和课程建设之中。为了讲好习近平新时代中国特色社会主义思想，中央党校（国家行政学院）按照"1+15"的框架开设了16个专题，"1"是习近平新时代中国特色社会主义思想概论，"15"是习近平总书记关于坚持和加强党的领导、以人民为中心、全面深化改革、经济、政治、法治、文化、社会、生态文明、强军、总体国家安全观等方面的重要论述，并开展"用学术讲政治"教学改革，增强讲授内容的学理性、系统性和深刻性①。

为了进一步加强党的创新理论武装，2023年4月，中共中央发出《关于在全党深入开展学习贯彻习近平新时代中国特色社会主义思想主题教育的意见》，以县处级以上领导干部为重点，在全党深入开展学习贯彻习近平新时代中国特色社会主义思想主题教育。主题教育以"学思想、强党性、重实践、建新功"为总要求，要求党员、干部认真研读党的二十大报告和党章，学习《习近平著作选读》《习近平新时代中国特色社会主义思想专题摘编》等，把理论学习、调查研究、推动发展、检视整改等融合、贯通起来，努力在以学铸魂、以学增智、以学正风、以学促干方面取得实实在在的成效②。为了避免形式主义、脱离实际等问题，中央主题教育领导小组还派出指导组，采取随机走访、实地调研等方式，对各地区、各部门、各单位进行督导。全国各省（自治区、直辖市）党委和行业系统主管部门党委（党组）也派出巡回指导组，对所属地区、部门和单位进行督导。这次理论学习呈现出与工作实际相结合的突出特点，很多地方不

---

① 侯慧君主编《干部教育》，中国人民大学出版社，2023，第198页。
② 《中共中央关于在全党深入开展学习贯彻习近平新时代中国特色社会主义思想主题教育的意见》，《党建研究》2023年第5期，第19—25页。

仅举办读书班，研读习近平总书记的著作，还大兴调查研究之风，查找并整改工作中存在的问题，推动主题教育走深走实。例如，河南省在主题教育中注重以知促行，认真落实"四下基层"制度，扎实开展"万人助万企"活动。截至2023年10月，河南省领导分包28个重点产业链，成立了6个助企强链专班，带动全省7.6万名干部包联企业14.5万家，累计帮助企业解决急难愁盼问题10万多个①。2024年2月，中共中央办公厅发布《关于巩固拓展学习贯彻习近平新时代中国特色社会主义思想主题教育成果的意见》，要求各级党委（党组）巩固拓展主题教育，建立健全"第一议题"制度、领导班子读书班制度、专题党课制度、"四下基层"制度等，常态化开展突出问题整治，构建以学铸魂、以学增智、以学正风、以学促干的长效机制，进一步推动习近平新时代中国特色社会主义思想学习实践常态化。在突出党的创新理论教育的同时，关于马克思列宁主义、毛泽东思想、邓小平理论、"三个代表"重要思想、科学发展观的教育培训也广泛开展。

党的路线方针政策是党的理论的具体化，与党的创新理论密不可分。所以，2023年修订的《干部教育培训工作条例》将党的路线方针政策教育纳入党的理论教育范畴。党的路线方针政策教育一直备受重视，党的全国代表大会和中央全会召开后，从中央到地方，各级党组织都会组织党员、干部学习会议精神，并督促党员、干部将会议精神贯彻落实到实际工作中去，党的十八大以来，这项工作进一步加强。以学习贯彻党的二十大精神为例，2022年10月，党的二十大召开后，中共中央印发《关于认真学习宣传贯彻党的二十大精神的决定》，对全党全国人民深入学习宣传贯彻党的二十大精神提出明确要求，面向全体党员、干部的多形式、分层次、全覆盖的学习培训由此全面展开。党中央举办了新进中央委员会的委员、候补委员学习贯彻党的二十大精神研讨班，各级党委（党组）理论学习中心组纷纷进行专题研讨，很多地区、部门还举办了培训班、学习班，对干部进行系统培训。基层党组织采取多种形式，组织广大党员、干部认真学习。党校（行政学院）、干部学院把学习党的二十大精神作为干部的必修课，推动党的二十大精神进教材、进课堂、进头脑。各级党政军群主要负责同

①《认真落实"四下基层" 深入开展"万人助万企"》，《河南日报》2023年10月12日第2版。

志带头宣讲，并组成宣讲团深入机关、企业、社区、农村、校园。截至2022年12月，天津市组建了1400多支宣讲队伍，共开展宣讲2.2万多场；河北省各级领导干部开展宣讲8000多场，各地各部门组织开展宣讲3.8万多场①。

（二）以坚定理想信念为核心，强化党性教育

党性教育就是以党的理想信念、纪律规矩、宗旨、历史、精神、优良传统等为主要内容，帮助党员、干部加强党性修养，永葆共产党人政治本色的培养和训练。中国共产党历来重视干部党性教育，党性教育是干部思想政治教育的主体。改革开放以来，党性教育取得明显成效，但仍存在教育形式比较单一、没有经常开展，联系实际不紧密，吸引力、感染力、针对性和实效性不强等问题，而新时代严峻复杂的国内外形势对干部的党性修养提出了更高的要求。鉴于此，党中央高度重视干部的党性教育。2013年10月，中央组织部印发《关于在干部教育培训中进一步加强和改进党性教育的意见》，要求以坚定理想信念为核心，把党性教育贯穿于干部教育培训的全过程各方面，切实增强党性教育的针对性、实效性。2014年7月，中共中央组织部又印发《关于在干部教育培训中加强理想信念和道德品行教育的通知》，要求坚持把理想信念和道德品行教育作为一项重要的政治任务常抓不懈，建立健全理想信念和道德品行教育的长效机制，进一步推进了干部党性教育的常态化、长效化。按照党中央的要求，各级党组织通过开展党性分析、参观红色基地、过"政治生日"、重温入党誓词、观看红色影片和警示教育片等方式，帮助党员、干部提高思想政治觉悟。党校、行政学院、干部学院等干部教育培训机构也采用专题讲授、主题教室、现场教学、体验式和访谈式教学等方式，开设了各种党性教育专题培训班；在主体班次建立学员党支部，严格党内生活，让学员进行党性分析并撰写报告。

为了纠正党内形式主义、官僚主义等各种不正之风，使干部增强党性修养，提高政治判断力、政治领悟力、政治执行力，在思想上、政治上、行动上同党中央保持高度一致。党中央坚持实践导向、问题导向、效果导向，部署开展了多次党内集中学习教育活动。

2012年12月，中央政治局召开会议审议通过了关于改进工作作风、密切联系群众的中央八项规定。2013年5月，中共中央印发《关于在全党深入开展党

---

① 《向基层宣讲党的二十大精神》，《人民日报》2022年12月14日第7版。

的群众路线教育实践活动的意见》。随后，以贯彻落实中央八项规定为切入点，以县处级以上领导机关、领导班子和领导干部为重点，以"为民、务实、清廉"为主要内容，按照"照镜子、正衣冠、洗洗澡、治治病"的总要求，党的群众路线教育实践活动分两批在全党开展。中央政治局召开专门会议带头开展教育实践活动，总结检查中央八项规定的落实情况，进行批评和自我批评。这次活动在纠正干部中存在的形式主义、官僚主义、享乐主义和奢靡之风，解决群众反映强烈的突出问题等方面成效明显，受到群众广泛好评。2014年3月，针对干部中的不自律、不作为等问题，习近平总书记在参加十二届全国人大二次会议安徽代表团审议时，提出各级领导干部要树立和发扬"三严三实"的作风，"既严以修身、严以用权、严以律己，又谋事要实、创业要实、做人要实"[1]，并做了详细解释。2015年4月，中央办公厅印发《关于在县处级以上领导干部中开展"三严三实"专题教育方案》，对在县处级以上领导干部中开展"三严三实"专题教育作出安排，"三严三实"专题教育在干部中广泛开展。

2016年2月，中共中央办公厅印发了《关于在全体党员中开展"学党章党规、学系列讲话，做合格党员"学习教育方案》并发出通知，要求各地区、各部门认真贯彻执行。"两学一做"学习教育把思想建设放在首位，以党支部为基本单位，以"三会一课"等党的组织生活为基本形式，教育引导党员尊崇党章、遵守党规，以习近平总书记系列重要讲话精神武装头脑、指导实践、推动工作。"两学一做"学习教育在促使党员、干部增强政治意识、大局意识、核心意识、看齐意识，保持对党忠诚、勇于担当作为等方面起到积极作用。因此，2017年3月，中共中央办公厅又印发了《关于推进"两学一做"学习教育常态化制度化的意见》，要求各级党组织把"两学一做"作为党员教育的基本内容，长期坚持、形成常态。

2017年10月，习近平总书记在党的十九大报告中提出，"中国共产党人的初心和使命，就是为中国人民谋幸福，为中华民族谋复兴"[2]，并要求在全党开展"不忘初心、牢记使命"主题教育。2019年5月，中央政治局召开会议，决定在全党自上而下分两批开展"不忘初心、牢记使命"主题教育。县处级以上

---

① 《习近平谈治国理政》，外文出版社，2014，第381页。

② 《习近平谈治国理政》第三卷，外文出版社，2020，第1页。

领导干部是教育的重点，"守初心、担使命，找差距、抓落实"是主题教育的总要求。主题教育启动后，习近平总书记不仅多次召开会议，亲自部署主题教育的相关工作，还到内蒙古、甘肃、河南、上海等地进行调研指导，作出一系列重要指示，为主题教育的顺利开展注入强大动力。中央"不忘初心、牢记使命"主题教育领导小组陆续印发《关于在"不忘初心、牢记使命"主题教育中开展专项整治的通知》《关于在"不忘初心、牢记使命"主题教育中对照党章党规找差距的工作方案》等文件，对主题教育提出明确要求。为了更好地指导、规范主题教育，党中央和各地区各部门各单位派出大批指导组，引领主题教育的正确方向，督导解决实际问题。中央办公厅、中央宣传部、中央统战部等中央部门举办了领导干部和青年干部读书班，带头开展主题教育。各地各部门各单位以集中学习、专题讲座、实地考察、走访调研等多种形式深入开展党章党规教育、革命传统教育、先进典型教育和警示教育等，并把专项整治作为重要任务，努力查找解决实际工作中存在的突出问题，取得了良好成效。例如，民政部聚焦"漏保""错保"问题，将不再符合条件的190.1万低保人员退出，并将160.7万人纳入低保；贵州省解决约280万农村人口饮水安全问题工程3351处，公益性岗位安置就业困难人员5.1万人[①]。

1941年，中国共产党成立20周年时，第一次大规模庆祝党的生日。中华人民共和国成立后，建党每逢十年一大庆的惯例被明确，不仅会举办各种各样的庆祝活动，而且开展党员、干部的党性教育也必不可少。在建党100周年之际，2021年2月，党史学习教育动员大会在北京召开，习近平总书记强调了在全党开展党史学习教育的重大意义，要求全党同志"学史明理、学史增信、学史崇德、学史力行"，"学党史、悟思想、办实事、开新局"[②]。随后，中共中央印发《关于在全党开展党史学习教育的通知》，对党史学习教育作了安排部署。《习近平论中国共产党历史》《毛泽东、邓小平、江泽民、胡锦涛关于中国共产党历史论述摘编》《习近平新时代中国特色社会主义思想学习问答》《中国共产党简史》是学习的指定书目。

---

① 《为实现新时代党的历史使命不懈奋斗——"不忘初心、牢记使命"主题教育工作综述》，《人民日报》2020年1月6日第2版。

② 《习近平谈治国理政》第四卷，外文出版社，2022，第509页。

7月1日，庆祝中国共产党成立100周年大会在北京天安门广场举行，习近平总书记发表了重要讲话。11月11日，党的十九届六中全会审议通过了《中共中央关于党的百年奋斗重大成就和历史经验的决议》，这些也成为党史学习教育的主要内容。除了集中学习培训，各级党组织还普遍开展了"我为群众办实事"实践活动，组织党员、干部开展为民惠民便民的服务，着力解决基层的困难事、群众的烦心事。广大党员、干部纷纷表示，党史学习教育是一次深刻的思想洗礼，帮助自己坚定理想信念，做到知史爱党、知史爱国，更好地把握历史规律，汲取奋进力量，更好地发扬党的光荣传统和优良作风①。2022年10月，党的二十大报告明确提出要常态化、长效化开展党史学习教育。2024年2月，中共中央发布《党史学习教育工作条例》，第一次以中央党内法规的形式对党史学习教育的主要任务、原则、领导体制、内容、主要方式、保障、监督等作出详细规定，要求各级党委（党组）理论学习中心组把党史作为集体学习的重要内容，各级党校（行政学院）、干部学院、社会主义学院强化对干部的党史学习教育，基层党组织每年至少组织一次以党史为主要内容的学习，进一步推动党史学习教育常态化、长效化。

加强纪律建设是党的优良传统，纪律严明是中国共产党区别于其他政党的显著标志。党的十八大以来，根据新时代全面从严治党的新要求，党中央先后三次修订《中国共产党纪律处分条例》（以下简称《条例》），突出政治纪律和政治规矩，细化处分规定。2024年1月，随着最新修订的《条例》发布，习近平总书记在二十届中央纪委三次全会上提出，以学习贯彻《条例》为契机，在全党开展一次集中性纪律教育。3月底，中共中央办公厅印发《关于在全党开展党纪学习教育的通知》，要求从2024年4月到7月，聚焦解决一些党员、干部对党规党纪不上心、不了解、不掌握等问题，通过集中培训、警示教育、个人自学等方式在全党开展党纪学习教育，组织党员特别是党员领导干部认真学习《条例》，做到学纪、知纪、明纪、守纪。随后，中央党的建设工作领导小组召开会议，研究部署党纪学习教育工作，加强统筹协调。中央纪委国家监委机关、中央组织部、中央宣传部等中央部门带头进行集体学习。各地区各部门也把开展党纪学习教育作为重要政治任务，采取多种措施推动党纪学习教育走深走实。

---

① 《学习百年党史 汲取奋进力量》，《人民日报》2021年2月22日第2版。

例如，重庆将《条例》辅导课程或教学内容纳入12期重庆市委党校（行政学院）、6期重庆红岩干部学院和133期区县党校（行政学校）主体班次；福建结合学习贯彻新修订的《条例》，推出"纪法微课""秒懂纪法"等专栏，并拍摄警示教育片，汇编《警示录》《忏悔录》，组织党员、干部观看①。7月，党的二十届三中全会通过《中共中央关于进一步全面深化改革、推进中国式现代化的决定》，提出建立经常性和集中性相结合的纪律教育机制，综合发挥党的纪律教育约束、保障激励作用，推动党纪学习教育常态化、长效化。

此外，斗争意识和斗争本领教育、中华民族共同体意识教育、社会主义核心价值观教育、中华优秀传统文化教育等也受到重视并广泛开展。

（三）以提高履职能力为目标，开展履职能力培训和知识培训

进入新时代，干部的文化水平普遍较高，很多干部拥有研究生学历。干部对学习工作岗位所需新知识的广度和深度有了更高要求，并且希望通过学习切实增强解决工作中实际问题的能力。因此，干部的业务和文化教育主要是学习履行岗位职责必备的政策法规、新知识新技能的履职能力培训和知识培训，而且两者经常密不可分。

紧紧围绕统筹推进"五位一体"总体布局、协调推进"四个全面"战略布局，推进国家治理体系和治理能力现代化，推进中国式现代化。以提高履职能力为目标，将党中央的重大决策部署和干部岗位职责要求紧密结合，对干部的履职能力培训和知识培训推行精准施教，广泛开展针对性、实用性强的专题培训。例如，随着政府推行供给侧结构性改革，很多经济管理部门纷纷组织干部进行相关问题的专题培训；随着脱贫攻坚工作的深入，基层干部乡村振兴方面的专题培训普遍开展；随着国家安全、社会治理受到越来越多的重视，国家安全、社会治理、基层治理、应急管理、舆情应对等教育培训广泛开展；随着《中华人民共和国民法典》的颁布、实施，法院、检察院等司法机关在干部及其他工作人员中开展了民法典的学习培训；随着互联网、大数据、云计算、人工智能等技术逐渐融入社会各个领域，很多部门单位组织干部结合本职工作学习数字经济、智慧社会等方面的知识；随着"中国式现代化"的提出，很多干部

①《高度重视　精心组织　推动党纪学习教育走深走实》，《人民日报》2024年4月22日第2版。

教育培训机构开设了相关问题的专题培训课程。据统计，从2010年至2022年，中央组织部、中央和国家机关工委在中央党校（国家行政学院）、北京大学等开设的中央和国家机关司局级干部专题研修班就有530多个班次，培训司局级干部3.5万多人次[①]。教育部组织直属高校定点扶贫，截至2022年，累计培训基层干部和技术人员77.76万人次[②]。通过培训，干部优化了知识结构，完善了知识体系，增强了履职能力，提高了推动高质量发展、服务群众和防范化解风险的能力。

为深入贯彻落实党的二十大精神，推动领导干部带头学规用规、学法用法。2023年8月，中共中央办公厅、国务院办公厅印发《关于建立领导干部应知应会党内法规和国家法律清单制度的意见》，要求各地区、各部门从实际出发，区分不同层级、不同岗位，合理编制领导干部应知应会党内法规和国家法律清单，并把领导干部应知应会党内法规和国家法律学习纳入干部教育体系，认真组织领导干部进行学习。各地区、各部门采取各种措施加强了对干部的党章党规和宪法、国家安全法、民法典、刑法、行政处罚法、公务员法等国家法律的学习培训，使干部增强了法治观念，提高了依法行政的能力和水平，对推进法治国家、法治政府、法治社会建设发挥了重要作用。

加强教材建设是搞好干部教育工作的基础环节。2015年2月，全国干部培训教材编审指导委员会组织编写的第四批全国干部学习培训教材出版发行，习近平总书记作了《序言》。这套教材包括《全面建成小康社会与中国梦》《坚持和发展中国特色社会主义》《加快转变经济发展方式》《社会主义民主政治建设》《社会主义文化强国建设》《社会主义和谐社会建设》《建设美丽中国》《加快推进国防和军队现代化》《国际形势与中国外交》《领导力与领导艺术》《提高党的建设科学化水平》《做好新形势下的群众工作》《永葆清正廉洁的政治本色》13本。2019年2月，全国干部培训教材编审指导委员会组织编写的第五批全国干

---

① 《不断开创新时代中央和国家机关党的干部教育培训事业新局面——党的十八大以来中央和国家机关局处级干部履职能力培训工作综述》，《旗帜》2022年第10期，第9页。

② 《教育部：直属高校十年来累计培训教师11.64万人次、基层干部和技术人员77.76万人次》，http://www.moe.gov.cn/fbh/live/2022/54688/mtbd/202207/t20220726_648932.html，访问日期：2023年8月1日。

部学习培训教材出版发行，习近平总书记作序，共14本。2024年3月，全国干部培训教材编审指导委员会组织编写的第六批全国干部学习培训教材出版发行，习近平总书记作序。这套教材包括4本理论教材《习近平新时代中国特色社会主义思想的世界观和方法论》《深刻领悟"两个确立"的决定性意义》《推进和拓展中国式现代化》《推进新时代党的建设新的伟大工程》和5本《推进和拓展中国式现代化案例选》（经济篇、政治·法治篇、文化·社会篇、教育·科技·人才篇、生态文明·国家安全篇）。这些教材主题鲜明、科学系统、内容丰富、讲解翔实，涵盖各个方面的基本知识，具有很强的政治性、时代性、思想性和可读性。教材的广泛使用对促进干部教育科学化、规范化，提高干部的文化素养和履职能力发挥了重要作用。

总而言之，干部理论教育、党性教育、履职能力培训和知识培训全面开展，干部的理论水平、政治素质、履职能力和文化素养都得到提高，坚定了理想信念，增强了执政本领，改进了工作作风，密切了党群关系，基本适应了新时代党和国家事业发展的需要。

三、改进以"入脑入心入行"为目标的教育方式方法

丰富多彩的教育内容需要通过科学合理的教育方式方法让干部接受。新时代，针对干部教育实效性不足的问题，党中央一直强调要让学习的理论知识入脑入心入行。因此，以"入脑入心入行"为目标，党在改进传统教育方式方法的同时探索采用新的教育方式方法，取得了良好成效。

（一）改进传统教育方式方法

改革开放后，党委（党组）中心组学习这种领导干部在职理论学习的有效方式逐渐确立并制度化。党的十八大以来，习近平总书记多次强调必须大兴学习之风，高度重视党委（党组）中心组学习。2017年1月，中央办公厅印发《中国共产党党委（党组）理论学习中心组学习规则》（以下简称《规则》），第一次以中央党内法规的形式对党委（党组）中心组学习的地位、原则、组织、职责、内容、形式、要求、管理、考核和问责等作了详细规定。《规则》要求党委（党组）理论学习中心组学习以政治学习为根本，以深入学习贯彻习近平总书记系列重要讲话精神为重点，发挥"关键少数"的示范和表率作用，带动全

党大兴学习之风，并提出对学习开展不力、出现错误倾向产生恶劣影响的，按照有关规定问责①。为了保证党委（党组）理论学习中心组的学习质量，2023年9月，中央宣传部、中央组织部联合印发《关于进一步提高党委（党组）理论学习中心组学习质量的意见》，强调突出党委理论学习中心组学习的政治性、理论性、实效性，把学习贯彻习近平新时代中国特色社会主义思想作为首要任务，把研究、解决问题作为学习的出发点和落脚点，健全完善组织管理、列席旁听、考核问责、成果转化等方面的工作机制。为了抓好学习、作好表率，中央政治局平均1至2个月就开展一次集体学习。各级党委（党组）中心组也围绕党和国家发展建设及本地区本部门本单位工作中的重点、难点、热点问题，有针对性地开展集中理论学习，组织专题讲座，进行调查研究，并对干部自学情况进行定期督促和检查，促进理论学习成果转化是推进工作的具体思路和举措。

干部交流是在工作实践中培养锻炼干部的好方式，让干部在多个岗位锻炼，能更好地帮助干部开阔视野，提高履职能力和综合素质。新时代，这种方式被广泛采用，并与干部人事制度改革相结合，与干部的升降和奖惩相结合，创新举措、严明纪律、完善机制，加强了制度化、规范化、常态化的建设。例如，2020年，山东省郯城县制定《干部交流任职工作方案》，不仅大力推进中层干部横向交流，还建立县直部门和镇街之间上下选派任职机制，采取竞争性的选拔方式，通过笔试、面试、履历业绩综合评价、研究任职等环节，首批从镇街选派13名优秀科级干部交流到县直重点部门任职，并从县直部门选拔13名优秀中层干部交流到乡镇任职，为县直中层干部成长提供了更大的平台②。安徽省探索建立与长三角一体化发展相适应的干部交流机制，积极开展跨地区、跨部门、跨系统的干部交流，从2021年到2023年连续3年实施"千人选派计划"，与上海、江苏、浙江互派干部双向挂职91名，并选派3300多名干部人才到沪苏浙跟

---

①《中国共产党党委（党组）理论学习中心组学习规则》，《人民日报》2017年3月31日，第1版。

②刘连栋：《创新干部交流任职机制的县域经验》，《学习时报》2020年10月23日，第8版。

班学习①。

为了让干部学习的理论知识"入脑入心入行",增强吸引力、感染力和实效性,党校(行政学院)等干部教育培训机构不断改进教学方法。在课堂讲授中,倡导"用学术讲政治",用学术理论、观点辅助讲解中央精神蕴含的历史逻辑、理论逻辑、实践逻辑,增强教学内容的学理性、系统性和深刻性;在党性教育的现场教学中,精心设计、声情并茂,经常让学员感动不已,受到精神洗礼;在案例教学中,用学员的真实故事丰富案例,经常采用制作精良的短视频,取得良好效果。此外,为了加强对党员、干部的教育,改变党内政治生活平淡化、庸俗化、随意化的倾向,各级党组织严肃党内政治生活,落实民主评议党员、主题党日等制度,坚持党员过"政治生日"、重温入党誓词等仪式,综合采用专家讲座、专题研讨、实地调研、参观红色基地、观看红色影片和警示片等多种方式开展学习教育活动,成效显著。

(二)探索采用新的教育方式方法

访谈式教学法是围绕教学主题,通过主持人对被访谈者的采访,学员与被访谈者的互动交流,引导学员深入思考、汲取典型经验的教学方法。很多资深干部在工作岗位上积累了丰富的经验,邀请他们传经送宝,与学员互动交流,有针对性地为学员解疑释惑,既能让学员积极参与到教学过程中来,凸显学员的主体地位,又能有效地帮助学员学习先进经验,甚至能直接给出为学员解决工作难题的思路。访谈式教学法受到学员的欢迎,近年来在干部履职能力培训中被广泛使用。例如,中国邮政党校每年培训邮政企业党员领导干部1000多人,针对不同的教学需要,形成了"经验分享型""案例剖析型""故事萃取型"三种访谈式教学类型,多门访谈式教学课程荣获国资委企业高管培训发展联盟"中央企业优秀教材成果奖""中国高校远程与继续教育优秀案例奖"。在干部党性教育中也会采用这种教学方法,如中国延安干部学院经常组织学员到延川县梁家河村采访习近平总书记下乡时的朋友,请他们讲述习近平总书记当年与村民们同吃同住同劳动的故事,学员经常会被习近平总书记与当地老百姓的深情厚谊感动,深刻体会到习近平总书记爱民为民的初心。

---

① 丁向群:《把推动干部担当作为贯穿干部选育管用全过程》,《学习时报》2023年10月2日,第1版。

行动学习法又称"干中学"，就是通过让学员参与一些实际工作项目或解决一些实际问题，来提升学员领导管理能力的教学方法，如参加项目攻关小组、业务拓展团队，或者在比自己职位高几级的领导干部身边工作等。行动学习建立在反思与行动相互联系、相互促进的基础上，是一个计划、实施、总结、反思进而制订下一步计划的循环学习过程。这种教学方法产生于欧洲，不仅能在实践中提高学员解决实际问题、沟通协调等能力，还能推进组织的发展进步。党的十八大以来，行动学习法在我国流行，目前多应用于MBA教育、EMBA教育、企业经理人员培训、年轻后备干部培训等，并针对干部学员的实际情况不断完善，取得了较好的效果。例如，2023年4月，江苏省宿迁市委组织部举办了为期一年的"招才引智专题集训班"，选派一批年轻后备干部到上海、武汉等五大招才引智工作局实践历练，并邀请国家发展改革委、商务部、招商局等部门的领导干部为他们小班授课。其中被安排到宿迁市驻上海招才引智工作局的王琼说："通过小班化学习、拉练式培训，我对人才集聚要素、企业发展需求、经济发展趋势等都有了较为深入的了解，能够更精准地为人才和企业牵线搭桥。"①

此外，能充分体现干部主体地位，广泛调动干部主动性、积极性的翻转课堂、工作复盘、VR体验等新的教育方式方法也在干部教育培训中探索使用，并不断改进和完善。

综上所述，在百年未有之大变局的背景下，为了助力党的建设新的伟大工程和中华民族伟大复兴的中国梦，干部教育与时俱进、守正创新、育德为先、从严管理，在原来的基础上进一步加强了科学化、制度化、规范化建设，进入高质量发展的新阶段。坚持实践导向、问题导向、效果导向，有中国特色的干部教育理论体系和政策法规体系不断完善，干部教育培训机构的办学质量和水平大幅提升，互联互通、开放共享的干部网络培训平台体系初步建成，突出理论教育和党性教育的同时广泛开展履职能力培训、知识培训并改进方式方法，有效促进学习内容入脑入心入行，培养造就了忠诚干净担当的高素质专业化干部队伍，为推进国家治理体系和治理能力现代化、推进中国式现代化提供了思想政治保证和智力能力支持。

---

① 《在实训实战中增强干事创业真本领》，《新华日报》2023年11月2日第1版。

第五章　改革开放以来干部教育历史评析与发展规律

了解历史从来不单纯是为了历史本身。鉴往知来，回顾改革开放以来干部教育理论和实践的发展历程，不仅有助于全面、客观地认识这40多年来干部教育取得的成就及不足，更是为了从中总结并汲取宝贵经验，深化对干部教育发展规律的认识，为当前干部教育改革创新、实现高质量发展提供镜鉴。

第一节　干部教育历史评析

改革开放以来，在科学理论和正确方针政策的指导下，干部教育事业蓬勃发展、成就斐然，从改革开放新时期的大规模发展跃升到新时代的高质量发展阶段，培养造就了一批又一批善于治国理政、堪当民族复兴重任的德才兼备的干部人才，为中国特色社会主义事业的发展提供了政治保证。干部教育顺应了时代潮流，适应了党和国家发展建设的需要，呈现出理念人本化、管理科学化、工作规范化、内容多样化、方法现代化、培训国际化的鲜明特色，积累了诸多宝贵经验。

一、干部教育取得的成就及存在的问题

"文化大革命"十年浩劫使党和国家的发展建设事业遭受重创,干部教育也不例外。改革开放以来,面对百废待兴、百业待举的困难局面,党艰难探索社会主义现代化建设的正确道路,果断实行改革开放、发展市场经济,推动了中国特色社会主义事业的发展。在此历史进程中,干部教育也迎来了新的春天。

邓小平、江泽民、胡锦涛、习近平等党和国家领导人,继承毛泽东的干部教育思想,汲取党的干部教育以及西方领导教育的有益经验,推动了马克思主义干部教育理论中国化时代化,建立并不断完善有中国特色的干部教育理论体系。为了将科学理论转化为具体的方针政策,从制度上保证干部教育沿着正确轨道前行,党和政府制定并发布了一系列指导干部教育工作的规范性文件,逐步建立起一整套干部教育政策法规体系,并使之日益完善。党中央从1983年开始对全国干部教育培训进行整体规划和部署,从1991年开始以5年为1个周期制定详细规划,一直延续至今,使干部教育发展的每一步都有章可循。党和政府还颁布了《干部教育培训工作条例》《中国共产党党校(行政学院)工作条例》《公务员培训规定》《中国共产党党委(党组)理论学习中心组学习规则》等很多规范干部教育的法规,切实推动了干部教育的科学化、制度化、规范化建设。干部教育的理论水平和政策水平都大幅提升,为干部教育与时俱进、改革创新提供了基本遵循和行动指南。

党中央把干部教育放到党和国家事业发展全局的战略高度来重视,加强了对干部教育工作的领导和管理。中央组织部作为干部教育主管部门,加强了对全国干部教育工作的整体规划、制度规范、协调服务和监督管理。地方各级党委贯彻执行党和国家干部教育的方针政策,把干部教育工作纳入本地区党的建设整体部署和经济社会发展规划,对干部教育工作进行研究和部署。中央和全国各省区市普遍建立了干部教育工作领导小组或干部教育联席会议制度,加强对干部教育工作的统一领导和管理;干部所在单位也按照要求积极开展干部教育工作。我国形成了在党中央领导下,由中央组织部主管,中央和国家机关有关工作部门分工负责,中央和地方分级管理的干部教育管理体制。

为了适应大规模培训干部的需要,党大力建设干部教育培训机构,成立国

家行政学院、中国浦东干部学院、中国井冈山干部学院、中国延安干部学院、中国大连高级经理学院，并在北京大学、清华大学、中国人民大学等高校设立全国干部培训高校基地，形成国家级干部培训基地新格局。各级各类干部教育培训机构不断深化教学改革，科学设置培训班次和学制，建立健全各项规章制度，加强基础设施和师资队伍建设，改善办学条件，提高教学质量和管理水平，形成了比较科学完备的教学体制、科研体制和管理体制，逐渐正规化。党校（行政学院）主渠道作用充分发挥，干部学院、社会主义学院、部门行业培训机构、国有企业培训机构、干部培训高校基地健康发展，科研院所、社会培训机构等积极参与的分工明确、优势互补、布局合理、规范有序的有中国特色的干部教育培训机构体系逐步建立起来，形成了与我国干部教育培训任务和要求相适应的培训机构规模。党还不断推进干部网络培训体系建设，以中国干部网络学院为引领，全国各省（自治区、直辖市）和部门行业网络培训平台为支撑，各单位网络培训平台为补充的平台体系逐渐建立起来，初步形成互联互通、开放共享的干部网络培训格局。

为了建设一支能够推进社会主义现代化建设的，革命化、年轻化、知识化、专业化的德才兼备的干部队伍，党根据经济社会发展需要和干部岗位职责要求，不断充实、丰富干部教育内容，开发了具有时代性、政治性、思想性、可读性的教材体系。为了使干部坚定理想信念宗旨，增强领导水平和执政本领，以全面提高干部素质和能力为着眼点，干部的理论教育、思想政治教育得到加强，文化和业务教育也广泛开展。干部教育培训机构不断改进传统教育方式方法，并逐渐采用案例式、模拟式、体验式、访谈式、行动学习等新教学方法。党委（党组）中心组学习、网络培训、干部交流等干部在职教育方式发展起来，并不断完善。干部的学习和成长规律、个性需求受到越来越多的关注，以教师为中心的传统教育模式逐渐向以干部为中心的现代教育模式转变，干部教育方式方法日益科学化、多样化、人性化，增强了教育的吸引力、针对性和实效性。

干部教育培训机构的发展，教育渠道的拓宽，为党大规模培训干部、大幅度提高干部素质创造了有利条件。党政干部及其年轻后备干部的教育工作得到加强，企业经营管理干部和专业技术干部的教育培训广泛开展。除了党员干部，民主党派和无党派干部的教育工作也普遍开展，干部教育范围涵盖了各级各类干部。为了贯彻落实干部教育的方针政策，督促和鞭策干部努力学习，干部脱产培训和在职学习的各项制度逐步建立健全，干部教育的考核评估和纪律监督机制逐渐形成。理论学习与实践锻炼相结合、脱产培训与在职学习相结合、集中教育与日常学习相结合、线上学习与线下培训相结合、境内培训与境外培训相结合，多种渠道、多种类型、多种层次的干部教育格局逐渐形成。

通过学习培训，干部的理论水平、党性修养、履职能力和文化素质全面提高，驾驭市场经济、依法依规行政、团结服务群众、防范化解风险等本领普遍增强。一大批优秀的中青年干部走上各级领导岗位，企业管理干部和专业技术干部人数不断增多，干部队伍的年龄结构、知识结构有了明显改善。1979年，全国共有干部1700多万，其中党政干部500万，经营管理干部仅400万，科技干部也只有500万。20世纪80年代初，省部级领导干部中50岁以下的仅占总数的15%，全国干部中具有大专以上文化程度的只占20%，具有初中和高中、中专程度的占40%[①]。2010年6月，中共中央、国务院印发的《国家中长期人才发展规划纲要（2010—2020年）》提出，到2020年，人才资源总量从2010年的1.14亿人增加到1.8亿人，在党政干部队伍中具有大学本科及以上学历的干部占85%，企业经营管理人才总量达到4200万，专业技术人才总量达到7500万，高技能人才总量达到3900万[②]，这些计划基本完成。2022年6月30日，中央组织部副部长、国家公务员局局长齐家滨在"中国这十年"系列主题新闻发布会上介绍，2012年以来，中央组织部直接组织培训干部21.4万人次。截至2022年，我国人才资源总量达到2.2亿人。干部队伍中还涌现出孔繁森、马恩华、牛玉儒、任长霞、沈浩、杨善洲、钟南山、黄文秀等很多恪尽职守、鞠躬尽瘁的德才兼备的干部，他们赢得了人民群众的广泛赞誉。

虽然干部教育有了显著发展，但还是不同程度地存在一些问题，主要表现在以下几个方面。第一，管理上的条块矛盾依然存在。各级党委和各部门各单位都可以组织干部参加培训，相互之间沟通协调不够，多头调训的问题仍存在。干部教育工作领导小组或干部教育联席会议对干部教育培训的具体指导和协调工作需要进一步加强。有些部门、单位重复培训，造成了人力、物力、财力的

---

① 李小三主编《中国共产党干部教育简史》，中共党史出版社，2009，第254页。

②《国家中长期人才发展规划纲要（2010—2020年）》，人民出版社，2010，第5-15页。

浪费；有些部门、单位则培训力度弱、次数少，不能满足干部需要。第二，干部教育培训机构发展不平衡。国家级和省级干部教育培训机构教学设施先进、师资优良、办学水平较高，但是也有一些党性教育干部学院、基层党校和部门行业培训机构基础设施差、师资薄弱、办学水平低、生源不足，甚至长期闲置。尤其是近年来受网络培训的冲击，一些教学水平差的干部教育培训机构更是难以维持。第三，教育的针对性、实效性不强。干部的脱产培训和党委（党组）中心组学习等集体学习，普遍缺少对干部的需求调研环节，很少能根据干部的素质能力水平、个性需要安排教育内容，选择教学方法，因材施教，致使干部疲于应付，缺少学习的兴趣和热情。教师讲、学员听的灌输式教学没有根本改变，研讨式、体验式、模拟式、行动学习等新式教学法应用范围很小，干部较少参与到教学环节中来，主体地位得不到充分体现，影响了教育效果。党性教育对干部思想和行为的影响不够，干部脱离群众、唯利是图、懒政怠政、违法乱纪、腐化堕落等问题仍然存在。第四，干部在职学习和实践锻炼有待进一步规范化。有些部门、单位不重视干部在职学习，党委（党组）中心组学习、"三会一课"等流于形式。干部线上学习也不够规范，比较随意。干部轮岗、到基层挂职或任职锻炼等采用范围较小，有时候还因干部不配合等原因不能落实到位。第五，干部学习培训的考核、激励和监督机制不健全。一些培训机构采用写学习总结、开卷考试等简单形式考察干部的学习情况，缺少对干部学习转化情况和对参训单位实际受益情况的评估。一些部门、单位不认真开展干部述学评学考学活动，对干部学习情况的考核只是走过场。干部学习情况对干部任用、晋升等影响不大，存在"不培训就上岗，不培训就提拔"的现象。对干部所在单位是否认真组织干部学习培训，干部本人是否认真参加学习培训缺少有效的监督，干部无故缺席集体学习、随便应付网络培训等问题突出。

总而言之，改革开放以来干部教育取得辉煌成就，提高了干部的领导水平和执政本领，为加强党的执政能力建设和先进性、纯洁性建设，为党团结带领人民成功应对国内外各种风险考验，全面建成小康社会进而全面建设社会主义现代化强国提供了思想政治保证和智力能力支撑。改革开放以来，干部教育理论和实践的发展也为以后干部教育继续创新发展提供了宝贵经验、理论准备和物质基础，在干部教育史上书写了浓墨重彩的一笔。

二、干部教育的时代特色和基本经验

改革开放以来，经济全球化、政治多极化、文化多样化、社会信息化深入发展。我国紧跟世界潮流，对外开放，对内发展经济和科技，推进经济、政治、文化、社会等领域体制机制改革，以崭新的面貌快速发展。在这个充满机遇和挑战、学习终身化的时代，干部教育面向世界、面向现代化、面向未来，不断与时俱进、改革创新，呈现出一些不同于以往的特色。

一是理念逐渐人本化。干部自主选学逐渐开展，很多干部教育培训机构设置了内容丰富多彩的选修课，有些培训机构开展了训前需求调研，干部的成长规律和个性需求受到越来越多的关注，网络培训的发展也为干部自由安排时间、自主选择学习资源创造了条件，干部教育越来越重视干部综合素质和能力的提升，而且注意到干部个体的发展。

二是工作更加规范化。为了推进干部教育的科学化、制度化、规范化建设，党和政府制定了一系列关于干部教育的指示文件，形成了一整套规范干部教育各方面工作的政策措施和规章制度。干部脱产培训、党委（党组）中心组学习、网络培训等，如何管理、如何开展、如何考核监督都有章可循。

三是管理日益科学化。干部教育管理部门、单位的权责逐渐明确，干部教育工作领导小组或干部教育联席会议制度建立起来，加强了对干部教育的规划、指导和管理。从严治校、从严治教、从严治学逐渐落实，干部学员、培训教师、干部教育培训机构、干部教育管理部门和单位应遵守的纪律和违反纪律要受到的处罚逐渐细化。

四是内容日益多样化。虽然干部教育仍然可以分为理论教育、思想政治教育、文化和业务教育，且对理论教育和思想政治教育尤其是党性教育的重视有增无减。但由于我国实行对外开放、发展市场经济、时代飞速发展、知识爆炸式增长，国际形势、市场经济、现代管理、网络信息、国家安全等方面的理论知识，以及其他有利于干部适应时代要求、增强履职能力的新知识、新技能不断充实到干部教育内容体系中来，干部教育内容越来越丰富。

五是方法日益现代化。干部教育培训机构在教学中采用了案例式、体验式、模拟式、访谈式、行动学习等新式教学方法，视听技术、影视技术和计算机技术在干部教育中被广泛应用，电化教育、远程教育、网络培训发展起来，干部教育教学和管理的信息化水平有了很大提高，促进了干部自主学习、交互式学习和个性化学习。

六是培训逐渐国际化。党和政府在改革创新干部教育的过程中，学习和借鉴了西方国家领导教育理论和实践中的一些有益经验。国内外干部教育方面的交流与合作日益频繁，很多优质境外培训机构参与或承担了我国的干部教育培训项目。出国考察、培训、挂职锻炼等开展起来，受到广大干部的欢迎。

干部教育事业健康发展、硕果累累，适应了改革开放新时期和中国特色社会主义新时代形势任务发展的需要，积累了丰富经验。认真总结和汲取这些宝贵的历史经验，对于进一步创新发展干部教育工作，建设高素质干部队伍，进而推进党的建设新的伟大工程、全面建成社会主义现代化强国具有重要意义。

第一，必须不断发展党的干部教育理论，推进马克思主义干部教育理论中国化时代化。改革开放以来，邓小平、江泽民、胡锦涛、习近平等党和国家领导人把干部教育放到推进党和国家事业发展的战略高度来重视，提出诸多关于干部教育地位、任务、原则、对象、内容、方式等各个方面的新观点、新论断，逐渐形成有中国特色的干部教育理论体系。有中国特色的干部教育理论体系不是凭空产生的，而是在已有的马克思主义干部教育理论基础上，吸收我国传统教育思想以及西方领导教育思想中的精华，在干部教育实践发展过程中，经过党的几届中央领导集体不懈探索、深入思考、认真总结，才逐渐形成并发展起来的，历经实践、人民和历史的检验，反映了干部教育的发展特点和基本规律。干部教育实践需要科学的理论指导。正是因为党充分认识干部教育的战略地位和作用，并不断推进马克思主义干部教育理论中国化时代化，才促使干部教育事业取得了突出成就，进而推进了党和国家的发展和建设。20世纪80年代末90年代初，东欧剧变、苏联解体，而中国共产党却成功地走出一条中国特色社会主义道路，探索并推进了中国式现代化。这种巨大反差形成强烈对比，从侧面证明了党重视发展干部教育理论并付诸实践，不仅完全正确，而且富有远见、意义深远。

第二，必须紧紧围绕党和国家工作大局，以全面提高干部素质和能力为目标，完善干部教育内容体系。干部教育具有很强的政治性，是为党和国家的工作大局服务的，要紧紧围绕党和国家事业发展需要，不断充实和完善教育内容。时代的进步、经济社会的发展、中国式现代化的探索和推进对干部的德才素质和履职能力提出越来越高的要求。为了更好地服务于党的先进性、纯洁性建设和执政能力建设，服务于中国特色社会主义事业发展，党和政府用马克思主义中国化时代化的最新成果武装干部，不断加强干部理论教育；以坚定理想信念宗旨为根本，加强党性教育；以增强履职能力为着眼点，广泛开展市场经济、领导科学、现代管理、网络信息、数字经济、法律、科技等方面的教育，尤其是与干部工作相关的政策法规、新知识新技能培训。事实证明，这些举措确实有助于干部全面发展，适应了党和国家事业发展的需要。

第三，必须着力建设干部教育培训机构体系，加强教材和师资队伍建设，并用好网络培训等其他渠道。充足的干部教育培训机构、优质的教材和优良的师资队伍是规模化、正规化教育培训干部的基础和必要条件。党校（行政学院）、干部学院、社会主义学院、部门行业培训机构、国有企业培训机构、干部教育培训高校基地等专业干部培训机构是干部教育的重要渠道，在通过集中培训提高干部素质和能力方面具有不可替代的重要作用。因此，党和政府必须大力建设分工明确、优势互补、布局合理、规范有序的干部教育培训机构体系，有计划地组织人员编写兼具理论性、知识性和趣味性的高质量教材，加强对专职教师的考核、教育培训和实践锻炼，并选聘实践经验丰富、理论水平较高的党政领导干部、企业经营管理人员、国内外专家学者担任兼职教师，建设高素质的干部教育师资队伍，以此推动干部教育培训的系统化、科学化、正规化建设。此外，科研院所、函授学院、境外培训机构等在干部教育培训中发挥了重要补充作用。近年来，干部网络培训在干部教育中的地位和作用也日益凸显。这些渠道的使用和规范，进一步推动了干部教育人本化、信息化、国际化的进程。

第四，必须根据干部学习和成长的规律，不断改革创新干部教育方式方法，增强教育的感染力和实效性。规律是事物内在的、本质的必然联系，决定着事物发展的方向。遵循干部学习和成长的规律，采用科学合理的教育方式方法是增强干部教育吸引力、感染力、针对性和实效性的基本要求。改革开放以来，干部教育把握干部学习和成长的规律，坚持以人为本、按需施教、分类分级、注重能力、联系实际、学以致用等原则，逐渐形成以干部学员为中心、素质教育、终身学习等科学理念。传统的干部教育方式方法不断完善，党委（党组）中心组学习、网络培训、轮岗、挂职锻炼等新的教育方式和案例式、模拟式、体验式、访谈式、行动学习等新式教学方法被广泛采用，并在实践中不断改进。不同类别、层级、岗位干部的特殊需要逐渐得到关注，全面覆盖的干部分级分类培训得以落实。实践证明，大部分新教育方式方法符合干部学习和成长的规律，更能够激发干部学习的兴趣和潜能，增强了干部教育的感染力和提高了实效性。

第五，必须以制度化建设为基础，建立干部教育长效机制。制度具有根本性、全局性、稳定性和长期性。加强制度化建设，是做好干部教育工作、建立干部教育长效机制的关键。改革开放以来，干部教育的顺利发展与党和政府建立干部教育政策法规体系，不断推进干部教育各项工作的制度化建设密不可分。提高干部教育的科学化、规范化水平，保证干部教育取得良好效果，必须以制度化建设为基础，根据经济社会发展和干部教育实践发展的需要，以党的干部教育理论为指导，不断完善干部教育政策法规体系，使干部教育有规可依、有章可循。同时，还要把干部教育真正与干部的考核和选拔任用结合起来，加强对干部教育管理部门、干部教育培训机构和干部本人的考核、监督，建立健全干部教育的激励约束机制。

第二节　干部教育发展规律

辩证唯物主义认为，任何事物要长期存在、发展，都必须遵循一定的客观规律。干部教育规律是指干部教育系统在运动发展过程中与社会环境之间，内部诸要素之间本质的、必然的联系。从历史和现实来看，干部教育具有与社会发展相互制约，与干部发展相互制约，以及内部要素之间相互制约的规律。干部教育规律和人们对规律的认识不是一成不变的，而是变化发展的。只有不断发现、探索和掌握规律，按照规律办事，干部教育才能少走弯路，实现科学发展。

一、干部教育与社会发展相互制约

干部教育在一定的社会环境中发展，其发展本身就是社会发展的一个重要方面。社会发展影响和制约着干部教育的发展，同时干部教育又具有相对独立性，能动地作用于社会发展，促进或阻碍社会的变革与进步。下文主要从政治、经济、文化三个方面分析干部教育与社会发展相互制约的规律。

经济主要是指物质资料的生产和再生产，它是社会存在和发展的基础，是社会一切方面发展变化的决定性因素。经济决定和制约着干部教育的发展，经济发展对干部培养的需求是促进干部教育发展的动力，经济发展的水平不同对干部数量和知识结构的需求也不同，经济发展水平影响干部教育目标的制订和内容的设置。改革开放以来，我国以经济建设为中心，发展市场经济，急缺经济管理方面的干部人才。这一矛盾促使干部教育调整目标和内容，重视培养干部领导经济建设的才能，加强了对干部经济、管理、科技等方面知识的教育，经济管理干部和专业技术干部在干部队伍中的比例大幅度提升。经济发展水平还在一定程度上决定干部教育发展的规模和速度。因为干部教育的发展需要一定的人力、物力、财力，社会经济发展水平直接影响国家在干部教育经费方面的支付能力，而且干部教育组织形式、教学方法和手段的变革也会受到经济发展水平的制约。改革开放以来，随着经济发展，干部教育经费不断增加，规模不断扩大。特别是进入新世纪以来，我国建立了中国浦东、井冈山、延安干部学院等国家级干部学院，为县处级领导干部进入国家级干部教育机构培训创造了有利条件。网络信息技术发展的成果广泛应用于干部教育，干部远程教育、网络培训、手机APP平台学习逐渐发展起来，为干部教育提供了更多平台和更丰富的学习资源。

干部教育的发展也影响和制约着经济发展。在现代社会，教育作为劳动力和科学技术再生产的有效形式，对社会经济发展的作用与日俱增，已经成为促进经济增长的重要因素。干部教育作为培养国家党政干部、企业经营管理人员和专业技术人才的主要渠道之一，其地位和作用更不容小觑。干部教育通过传递、传播人类的科学文化成果，能够提高干部的科学文化素质和专业技术水平，有利于党和国家制定科学的经济发展决策，保证国民经济在正确的轨道上良性发展。干部作为各行各业的骨干分子，其综合素质和工作能力的提升，必然会影响和带动其他工作人员做好本职工作，进而推动整个社会经济的发展。反之，如果国家不重视文化教育，不注重培养干部人才，社会经济的发展也会受到制约。

政治是以经济为基础的上层建筑，是各种权力主体以国家权力为核心展开的各种社会活动以及由此形成的社会关系，对社会生活各个方面都有重要的影响和作用。教育作为一项社会事业，深受政治的制约。干部教育是党的建设事业的重要组成部分，服务于党的政治路线和中心任务，与一般的国民教育相比，政治性更强，政治色彩更浓；它以马克思主义为指导，坚持党的全面领导，方针政策的制定和组织实施都是在党中央及各级党组织领导下进行的；它的根本任务是为党培养革命、建设和改革需要的干部人才，为党完成各个时期的历史任务提供政治和组织上的保障。党的干部教育制度是党的领导制度体系的基本组成部分，也是中国特色社会主义制度和国家治理体系的重要组成部分。为了使干部理解掌握和贯彻落实党的路线方针政策，政治理论教育一直是干部教育的重点。政治生态、政治风气是否健康，直接影响干部的价值取向和从政行为，从而在很大程度上影响干部教育的实际效果。党的干部教育依存于党，随着党的产生而产生，随着党的发展而发展。同样，如果党的决策失误，事业遭遇挫折，干部教育也会随之受损。党的思想路线和政治路线在很大程度上决定干部教育的发展方向和实际效果，其正确与否直接关系到干部教育事业的兴衰。

在政治影响和制约干部教育的同时，干部教育也反作用于政治，在不同的历史时期表现出不同的政治功能。民主革命时期，干部教育是党进行阶级斗争的工具，为党培养了一批又一批具有革命精神、意志和能力的优秀干部，保证了新民主主义革命的胜利。中华人民共和国成立后，干部教育转变为党进行社会主义革命、建设和改革的工具，为党和国家培养了一批又一批善于治国理政的德才兼备的干部，推动了社会主义现代化建设事业的发展。如果没有干部教育培养出那么多适应时代发展需要的高素质干部人才，党就不可能取得那么多辉煌成就。干部教育不但是培养政治人才的主要阵地，还是传播政治思想、影响社会舆论和道德风尚的重要举措。党的干部队伍由社会各界的精英组成，干部的政治态度和思想作风对党员、群众具有重要的示范带动作用。干部教育通过向干部宣传党的政治理论和优良传统作风，能够增强干部对党的领导和社会主义制度的政治认同感和政治归属感，提高干部的道德品质和党性修养。这种影响从干部队伍渗透到社会各个领域，有利于扩大党执政的政治基础，形成正确的舆论导向和良好的道德风尚，从而巩固党的执政地位，维护政局稳定。

经济与政治是影响干部教育发生发展的主要因素。此外，文化对干部教育的影响也很大。文化有广义和狭义之分，广义的文化是指人类创造的物质财富和精神财富的总和，狭义的文化主要指人类创造的精神财富，如文学、艺术、教育、科学、思想道德、传统习俗等。文化制约着干部教育的理念、内容、方式、方法，文化进步能够促进干部教育的发展进程。干部教育的人才观、教学观、教师观、学生观、方法观等直接受文化观念的影响。我国实行改革开放以来，随着民主、人权、自由竞争等思想的广泛传播，人们的文化观念发生了很大变化，党的干部教育理念也随之发生改变，越来越重视干部在教育中的主体地位，在教学中注重师生、生生之间的平等交流和自由讨论，并且开始引入竞争机制，推行干部自主选学和干部培训项目管理制度。随着科学文化发展水平的不断提高，干部教育内容的广度和深度也不断拓展，培训中增添了外语、计算机、现代科技、现代管理、电子政务等很多新课程。每个国家、每个民族都有自己特定的文化模式，因此，我们在学习和借鉴西方领导教育有益经验的过程中，不能照搬照抄，否则会事倍功半，甚至造成不必要的损失。目前，干部教育采用的模拟式、案例式等教学方法，就是把西方的教学方法根据我国的实际需要和文化特点进行调整的成果。

干部教育具有传承和发展文化的功能。文化不能进行自我传递或自我繁殖，必须依赖一代代人来延续、丰富、创新和发展。干部教育在一代代干部中有选择性地传播中国和世界其他国家创造的科学文化，把已有的社会文化财富内化为干部个体的精神财富，从而使干部具备创新发展文化的能力。使广大干部坚持以马克思主义为指导，继承和弘扬中华民族的一切优秀文化成果，并学习和吸收世界优秀文化的精华，不断推进中华文化的创新发展，是干部教育的一项重要任务。因此，干部教育发展得快慢、水平高低也会促进或延缓文化的发展进程。

综上所述，社会的发展与干部教育的发展相互影响、相互制约。干部教育只有主动适应社会经济、政治、文化的发展要求，与社会发展相协调，才能实现自身的健康发展。

二、干部教育与干部发展相互制约

人的个体发展开始于生命之初，终止于生命之末，包括生理和心理的发展，即身心的发展。人的身体发展和心理发展密切相关，相互影响、相互制约。我们所说的干部发展当然也是指干部身心的发展，但由于干部是成年人，身体的各种机能已经成熟，所以干部教育更重视干部心理的发展。在不同的历史时期，由于客观形势的发展，党的中心任务的改变，以及干部队伍结构和素质水平的不同，对干部发展的要求也不相同。培养干部、促进干部发展是干部教育的基本职能和主要任务。干部的发展有两个层次，一个是干部个体的发展，另一个是整个干部队伍的发展。干部队伍由一个个干部组成，干部个体的发展和干部队伍的发展是统一的。干部教育在培养和提高每个干部的素质和能力，促进干部个体发展的同时，也必然会推动干部队伍整体的发展。

干部的身心发展会受到干部自身素质、工作环境、家庭环境、教育培训、社会文化等多种因素的影响，其中教育培训能够比较直接、有效地影响干部发展，是制约干部发展的关键因素。干部教育具有专门性的特点，致力于提高干部的理论水平、政治素质、道德品质、文化素养和工作能力，建设符合党和国家工作需要的高素质干部队伍；重视建设干部教育培训机构，经常开展各种学习实践活动，在促进干部个体发展和干部队伍发展方面具有不可替代的重要作用。干部教育的目的性和计划性很强，一切活动都围绕着具体的教育任务展开，教育内容的确定、过程的组织、方式方法的选择都有一致的方向和目标，有细致的计划和安排，保证了教育影响的协调性，能够在较短的时间内将系统的知识传授给干部，并使干部获得相应的能力。干部教育对干部发展的影响一般是正面的，但是如果干部教育的目标、内容、方式背离了社会发展和干部身心发展的需要，则会限制甚至阻碍干部的发展。例如，"文化大革命"时期，干部教育片面地强调干部的政治素质，向干部灌输错误观点，致使干部思想混乱、业务荒废、整体素质水平下降。

干部的发展也能够影响和制约干部教育的发展，这就要求干部教育工作者必须了解干部发展，特别是干部学习和成长的特点和规律。干部是成年人，干部学习具有成人学习的特点。成人虽然在记忆能力、感知能力方面与青少年相比有所下降，但是观察能力、理解能力、抽象逻辑思维能力却比青少年强。有研究表明，成年人的学习能力30岁时达到顶峰，50岁以后才开始下降，大脑未被利用的潜能高达90%。由此可见，成人学习的潜力还是很大的。美国被尊称为"成人教育之父"的马尔科姆·诺尔斯在《现代成人教育实践——成人教育学与儿童教育学的对照》一书中指出，成人学习具有以下特点：一是成人学习自主性强，能够指导自己的学习；二是成人在工作和生活中积累了丰富的经验，为学习提供了丰富的资源；三是成人学习动机明确，学习需求与改变自我的社会角色密切相关；四是成人重视学习内容的实用性，有通过学习解决实际问题的强烈愿望。干部是从成人中选拔出来的优秀分子，与其他成人相比，干部有较好的政治理论和文化专业素质，有较强的理解能力和自主意识，学习目的更明确，求知欲更强，更重视理论联系实际、学以致用。

干部的学习和成长还具有阶段性和不均衡性的特点，在不同阶段干部身心发展的情况不同，对学习的需求也不同。以十年为期，把干部在工作岗位上的成长大致划分为三个阶段。第一个阶段是干部的积累磨炼期，即干部刚参加工作的第一个十年。干部身体强健、头脑灵活、思维敏捷，有较强的上进心和可塑性，但是缺少耐性，缺乏工作经验，价值取向和人生目标还不明确。这就要求干部不断学习党的理论政策和专业知识，加强实践锻炼，积累工作经验，树牢"四个意识"，坚定"四个自信"。第二个阶段是干部的能力成长期，即干部工作的第二个十年。干部年富力强、精力充沛，积累了一定的工作经验，工作热情高，具有拼搏精神和创新意识，但是工作压力大，容易脱离群众，急功近利，受到各种腐蚀。这就需要干部拓宽视野，不断提高工作能力和领导水平，坚持以人民为中心，树立正确的权力观、地位观、利益观。第三个阶段是干部的成熟稳定期，即干部工作的第三个十年。干部的工作能力日臻成熟，能够灵活自如地处理各种矛盾、问题，稳步推进各项工作，但是身体素质开始下降，逐渐退居"二线"，容易产生消极思想，甚至腐化堕落。这就需要干部调整心态，牢记初心和使命，保持身心健康，积极开展各项工作，自觉抵制各种腐朽思想的侵蚀。干部教育必须遵循干部学习和成长的规律，根据干部不同阶段身心发展特点和学习、工作需要来确定培养目标、教育内容和方式方法。只有这样，干部教育才能完成既定任务，取得预期效果，充分发挥应有的价值。

干部发展受社会历史条件的制约，具有历史性和社会性的特点。社会物质生产和精神生产状况制约着人类总体发展水平，当然也制约着干部发展水平，而干部发展水平则制约着干部教育发展水平。在民主革命时期，党的干部知识水平普遍较低，决定了干部的文化和业务教育是层次比较低的基础教育。改革开放后特别是进入21世纪以来，随着干部文化和专业水平的普遍提高，一些党校的函授教育停办转型，干部文化和业务教育的发展向前迈进了一大步。此外，干部的发展有差异性，即使在同一个历史时期，在同一个年龄和成长阶段，由于遗传因素、成长环境、文化程度等情况的不同，干部的身心发展水平也各不相同，身体素质、个性倾向、心理品质、智力能力水平等很多方面表现出较大差异。因此，干部教育不但要坚持分级、分类培训，还要尊重每个干部的实际情况和不同需求，因材施教。

三、干部教育内部要素之间相互制约

培养目标、教育者、受教育者、内容、方式、方法是构成干部教育的基本要素。这些要素有自身发展的特点和规律，同时它们之间相互影响、相互制约。只有这些要素同向而行、协调发展，干部教育才能顺利开展，否则将会阻碍干部教育事业的发展。

培养目标是党对干部教育培养的规格、质量的设想和规定。它是动态发展的，随着经济社会发展和党的事业发展的需要不断进行调整。"德才兼备"一直是干部教育的总体培养目标，但在不同的历史时期，对"德"与"才"的重视程度不同。民主革命时期，干部教育为革命战争服务，强调"德"，重视提高干部的思想政治素质。中华人民共和国成立后，干部教育要为现代化建设服务，越来越强调"才"，大力培养各类专业干部。改革开放后，党提出干部的"四化""四有"目标，为了搞好经济建设同时抵制各种腐朽思想对干部的侵蚀，既强调"才"又强调"德"。进入新时代以来，干部的学历水平和专业素质大幅度提升，面对错综复杂、波谲云诡的国内外形势，对干部牢记初心使命，坚持以

人民为中心，增强"四个意识"，坚定"四个自信"，做到"两个维护"，反对"四风"等"德"方面的要求比以往更高了。除了总体培养目标，因为干部教育有若干种类、层次和规格的教育、培训形式，每一种形式还有其具体的培养目标，比如：学历教育的培养目标是使干部达到应有的科学文化水平；知识更新补缺培训的目标是使干部掌握新知识、新技术，完善知识和技能结构；岗位职务培训的目标是使干部具备从事本职工作必备的知识和能力。总体培养目标和具体目标之间是整体与个体、一般与个别的关系。总体培养目标为具体目标规定了大方向，提供了总依据，具体培养目标则是总体目标的具体体现和落实。

培养目标是干部教育一切活动的出发点、依据和归宿，对明确教育方向、建立教育制度、确定教育内容、选择方式方法、评估教育质量等都具有决定性的意义。具体来讲，首先，培养目标具有导向功能，为受教育者指明了发展方向，为教育者指明了工作方向。干部教育工作的每个环节和步骤都必须按照培养目标进行，如果偏离了教育目标，就达不到预定的教育效果。其次，培养目标有选择功能，为教育内容的选择确定了基本范围，也为选择相应的教育方式方法提供了依据。培养目标具有激励功能，不但能激励教育者通过一定的方式将培养目标转化为受教育者的学习目的，还能激励受教育者自觉、积极地参加教育活动。此外，培养目标还具有评价功能，为检查和评价教育活动的质量和效果提供根本标准和衡量尺度，能够对教育活动起到调控作用。当然，培养目标要充分发挥这些功能并起到应有的作用，还必须有干部教育其他要素配合。

教育者是直接对受教育者身心发展起影响作用的人，是干部教育活动的设计者、组织者和实施者，包括教学人员和管理人员，其中教师是教育者的主要代表。受教育者是教育的对象，在干部教育中是指干部学员。干部教育的过程就是教育者和受教育者有目的的活动过程，离开教育者和受教育者及其有目的的、有意识的活动，也就谈不上什么教育。教育者主导作用和受教育者主体作用相统一是干部教育的基本规律之一。在干部教育过程中，教育者负责制订具体的培养目标和教学计划，选择教育内容和教学方法，检查受教育者的学习情况，对受教育者的学习起引导、规范、评价和纠正作用。师资队伍素质优良、规模适当、结构合理在很大程度上决定着教育进程的快慢和教育质量的优劣。

由于干部群体的特殊性，更需要教育者有渊博的学识、深厚的理论功底和良好的教学水平，能站在时代和学术的前沿，联系古今中外的相关问题，把知识讲深讲透。但内因是事物发展的根本原因，外因还要通过内因起作用。受教育者是学习的主体，教育者所施加的影响一定要被受教育者接受，教育才能起到应有的作用。受教育者的能动性受其本人兴趣、需要和外部要求的影响和支配，也受其原有知识经验、思维方式、情感意志、价值观等的制约。很多干部学员虽然是被安排参加学习活动的，但还是有学习的兴趣，希望通过学习提升自己的能力、素质，而且他们拥有丰富的工作经验，愿意表达自己对一些问题的认识和见解。教育者在教学中要坚持主导性与主体性、灌输性与启发性相统一的原则，重视干部学员的主体地位，了解他们的兴趣、需求和特点，激发他们的学习动机，充分调动他们的主观能动性，在灌输理论知识的同时，引导他们发现问题、思考问题、研究问题、解决问题，使他们学有所悟、学有所得、学有所长。

教育内容是在干部教育过程中，传授给受教育者的思想、观念和知识、技能的信息体系。它以语言、文字、影像资料等为载体，贯穿于教育活动的整个过程，是培养目标的集中体现，也是实现教育目的的基本保证。教育内容的发展水平不但与社会发展水平一致，而且与教育者、受教育者的能力素质水平密切相关。它的丰富、发展和传播依赖于教育者和受教育者的共同努力。干部教育的内容具有历史性与时代性相结合的规律。干部学习的各种理论知识都是在历史发展过程中逐渐积累形成的，马克思主义理论、社会主义发展史、中共党史一直是干部教育的重要内容。而且随着时代的发展，干部教育不断增添新内容，要求干部不断学习金融经济、现代科技、现代管理、网络信息等方面的新知识、新技能。干部教育的内容具有政治性与实用性相结合的规律。干部教育特别重视提高干部的政治素质和思想觉悟，经常向干部灌输党的路线方针政策、宗旨观念和优良传统作风；同时，为了使干部履行好岗位职责，科学文化知识和各种专业知识也一直是干部教育内容的重要组成部分。此外，干部教育的内容还具有系统性与层次性相结合的规律。干部教育的对象是各级各类干部，不同年龄、级别、专业领域的干部学历层次、知识水平和学习需求、能力有很大差别。干部教育一方面要根据具体培养目标确定教育内容的范围，传授给干部比较系统的理论知识；另一方面还要根据干部学员的知识水平和需求特点来确定教育内容的深浅，对干部进行不同层次的教育，做到因材施教。

干部教育要完成既定计划，除了要有科学合理的培养目标、教育内容和素质优良的教育者外，还需借助一定的组织形式，运用合适的教学方法。教育方式方法也是干部教育的基本要素，直接影响教育质量和干部学习的效果。干部教育培养目标和内容的设定，教育者和受教育者的能力素质都制约着教育方式方法的选择。同时，教育方式方法也会反作用于干部教育的其他要素。干部教育方式方法具有继承性与创新性、针对性与多样性、理论性与实践性相统一的规律。干部教育在继承和改进传统教育方式方法的同时，会随着经济、科技的发展，在条件允许的情况下，不断尝试和采用新的教育方式方法；干部教育方式方法越来越灵活多样、丰富多彩，不但会根据培养目标和教育内容的不同，针对不同级别、类型干部的特点和需要进行相应的调整，而且即使是在一个培训项目中，也会采用课堂教学、参观考察、实践锻炼和讲授式、模拟式、体验式等多种方式；集体学习和实践锻炼历来是干部教育的主要方式。干部教育一方面重视干部的理论知识学习，另一方面注重在实践中锻炼培养干部，引导干部将学到的理论知识应用到工作实践中。

干部教育属于比较特殊的成人教育，既有一般教育的普遍规律，又有自己独特的规律。只有在总结历史经验的基础上，深入研究这些规律，按客观规律办事，干部教育才能避免盲目性，实现科学发展。

第六章　以增强实效性为着眼点推进干部教育高质量发展

当前，世界百年未有之大变局加速演进，不确定、不稳定、难预料因素增多。我国进入实现中华民族伟大复兴的关键时期，迈上全面建设社会主义现代化国家新征程。2022年10月，党的二十大报告提出，新时代新征程党的中心任务是"团结带领全国各族人民全面建成社会主义现代化强国、实现第二个百年奋斗目标，以中国式现代化全面推进中华民族伟大复兴"[①]。要应对错综复杂的国内外形势，战胜前进道路上的各种风险挑战，完成这一使命任务，需要干部教育与时俱进、守正创新，针对自身存在的问题进行自我革命，不断开创新局面，培养造就政治过硬、适应新时代要求、具备推进中国式现代化建设本领的高素质干部队伍。

第一节　实效性不足是当前
干部教育的主要问题

干部教育的实效性是指干部教育的实际效果，主要是看干部学员对教育内容能够在多大程度上入脑入心入行，是否能够通过

---

① 党的二十大报告辅导读本编写组编著《党的二十大报告辅导读本》，人民出版社，2022，第19—20页。

195

接受教育切实提高德才素质和履职能力，从而对工作产生积极影响。实效性是衡量干部教育质量的根本标准，也是干部教育的价值旨归。干部教育在发展过程中不可避免地会出现这样或那样的问题，当前实效性不足是主要问题。我们只有正确认识问题，深入剖析问题产生的深层次原因，对症下药才能推动干部教育高质量发展。

一、干部教育实效性不足的表现

干部教育的根本目的就是使干部坚定理想信念宗旨，全面提高素质和能力，更好地履行岗位职责，为党和国家的发展建设事业贡献力量。只有取得良好的实际效果，干部教育的目的才能实现，才能够体现自身的价值；如果没有效果，干部教育也就没有存在和发展的必要。因此，增强实效性一直是干部教育发展的目标和基本要求。

进入新时代以来，党和政府加大了干部教育力度，干部教育取得了显著成绩，但是仍然存在一些问题。其中，实效性不足、流于形式是制约干部教育高质量发展的关键问题。2019年8月，人民论坛问卷调查中心走访北京、上海、天津、山东、浙江、吉林、江苏等省（直辖市），对干部学习教育情况进行抽样调查，并通过人民论坛网、人民论坛官方微博等平台开展了问卷调查。截至8月15日，参与网络问卷调查或通过网络平台反映问题、提出建议的干部有4821人。问卷调查显示，31.9%的干部在思想政治学习中"不走心"、流于形式，把学习当"过场"，得过且过。对学习党的创新理论，46.3%的干部认为，开展主题教育是形式主义，以敷衍了事的心态做做样子；37.9%的干部抱有侥幸心理，存在"蒙混过关"的想法[①]。干部教育实效性不足还表现在：干部的德才素质和履职能力虽然基本适应新时代党和国家发展建设的需要，但与"信念坚定、为民服务、勤政务实、敢于担当、清正廉洁"的好干部标准仍存在差距，要胜利完成新时代新征程党的中心任务还需要提高。

一是干部的理论水平和用理论指导、推动实践的能力还需提升。有些干部对马克思主义理论特别是习近平新时代中国特色社会主义思想缺少深入系统的

---

① 常妍、赵博艺：《关于干部理论武装"走心"的调查分析》，《人民论坛》2019年第23期，第18-20页。

理解和把握，只是粗浅地了解一点皮毛，对其丰富内涵、科学体系、内在逻辑、精神实质、思想精髓等的认识和理解都不到位。有些干部能掌握基本理论，但是不能紧密联系自己思想和工作的实际，紧密结合进行伟大斗争、建设伟大工程、推进伟大事业、实现伟大梦想的实践，把理想与现实、理论与实践、知与行有机统一起来，运用马克思主义立场、观点和方法分析、解决实际问题，推动工作取得成绩。

二是干部的"四个意识""四个自信"、政治能力和党性修养仍需加强。有些干部政治意识、大局意识、核心意识、看齐意识不强，对党中央决策部署阳奉阴违，用文件落实文件，搞两面派、做两面人，形式主义、官僚主义、宗派主义等问题突出。有些干部缺少道路自信、理论自信、制度自信、文化自信，把共产主义理想视为天方夜谭，推崇西方的"普世价值""多党竞选"等错误思潮。有些干部缺少把握方向、把握大势、把握全局的能力，不善于从党和国家工作大局出发想问题、作决策、办事情，不善于驾驭复杂局面、凝聚社会力量、防范政治风险。还有些干部党性修养不够，纪律规矩意识不强，经常以各种理由不参加党的组织生活，不关心群众疾苦，唯利是图、奢侈享乐、违法乱纪、腐化堕落，甚至充当黑恶势力的"保护伞"。例如，2018年至2020年，中央纪委国家监委开展了扶贫领域腐败和作风问题专项治理，共查处截留私吞、吃拿卡要、优亲厚友等问题28万件，处分18.8万人；2021年，全国纪检监察机关共立案查处涉黑涉恶腐败问题9931个，给予党纪政务处分9569人，移送检察机关1037人，共查处民生领域腐败和作风问题12.5万个，批评教育和处理17.9万人，其中给予党纪政务处分11.5万人①。

三是干部的担当精神、实干精神、斗争精神和斗争本领亟须增强。习近平总书记一直强调："中华民族伟大复兴绝不是轻轻松松、敲锣打鼓就能实现的。"②要战胜前进道路上的各种困难考验，没有担当精神、实干精神、斗争精神和斗争本领是不行的。然而，有些干部缺乏担当精神、实干精神，害怕出问题担责任，干事创业的动力不足，甚至有的单位形成了庸政懒政的不良氛围。

---

① 张洋、吴储岐：《一体推进不敢腐、不能腐、不想腐》，《人民日报》2022年4月14日第6版。

②《习近平谈治国理政》第三卷，外文出版社，2020，第101页。

2018年8月至9月，人民论坛问卷调查中心在全国范围内面向党政系统、事业单位和国有企业干部展开问卷调查，共回收有效问卷7916份。调查结果显示：关于干部干事创业动力的总体状况，19.9%的干部认为"一般"，9.7%的认为"动力不充足"，7.4%的认为"动力严重不足"；关于制约干事创业积极性的主要障碍，59.8%的干部认为"缺少明确、有效的激励，内在动力不足"，56.8%的认为"一些人为了不出事，压制下级作为空间"，55.7%的认为"周围形成了不干事的氛围"，52.7%的认为"理想信念不坚定"，48.6%的认为"自身能力水平有限"①。还有些干部对身边的歪风邪气、同志的错误言行视而不见、听之任之，在矛盾冲突面前明哲保身、退避三舍，在危机困难面前胆战心惊、望而却步，甚至对危及党长期执政、国家长治久安、人民幸福安康的突出问题也不愿斗争、不敢斗争、不会斗争。

四是干部的履职能力和知识水平还需提高。在当今社会，知识爆炸式增长，网络信息飞速传播，人民群众的主体意识、参与意识、权利意识增强，再加上反腐败斗争深入开展、业务繁忙、竞争激烈等原因，干部普遍存在心理压力大、"知识恐慌""本领恐慌"、能力不足的问题。有些领导干部的素质、能力与担任的职务不相称，不能很好地理解和把握党中央的重大决策部署，推进中国式现代化建设的本领不强，甚至屡屡决策失误，造成人力、物力、财力的严重浪费。有些基层干部经常要与群众打交道，处理一些矛盾纠纷，但是应急处突能力和群众工作能力不足，工作做不到位，甚至使问题扩大化。2021年，有学者对35岁及以下陕西省基层青年干部教育培训状况进行调查，回收的424份有效调查问卷分析显示，41.8%的干部认为自己最需要加强的培训是工作能力培训，38.4%的干部认为是知识培训，17%的干部认为是理论政策教育，2.8%的干部认为是理想信念教育。在政治能力、调查研究能力、科学决策能力、改革攻坚能力、应急处突能力、群众工作能力、抓落实能力七种能力中，被调查的干部认为最需要增强的是应急处突能力和群众工作能力，67%的干部因把握网络舆情传播规律的能力不足产生危机感，58%的干部因对网络舆情的研判能力和对

---

① 董潇韩、贾晓芬：《当前干部干事创业动力调查报告（2018）》，《人民论坛》2018年第26期，第13—16页。

网络舆论的引导能力不足产生危机感①。

总之，干部的德才素质和履职能力还应根据新时代推进中国式现代化建设的需要进一步提升，这就需要高度重视并着力增强干部教育的实效性，突破干部教育高质量发展的瓶颈。

二、干部教育实效性不足的原因

通过对干部教育规律的分析可知，干部教育发展受社会、干部和干部教育内部各要素发展情况的影响和制约。干部教育实效性不足也必然受这些方面因素的影响，是多种原因综合作用的结果。全面了解、深入分析这些原因是增强干部教育实效性的前提条件和必要环节。干部教育实效性不足的原因主要可以归纳为以下几个方面。

（一）社会环境中的消极因素

社会环境中的消极因素影响干部教育的实效性。改革开放以来，我国社会从传统向现代的转型进入实质性阶段，经济体制、政治体制、社会结构、利益格局的深刻变革和调整，必然带来人们思想观念、价值取向、行为方式和生活方式的深刻变化。从经济和社会领域来看，我国逐步从计划经济向市场经济过渡，市场经济的发展给国家政治生活和经济生活注入了生机和活力，但是市场经济的基本机制是利益机制，所有市场主体的一切行为都是追求利益最大化，容易助长拜金主义、利己主义的倾向，对人们的思想道德观念产生一定程度的消极影响。旧的经济体制被打破，新的经济秩序和管理体制还没有完全形成，一些不轨的经济行为乘虚而入，为权力寻租提供了发展空间，使干部面临的诱惑增多。

随着非公有制经济的迅速发展，各种新经济组织和社会组织纷纷建立，我国的社会阶层不断分化和重组，出现了私营企业主、乡镇企业职工、城市白领、个体户、自由职业者等新的社会阶层。他们对社会资源和财富配置方式提出新的要求，使社会利益结构越来越复杂化，价值诉求越来越多元化。干部来自不同的社会阶层，思想和行为方式随着社会结构的变化也越来越多样化、复杂化，

---

① 雷巧玲：《基层青年干部教育培训的需求、瓶颈与对策——基于对陕西省基层干部的问卷调查》，《国家治理》2021年第32期，第24-25页。

这就增加了干部教育的难度。尤其是中国特色社会主义进入新时代后，社会主要矛盾由人民日益增长的物质文化需要同落后的社会生产之间的矛盾转化为人民日益增长的美好生活需要和不平衡不充分的发展之间的矛盾。人民群众不仅对物质文化生活，而且对民主、法治、公平、正义、安全、环境等方面的要求越来越高。这就要求干部的治理能力和水平、干部教育的质量和水平都要相应地提高。

从政治领域来看，政治系统的开放性和透明度不高，权力集中于党政"一把手"，群众的知情权、参与权、选举权和监督权没充分行使，助长了干部的形式主义、官僚主义、享乐主义和奢靡之风。干部选拔任用制度不健全，缺少干部公开选拔、竞争上岗和庸劣淘汰机制，干部一旦上任，即使无政绩、工作不能胜任，只要没有大错，一般就不会降职使用或削职为民。一些地方和部门干部的考核流于形式，民主评议、民意测验走过场。一些地方和部门选人用人风气不正，德才兼备的干部不能受到重用，善于搞关系讨好领导的平庸无能之辈却得到升迁，长期占据要职，干部参加学习培训的情况往往对干部的选拔任用影响不大。因此，很多干部认为"学与不学一个样""学好与学差一个样"，缺乏通过学习培训提高自身素质和能力的积极性。

从文化领域来看，由于我国的社会主义脱胎于半殖民地半封建社会，因而封建社会"官本位"的价值取向和专制主义、宗派主义、官僚主义等思想遗毒很难从人们的思想中根本祛除。封建社会宣扬"学而优则仕"，人们读书学习的目的主要是提升社会地位，升官发财，过上奢侈享乐的生活。这种学习上的功利主义和封建官僚个人专断、拉帮结派、任人唯亲、藐视群众、奢侈浪费等腐朽的思想作风总能在干部中找到影子。"文化大革命"十年浩劫后国家的贫弱，东欧剧变、苏联解体后社会主义阵营的瓦解，以往教育中片面夸大社会主义优越性，全面否定和批判资本主义的做法，在改革开放后与人们看到西方资本主义国家经济发达的现实形成巨大反差，使人们的思想受到强烈冲击。一些干部、群众感到迷茫、困惑，社会主义和共产主义的理想信念发生了动摇，甚至转而认为资本主义比社会主义优越。西方资产阶级的享乐主义、拜金主义、极端个人主义等腐朽思想和生活方式乘虚而入，历史虚无主义、新自由主义、民主社会主义等各种非马克思主义，甚至反马克思主义的社会思潮在社会上蔓延，腐蚀着干部、群众的思想和灵魂。特别是近年来，随着我国综合国力和国际影响力的不断增强，感受到压力的以美国为首的西方国家鼓吹"文明优越论""文明冲突论"等论调，通过广播、互联网等各种渠道加紧对我国进行渗透，影响了干部教育特别是干部思想政治教育的实效性。

（二）干部对学习培训的认识和态度

干部不重视学习培训，缺少学习的内在动机。干部的学习动机是指干部参加学习活动并使其导向某一目标的心理倾向或内驱力，分为受职务升降、制度约束、奖励惩罚等外部环境影响的外在动机和源于干部自身学习兴趣和愿望的内在动机。干部学习内在动机的强弱对干部教育实效性具有决定性的影响，但是有不少干部对学习培训没有树立正确认识，缺少学习的内在动机，学习动力严重不足。有些干部学习理论急功近利、浅尝辄止、囫囵吞枣，不能学深悟透，学用"两张皮"。有些干部满足于已有的知识和经验，缺乏学习的积极性和紧迫感，认为学习培训影响工作、浪费时间，厌学情绪较大，疲于应付。还有一些干部根本没心思学习，平时有时间就玩手机、玩电脑，沉溺于各种娱乐，把参加培训当作休息、旅游、交朋友的机会，忙着观光、玩乐和结交官场上对自己有用的人，不认真完成学习任务。2019年8月，人民论坛问卷调查中心走访北京、上海、天津、山东、浙江、吉林、江苏等省（直辖市），对干部学习教育情况进行抽样调查，并通过人民论坛网、人民论坛官方微博等平台开展了问卷调查。截至8月20日，参与网络问卷调查的干部人数达5216人。关于理论武装走实面临的问题，56%的干部认为是"学习深度不够，存在有任务才学、学完就忘的现象"；50%的干部认为是"弄虚作假，走程序、做样子，理论学习只存在于材料里"；39%的干部认为是"思想认识不到位，学习主动性、自觉性不足"[1]。

一些部门、单位干部的学习培训流于形式，在很大程度上也是因为领导干部没有认识到干部教育对党和国家事业发展的重大意义，以及对本部门、本单位事业发展的重要价值，忽视了对干部教育工作的组织和领导。有的领导干部只注重培训的规模、人数等形式，不注重干部学习的内容和效果；有的领导干

---

[1] 潘丽莉、常妍：《"一走实就发虚"，如何破——关于干部群体理论武装"走实"的调查分析》，《人民论坛》2019年第S1期，第22-23页。

部只做空头文件，以工作忙、人员少、经费不够等各种理由不落实干部教育工作；还有的领导干部无视党中央的要求和干部教育的有关规定，带头不参加学习培训。

（三）干部教育自身存在的问题

干部教育自身存在影响实效性的问题。首先，针对性不强，干部的主体地位得不到充分体现。"让你学什么就学什么"的传统教育理念没有根本转变，不分地域、层级、岗位、年龄、阅历、学识的"上下一般粗、左右一个样"的教育方式普遍存在。很多部门、单位教育培训干部不开展训前需求调研，对参训干部的素质水平、学习兴趣和实际需要不了解，不能很好地根据干部的特点和要求安排培训内容，不能因材施教；干部感兴趣的与岗位相关的理论知识、法律法规、技能技巧等方面的学习培训不足。在学习培训的过程中，干部经常处于被动的状态，缺少选择时间、机构、内容、教师、课程等的自主权。通过干部网络学院、"学习强国"等学习平台进行线上学习，虽然干部可以灵活选择学习时间、地点、内容，但是教学互动受限制，疑难问题不能得到及时解答。

其次，教学的吸引力、感染力不强，理论与实际联系不紧密。干部教育培训机构培训多以教师讲授为主，研讨式、模拟式、体验式、访谈式等教学方法采用得偏少，教学互动性不强，干部参与教学活动的环节较少，不能充分调动干部学习的主动性和积极性；教学内容存在前瞻性、学理性、批判性、新颖性不足，与社会现实和干部工作实际脱节等问题。专职教师学习进修和实践锻炼的机会少，随着干部整体素质水平的提高，一些教师的理论水平和实践经验还不如干部学员，讲解理论问题不深不透，不能有力地批判各种错误观点和思潮，以透彻的学理分析回应干部学员的质疑和困惑。党委（党组）中心组学习、"三会一课"等干部在职学习活动多采用宣讲的方式，现场教学、实地调研等活动偏少。党性教育难以引起共鸣、深入人心，触及灵魂不够。学习党的创新理论和党的路线方针政策比较枯燥乏味，不够系统深入；与干部的工作、生活和思想实际联系较少，不能有效推进工作，对干部的成长和发展影响甚微。

再次，不同地区、部门、单位的干部教育发展水平不同。一般来说，东部地区干部教育发展水平比中西部地区略高，事业单位注重政治理论教育，企业则比较重视业务知识和技能培训。干部教育培训机构发展不平衡，省级以上培训机构基础设施好，师资力量强，教学水平高，而很多县级、区级培训机构基础设施差，师资力量弱，教学水平低。缺少激发培训机构活力的优胜劣汰机制、监督机制和质量评估机制，不利于培训机构改革创新、优化整合。有的地方干部教育领导小组或者联席会议职责不明确、形同虚设，对干部教育的规划部署和协调指导不到位。虽然党组织活动记录留痕，但也难以避免形式主义。集中培训不落实和多头调训的问题同时存在，有的干部参加的学习培训很少，而有的干部则参加了过多的学习培训，影响了正常工作。干部学习培训的激励约束机制不健全。对干部学习情况的考核缺少科学量化的指标体系，存在考核失之于宽、走过场以及忽视考核结果运用等问题，干部参加学习培训的表现没有真正成为干部晋升的重要依据。对干部违规违纪行为的监督不严格，缺乏促进干部学习成果转化为实际工作能力的跟踪考核机制，干部线下培训开小差、线上学习"挂网""刷分"、党组织活动经常缺席等问题普遍存在。

总体而言，干部对学习培训的认识和态度、干部教育自身存在的问题是干部教育实效性不足的直接原因，也是主要原因。社会环境中的消极因素通过侵蚀干部的思想抵消干部教育的积极影响，是干部教育实效性不足的间接原因，但同样是不容忽视的重要因素。

第二节　以增强实效性为着眼点
创新发展干部教育的现实路径

在新时代，干部教育要实现高质量发展，不断开创新局面，必须解决实效性不足的问题。从对问题产生的原因分析可以看出，要解决这一问题，推进干部教育发展并非易事，而是一个庞大的系统工程。干部教育须在汲取我国干部教育历史经验和西方发达国家领导教育有益经验的基础上，以增强实效性为着眼点，遵循干部教育规律，有针对性地采取有效措施，进一步推动干部教育守正创新，不断完善干部教育体系，提高干部教育的科学化、制度化、规范化水平。

一、树立终身教育理念，发展干部教育理论

1965年，在联合国教科文组织召开的"第三届促进成人教育国际委员会"上，法国成人教育家保尔·朗格朗做了题为《终身教育》的报告，引起参会者的积极响应。1970年，他集中阐述终身教育思想的代表作《终身教育引论》出版，之后被翻译成20多种文字，在国际上影响非常广泛。在联合国教科文组织及其他有关国际机构的大力提倡和推广下，终身教育思想受到越来越多国家的重视。1976年，美国颁布了《终身学习法》；1990年，日本颁布了《终身学习振兴法》；法国、德国、瑞典、韩国、加拿大等国家也制定了有关终身学习的法律，把终身教育思想确定为教育改革和发展的基本指导思想。1995年，我国颁布的《中华人民共和国教育法》也明确提出要"建立和完善终身教育体系"。终身教育思想主张教育贯穿人的一生，彻底改变了将人生划分为学习期和工作期的传统观念，使教育超越了学校教育的局限，扩展到人类社会生活的整个时空。终身教育思想之所以得到普遍认可，是因为随着第三次科技革命的发展和知识经济时代的到来，科技进步日新月异，知识总量飞速增长，社会发展全面升级，只有终身学习，不断更新知识，保持应变能力，才能更好地适应社会的发展变化，跟上时代前进的步伐。这是社会发展的必然要求，也是个人在社会上立足，自我完善、自我发展、自我实现的需要。干部作为党的精英分子和骨干力量，要始终走在时代前列，为全面建设社会主义现代化国家添砖加瓦，推进中国式现代化，进而推进中华民族伟大复兴，必须牢固树立终身教育理念，乐于学习、勤于学习、善于学习，用党的创新理论武装头脑，并不断学习各种新知识、新技能，提高推动高质量发展、服务群众、防范化解风险的能力和把方向、谋大局、定政策、促改革的本领。这不仅关系到干部的自我净化、自我完善、自我革新、自我提高，还关系到党的生死存亡、国家的长治久安和中华民族的前途命运。

首先，要汲取终身教育思想中的精华，继续推动干部教育理论创新发展。时代是思想之母，实践是理论之源，实践的发展离不开科学理论的指导。终身

教育思想是时代发展的产物，在实践中也推动了各国成人教育的发展。干部教育是成人教育的重要组成部分，应当贯彻终身教育理念，不仅关注党和国家发展建设的需要，也关注干部个体的成长、发展和价值实现，在不违背政治统领原则的基础上更加人本化。中国共产党提出要推进学习型政党建设，干部教育要以人为本，就是借鉴终身教育思想的体现。紧紧围绕新时代新征程党的中心任务，结合学习型政党建设以及干部教育的实践经验，充分挖掘、吸收终身教育思想等先进教育思想中的有益成分，有助于推动干部教育理论的持续发展，进而推动干部教育实践的发展。

其次，各级党委（党组）领导班子和领导干部要树牢终身教育理念。从新时代新征程党和国家事业发展全局的战略高度，深刻认识干部教育在推进党的建设新的伟大工程和中国特色社会主义伟大事业中不可替代的重要地位和作用，将终身教育理念贯彻到干部教育工作中，加强对各级各类干部教育的整体规划和领导管理，抓紧抓实抓好干部教育工作。领导干部要以身作则、率先垂范，积极参加学习培训活动，以实际行动带动身边的党员、干部自觉学习、用心学习，并结合工作实际和岗位职责要求加强学习方面的深入交流，真正做到学有所得、学有所获、学有所长、学以致用，用学习推动各方面工作更好地开展。

再次，要加大宣传力度。通过报刊、广播、电视、互联网、户外广告等各种媒体大力宣传终身教育思想，使广大干部深刻认识到不断学习党的创新理论和各种新知识新技能，是为了党和国家事业的发展，为了实现中华民族伟大复兴的中国梦，也是为了自己的全面发展和自我价值的实现，为了拓展自己生命的宽度和广度，使人生变得更加丰富、精彩。激发干部参加学习培训的内在动机，引导干部把学习当作爱好和健康的生活方式，把"要我学"变成"我要学"，把"学一阵"变成"学一生"。在人们手机不离手、娱乐信息泛滥的今天，还要积极探索通过网络平台，用生动活泼、人们喜闻乐见的形式搞好宣传的方式方法，在全社会营造时时学习、处处学习、人人学习的浓厚氛围，把"娱乐至上"变为"学习至上"，切实推进学习型政党、学习型社会建设，使干部在日常生活中也能受到潜移默化的积极影响。

二、突出干部主体地位，促进干部全面发展

《2010—2020年干部教育培训改革纲要》明确提出，干部教育培训要坚持以人为本，突出干部在学习培训中的主体地位，强化培训需求导向，更好地为干部成长服务。虽然，干部教育要坚持政治统领、服务大局，深化党的创新理论武装，强化政治训练，紧紧围绕党和国家事业发展需要来开展。但是，干部在学习过程中是信息加工的主体，是意义的主动建构者，不是外部刺激的被动接受者和被随意灌输的对象。特别是进入21世纪以来，干部的文化素质和专业水平不断提高，主体意识、参与意识、质量意识和效益意识不断增强。干部教育要增强实效性，不能搞成枯燥乏味的政治说教，必须重视干部的主体地位，以干部为中心，尊重干部意愿，满足干部岗位职责和健康成长的需求，促进干部全面发展。

首先，要认真落实干部学习需求调研工作。在培训机构或网络开展的集中培训前，通过问卷调查、电话访问、座谈交流等方式，细致地了解参训单位的工作需要和参训干部的年龄结构、素质水平、学习意愿、岗位职责要求等。然后，以此为依据制订科学合理的培训计划，尽量满足干部的个性化、差别化、多样化需求，因材施教，改变统一、无差别的教育模式，切实增强教育的针对性。例如，对工作经验丰富的中高级干部突出政治忠诚、世界眼光、战略思维、领导艺术教育；对资历较浅的青年干部突出理想信念、政治理论、专业知识、业务技能培训；对人数众多的基层党员干部突出党的宗旨、政策法规、防范风险、应急管理培训。党委（党组）中心组学习也应定期了解干部对政治理论学习的需求、意见和建议，及时调整和改进学习的计划和安排。培养干部的交流工作也要事先了解干部的意愿、要求和是否有实际困难，做好干部的思想工作，不能违背干部意愿，强行安排。

其次，理论教育、党性教育和履职能力培训要强化问题导向、实践导向、效果导向，共同推进。习近平总书记明确提出，"理论教育、党性教育和能力培训是不可分割的有机整体"，要"努力使理论教育更加系统深入、党性教育更加

触及灵魂、能力培训更加精准高效"①。在理论教育方面，要突出党的创新理论教育，坚持不懈地用习近平新时代中国特色社会主义思想武装干部头脑，紧密结合国际上的重大问题、推进中国式现代化遇到的新情况新问题、改革发展稳定中的深层次问题、人民群众急难愁盼问题以及干部工作实践中的疑难问题，坚持政治性和学理性、理论性和实践性相统一，深入系统地讲解习近平新时代中国特色社会主义思想的理论渊源、实践基础、核心要义、科学体系、重大意义，特别是要讲清楚贯穿其中的立场、观点和方法，引导干部准确把握这一思想的精神实质、理论精髓，不断提升政治判断力、政治领悟力、政治执行力，更好地指导实践、推动工作。

再次，也不能放松马克思列宁主义和其他中国化时代化马克思主义理论的学习教育。要建立健全党委（党组）"第一议题"制度、领导班子读书班制度、领导干部"四下基层"制度等，综合采用精读原著、专题学习、主题党课、研讨交流、调查研究、检视整改、实践锻炼等多种方式，增强教育的说服力、感染力，让干部深刻感受到真理的力量和魅力，推动理论学习入脑入心入行。在党性教育方面，要坚持把党性教育贯穿干部教育培训全过程，强化政治忠诚、理想信念、革命传统、纪律规矩教育，加强斗争精神和斗争本领养成，开展"四史"、中华民族共同体意识、社会主义核心价值观、中华民族传统美德等方面的教育，引导干部锤炼党性修养、提高政治觉悟、提升精神境界，树立正确的权力观、政绩观、事业观，永葆共产党人政治本色。

在履职能力培训方面，要坚持干什么学什么、缺什么补什么，分层级、分领域、分专题开展与干部的岗位职责、素质水平相匹配的知识和技能培训，特别是要加强信息技术、人工智能、新能源、新材料等新知识、新技能的培训，引导干部及时填知识空白、补素质短板、强能力弱项，增强推动中国式现代化建设的本领。要多邀请专家学者、行业标兵来讲解知识、指点迷津；要加大案例教学比重，多运用情景模拟、桌面推演、行动学习、工作复盘等方法进行实战化培训，让干部在仿真情境和工作实践中学会如何防范风险、化解矛盾、处理问题、搞好业务。

---

① 习近平：《在中央党校建校90周年庆祝大会暨2023年春季学期开学典礼上的讲话》，《求是》2023年第7期，第3-10页。

最后，要在培训机构培训中推行干部自主选学，在网络培训中增添干部参与环节。在培训机构培训中，要坚持原则性和灵活性相结合，听取和采纳参训干部的合理意见，使干部参与到制订培训计划，选择培训机构、教师、课程，组织教学活动，评估教学质量、效益的整个培训过程中来，行使知情权、选择权、参与权和监督权，充分调动干部参加培训的主动性、积极性。适当增加干部选修课的比重，让干部可以根据自己的兴趣爱好和实际需要自主选择想学的课程，切实增强培训的针对性和吸引力。在网络培训中，也应当在课程中多设置问答、讨论、考核和学员评价、反馈等环节，让干部用脑、用心参与到教学中来，避免出现"挂网""刷分"的现象。

三、优化整合培训资源，建设网络培训体系

干部教育培训是干部教育实践的主要组成部分。推进培训资源建设，构建完善的干部教育培训体系，是搞好干部教育工作的基本保障。《全国干部教育培训规划（2023—2027年）》明确提出，要"推进培训资源建设，夯实培训保障基础""推动网络培训体系建设，提升干部教育培训数字化水平"[①]。

首先，要进一步加强培训机构建设。各级各类干部教育培训机构都要找准功能定位，发挥自身优势，突出办学特色，严以治校、严以治教、严以治学，不断深化教学改革，加强规范管理，提高办学质量。加强中央党校（国家行政学院）和中国浦东干部学院、中国井冈山干部学院、中国延安干部学院等国家级干部教育培训机构对其他干部教育培训机构的业务指导，有计划地帮助其他干部教育培训机构培养师资，推广治校、治学的先进经验，建设精品课程资料库，实现优质课程设计、课件、教学资料等资源共享，充分发挥示范带动作用。发挥好党校（行政学院）的主渠道主阵地作用，坚持党校姓党、为党育才的原则。国家级干部教育培训机构和省、市级党校（行政学院）要选派优秀教师到基层干部教育培训机构支教，使培养锻炼干部的方式制度化、规范化，帮助市、县级党校（行政学院）缓解师资不足的压力，提升办学能力和水平；通过"结对子"帮扶、资金扶持、提高教师待遇等方式，支持边疆地区、民族地区、革

---

① 《中共中央印发〈全国干部教育培训规划（2023—2027年）〉》，《人民日报》2023年10月17日第10版。

命老区、乡村振兴重点帮扶地区干部教育培训机构的发展建设；淘汰、重组或通过联合办学等方式整合基础设施差、师资薄弱、办学水平低、生源不足甚至长期闲置的培训机构。按照有关规定严格审批新设培训机构，充分利用资质好的社会培训机构、境外培训机构、科研院所和实践教育基地等培训资源，加强国内外交流合作，构建开放灵活、竞争有序的干部教育培训体系。

其次，要建设高素质的师资队伍。增强干部教育培训的吸引力和感染力，关键是要建设一支政治过硬、素质优良、规模适当、结构合理、专兼结合的师资队伍。2023年3月，习近平总书记在中央党校建校90周年庆祝大会上的讲话中明确提出："各级党校要本着对党的干部教育事业高度负责的精神，下大气力培养造就一批政治强、信念坚、业务精、作风正的高素质党校人才队伍。"[1]干部教育培训机构应加强专职教师队伍建设，创新引才育才机制，有计划、有步骤地组织中青年教师参加教育培训和实践锻炼，通过业务培训、"名师带徒"、教学实习、集体备课、挂职锻炼等方式，提高他们的思想政治素质、理论政策水平、专业知识水平和实际教学能力。引入竞争机制，深化人事制度改革，使教师优胜劣汰、能进能出。对于政治立场错误、师德师风有问题的教师实行"一票否决制"。建立科学合理的考核评价体系和职称评审制度，量化考核指标体系，加强对教师教学质量的考核，推行教师公平竞争上课制度，并将教学工作业绩与年终考核、薪酬和职称评定挂钩。同时，还应从党政领导干部、企业经营管理人员、专家学者、先进模范人物、优秀基层干部等中大力选聘兼职教师，并加强对兼职教师的审核，建立国家级、省部级、市级的干部教育培训师资库，实现优秀教师资源共享。

再次，要推进网络培训体系建设。《全国干部教育培训规划（2023—2027年）》提出："建设以中国干部网络学院为引领、省（自治区、直辖市）和部门行业网络培训平台为支撑、各单位网络培训平台为补充的平台体系，逐步形成互联互通、开放共享的网络培训格局。"[2]目前，从中央到地方的干部网络培训

---

① 习近平：《在中央党校建校90周年庆祝大会暨2023年春季学期开学典礼上的讲话》，《求是》2023年第7期，第3-10页。

②《中共中央印发〈全国干部教育培训规划（2023-2027年）〉》，《人民日报》2023年10月17日第10版。

平台体系已经建立起来，但仍需要不断建设和维护。健全干部网络培训国家标准体系，加强对干部网络培训的指导和规范；推动各级网络培训平台实现互联互通和相互之间的学时互认，共享优质教学资源，避免重复培训；采取有效措施，强化网络培训安全保障；支持干部教育培训机构、高校、科研院所等开发富有时代特征、理论深度、实践特色、亲和力和感染力的精品课程，并建立课程开发、审核、更新和退出机制；定期开展课程评优活动，并将评选出来的优质课程在全国范围内推广。

四、完善领导管理体制，健全激励约束机制

邓小平提出："领导制度、组织制度问题更带有根本性、全局性、稳定性和长期性。"[1]干部教育要增强实效性，提高科学化、制度化、规范化水平，关键是要建立科学严密的领导管理体制和激励约束机制。

首先，要进一步完善领导管理体制。按照"谁主管、谁负责"的原则，进一步明确干部教育管理部门单位、干部教育培训机构、干部所在单位的领导管理权限和责任，尤其是要明确第一责任人的职责。各级党委（党组）要结合本地区、本部门、本单位的实际情况，认真贯彻执行党和国家干部教育方面的方针政策，加强对干部教育工作的领导，特别是要加强对下级党组织干部教育工作的指导和监督，把工作开展情况作为领导班子考核、巡视巡察和选人用人专项检查的内容。干部教育领导小组或联席会议要建立健全议事协调机制，定期开会讨论干部教育工作的规划部署、重点难点、先进经验、突出问题及解决方案等，充分发挥协调指导作用。干部教育培训机构也要积极贯彻落实党和国家干部教育培训的方针政策，规范地开展教学、科研等各项工作，加强校风、教风、学风建设。

其次，要健全激励约束机制。其中，最重要的是加强对干部学习培训的考核、管理和监督。干部教育培训机构要坚持定性与定量相结合的原则，设置科学量化的考核指标体系，对干部的学习态度和表现，理论、知识和技能掌握程度，思想作风养成和素质能力提升等进行全面考核。干部教育培训主管部门和干部教育培训机构应完善和落实跟班管理制度，派专门人员与参训干部同吃、

---

[1]《邓小平文选》第二卷，人民出版社，1994，第333页。

同住、同学习，全程跟班考察干部学习培训中的表现并详细记录，为选拔任用干部提供参考。建立跟踪考核机制，在干部参加中长期集中培训半年后，通过电话回访、个别走访、实地调研、问卷调查等方式考察干部学以致用、解决实际问题、推进工作开展的情况，一方面督促干部将学习内容转化为自身的素质和能力，另一方面推动干部教育培训机构完善课程设计、改进教学工作。抓好干部在职学习，干部参加党组织活动要签到并做好记录，加强规范化管理；采取有效措施，加强对干部网络培训的考核和监督，结合年度工作考核，开展干部述学评学考学活动。对经常无故不参加组织生活的干部，无正当理由不按规定参加教育培训或没达到培训要求的干部，参训期间违反学习培训或廉洁自律规定的干部，视情节轻重给予约谈提醒、通报批评乃至党纪政务处分。

进一步推进管理数字化、标准化，建立干部学习培训信息管理系统，完善干部学习培训档案，对干部学习培训的情况和考核结果做好记录；健全并严格执行干部学习培训与干部考核、选拔任用、奖励惩处紧密结合的制度，将干部学习培训情况作为干部考核的内容和任职、晋升、奖励、处罚的重要依据。此外，还应定期开展对培训机构办学质量、师资队伍、组织管理、学风建设、基础设施等方面的评估，推动干部教育培训机构提高办学水平；采取有效措施，强化对干部教育培训班次设计、实施、效果和培训课程内容、方法、效果的考核评估，加强对干部教育主管干部、教师遵规守纪、履职尽责的考核和监督。

五、持续净化政治生态，营造良好社会环境

党的十八大以来，习近平总书记提出并多次强调要净化政治生态。他说："做好各方面工作，必须有一个良好的政治生态。政治生态污浊，从政环境就恶劣；政治生态清明，从政环境就优良。"①干部教育的发展受经济社会发展，特别是政治发展的影响和制约，需要海晏河清的从政环境和风清气正的政治生态，也需要良好的社会环境。

首先，要持续净化政治生态。营造良好的政治生态是一项系统工程，不可能一蹴而就，须久久为功。要加强党内政治文化建设，坚决反对宗派主义、形式主义、官僚主义、享乐主义和奢靡之风，大力倡导爱党爱国、实事求是、

---

① 《习近平关于全面从严治党论述摘编》，中央文献出版社，2016，第33页。

公道正派、清正廉洁、为民服务等价值观，弘扬以伟大建党精神为源头的中国共产党人精神谱系，用先进的政治文化涵养健康的政治生态。加强制度建设，严肃党内政治生活，严明政治纪律和政治规矩，规范开展党委（党组）理论学习中心组、"三会一课"、民主生活会、民主评议党员等党组织活动；推进党内民主建设，认真进行批评和自我批评，解决党内政治生活形式化、平淡化、随意化、庸俗化等问题；构建干部公开选拔、竞争上岗和庸劣淘汰机制，强化民意调查、开会讨论等干部选拔环节，使忠诚干净担当、为民务实清廉的干部得到褒奖、提拔和重用，杜绝"不进圈子就进不了班子"的潜规则和"劣币驱逐良币"的逆淘汰现象，推动干部能上能下、能进能出，营造风清气正的用人环境；加大正向激励力度，完善容错纠错机制，严管与厚爱相结合，鼓励干部锐意进取、担当作为。此外，还要打好反腐败斗争持久战，深化标本兼治，推进反腐败国家立法，健全对领导干部的监督和问责机制，"坚决治理政商勾连破坏政治生态和经济发展环境问题"，绝不姑息群众身边的"蝇贪"，"使严厉惩治、规范权力、教育引导紧密结合、协调联动"，保证干部清正、政府清廉、政治清明①。

其次，要营造良好的社会环境。坚持高水平对外开放，加快建设现代化经济体系，推动经济高质量发展，为干部教育提供充足的物质保障。深化经济管理体制改革，减少政府对微观经济的直接干预，进一步规范政商交往行为。发展全过程人民民主，建立健全民主选举、民主协商、民主决策、民主管理、民主监督的制度和程序，扩大人民有序政治参与。采取有效措施推进依法行政，推动法治国家、法治政府、法治社会建设，让权力在阳光下运行。旗帜鲜明地批判享乐主义、拜金主义、极端个人主义等错误思潮，坚持马克思主义在意识形态领域的指导地位，在推进中国式现代化的实践中继续推进马克思主义中国化时代化。深入开展社会主义核心价值观宣传教育，持续抓好中华优秀传统文化、革命文化、社会主义先进文化宣传教育，"推进文化自信自强"，加快建设文化强国、教育强国、科技强国、人才强国，"建设全民终身学习的学习型社

---

① 党的二十大报告辅导读本编写组编著《党的二十大报告辅导读本》，人民出版社，2022，第62页。

会、学习型大国"①。加强公民思想道德建设，注重家庭、家教、家风，坚持以人民为中心，繁荣发展文化事业和文化产业，推进全媒体传播体系建设，积极唱响主旋律、弘扬正能量，坚决抵制低俗庸俗媚俗现象，营造健康向上的思想文化氛围，形成新时代文明道德新风尚，增强干部教育对干部的积极影响。

---

① 党的二十大报告辅导读本编写组编著《党的二十大报告辅导读本》，人民出版社，2022，第31-40页。